미리 가 본
NH농협,
신입사원 수업

합격 로드맵

성공을 위한

농업

미리 가 본
NH농협,
신입사원 수업

전성군 · 정성균 · 박상도
허훈 · 송남근 지음

NH인을 위한 합격 로드맵

한국학술정보

들어가는 글
....

요즘 신입사원교육은 개성 있는 신입들을 조직에 융화시키기 위해 자율과 창의성을 강조하며 팀워크를 다지는 방향으로 바뀌어 가고 있다. 그동안 우리 교육원에서는 신입사원의 창의적 사고와 상상력을 극대화시키는 데 많은 노력을 기울여 왔다.

또한 지리산 노고단 등반, 병영체험, 농촌현장체험, 사화복지시설 봉사활동 등은 도전정신, 협동심, 인내력, 베려 정신을 배양하고, 어려운 농업과 농촌을 이해하고 나아가 자기 자신을 되돌아볼 수 있는 소중한 프로그램이다,

'교육의 최대목표는 지식이 아니라 행동이다.' 라는 말처럼 단순한 지식 습득보다는 행동실천의 중요성을 강조한다. 교육을 통해서 배웠던 지식들을 항상 행동으로 옮겨 농협의 핵심 인재로 성장해 나갈 수 있도록 지도한다.

우리교육원은 치열한 경쟁을 통해 선발된 신입직원들이 우리 농협에서 핵심인재로 성장할 수 있도록 지속적인 사후관리를 철저하게 하고 있다.

그런 뜻에서 담당지도교수와 신입직원들이 함께 '신입사원 수업'을 발간하게 되었다.

이 책에는 신입직원들이 교육기간 중 지리산의 맑은 정기와 웅대한 기상을 한몸에 안고 키워왔던 소중한 꿈과 다짐이 담겨져 있다.

특히 농협에 취업을 준비하는 예비 농협인을 위해 협동조합교육의 시스템적 흐름을 파악하고, 농협 합격을 위해 어떻게 준비해야 되는지 효율적인 학습방법을 익히도록 하는데 목적을 두고 있다.

전반부에서는 농협 실무기본용어(면접 준비)를 이해하는데 초점을 맞추었고, 후반부에서는 신입사원의 생각노트(농협 합격생의 생각 엿보기)를 제시하여 농협을 준비하는 예비농협인에게 도움을 줄 수 있는 방안을 제시하고자했다.

자기 내면에 얼마나 놀라운 잠재력이 있는지 아는 사람은 많지 않다. 그래서 간접경험을 통해서 자신의 가능성을 발견하도록 도와주면 무척 놀란다. 당신 안에는 이미 탁월성이 있다. 당신이 그토록 찾아 헤매는 조직은 바로 여기에 있다. 이 책이 당신을 농협으로 인도하고, 당신의 위대함을 이곳에서 꺼내 쓰도록 돕는 친절한 도구가 될 수 있기를 기대해본다.

저자 일동

목차

Part 신입사원의 생각노트

Part 신입사원들의 합창

Part  자소서 연습

Part 멋진 인생, 멋진 출발

Part  은빛 칼럼

Part 01

NH농협 입사전략

1. 직업을 갖는다는 것

인터넷 포털에서 '청년'을 검색하면 '자기소개서'가 나오는 시대가 되었다. 통계청 발표에 따르면 2016년 말 우리나라 청년실업률은 10.5%로 통계작성 이후 역대 최고치를 경신하고, 청년층 실업상승률은 OECD 국가 중 1위를 기록하고 있다. 청년실업률은 통계에서 나타난 것보다 실제 체감하는 실업률은 훨씬 높다. 이러한 세태는 급기야 청년 10명중 3.5명은 진학이나 취직을 하지 않으면서 직업훈련도 받지 않고 부모에게 기생해 살아가는 '니트족(Not Education, Employment or Training)'을 양산해 내고 있다. 이들은 일할 의사가 있는데도 일하지 못하고 있는 실업자와 구분해 무업자(無業者)라고 한다.

이러한 '취업절벽' 시대를 잘 표현해 주는 단어가 'N포세대'다. 'N개의 것들을 포기했다'라는 의미로 연애와 결혼, 출산을 포기한 '삼포세대'에서 시작해 인간관계와 내 집 마련까지 포기하는 '오포세대' 여기에 '건강과 외모'까지 포기하는 '칠포세대'를 넘어서 급기야 꿈과 희망, 모든 것을 포기 하는 전포세대(全抛世代)라는 신조어까지 등장하게 되었다.

더 큰 문제는 청년실업이 개선되기 보다는 더욱 악화되고 있는 현실이다. 청년실업문제는 사회 전반에 영향을 미친다. 젊은이들은 직업이 없으니 결혼을 늦추거나 포기한다. 최근 우리나라 1인가구가 520만 명에 육박한다는 통계가 이를 잘 보여 주고 있다. 「결혼 포기 - 출산율 감소 - 인구증가 둔화 - 수요 감소 - 기업투자 감소 - 고용 감소 - 가계소득」 감소의 악순환이 반복되어 경기침체가 지속되고 사회발전이 더뎌지는 것이다.

급증하는 취업준비생
(단위:명)

58만4000 | 57만7000 | 64만 | 61만8000 | 72만8000
2013년 | 2014 | 2015 | 2016 | 2017
*7월 기준 · 자료:통계청

2. 취업 성공까지의 험난한 여정

우리나라의 대학 진학률은 약 70%로, OECD 평균 40%보다 월등히 높은 수준이지만 졸업 후 일자리는 턱없이 부족하다. 특히 공공기관이나 대기업 등 안정적인 직장에 들어가는 것은 하늘의 별따기이다. 수 백 장의 자기소개서를 제출하지만 대부분은 '광탈'하고[1], 어쩌다 천신만고 끝에 주어진 면접의 기회, 하지만 최종 불합격통보를 받다 보면 취준생은 인생의 '낙오자(Loser)'가 아닌가 생각되고 자존감은 한없이 무너진다.

우리가 멋진 삶을 살기 위해서는 돈이 필요하고, 돈을 많이 벌기 위해서는 좋은 직업을 가져야 한다, 그런데 좋은 직업을 가지기 위해서는 좋은 학벌이 필요하고, 좋은 학벌을 위해서는 좋은 대학을 나와야 한다. 좋은 대학을 나오기 위해서는 공부를 잘해야 하고, 공부를 잘하기 위해서는 집에 돈이 많아야 한다는 것이 우리가 체감하는 현실이다. 지난해 수능이 끝나고 필자는 매년 가는 중학교에 "소중한 나의 꿈"이라는 주제로 출강을 갔었다. 강의 첫마디에 "너희들은 세상을 살아가면서 제일 중요한 것이 무엇이라고 생각하니?"라고 물어봤다. 물론 "꿈이요!"라는 대답을 기대했지만 들리는 대답은 "돈이요! 돈!" 하는 예상치 못한, 아니 충격적인 대답이었다. 아이들은 조금 실망해 하는 나의 표정을 보더니 "너무 슬프죠? 잉~"하고 애교 있게 위로의 말을 던져 주었다. 그렇다. '성공'을 가진 돈의 규모로 판가름하는 슬픈 대한민국의 현실로 필자는 받아들였던 것이다.

우리는 '대학진학'을 위해 중고등학교 시절을 다 바치고, '취업'을 위해 다시는 오지 않는 꽃다운 청춘인 대학생활을 모두 허비한다. 내가 아닌 남이 정해놓은 궤도를 무작정 따라가야 하는 것이다. 젊

---

1) '광속탈락'(빛의 속도로 떨어지다) 줄임말

은이들에게 어떻게 자신만의 인생을 사는 방법을 터득할 것인지에 대한 고민이 필요하다. 우리는 수많은 실패를 통해 정말로 자신이 무엇을 좋아하는지, 어떤 일을 할 때 가장 행복한지를 발견해 낸다. 주위를 둘러보면 취업에 성공한 친구들이 부럽기도 하겠지만 생각을 바꿔 "나도 멀지 않아 취업에 성공하여 멋진 인생을 만들어 갈 것이다."라는 용기를 가지는 것이 필요하다.

3. 어떤 직장을 택할 것인가?

"내가 잘하는 일을 택할 것인가?" 아니면 "내가 좋아하는 일을 택할 것인가?" 직업선택에 있어 고전이 된 질문이다. 경영학의 아버지 피터 드러커는 가장 잘하는 일을 하라고 하고, 법륜 스님은 좋아하는 일을 하기 위해 잘하는 일을 먼저 하라고 한다. 취업절벽에 놓인 젊은이들은 좋아하는 일이 든, 잘하는 일이든 뭐라도 일만 있다면 무조건 땡큐(Thank you)가 현실이다. 여기에 '세상이 필요한 일을 하라 '를 추가했으면 한다.

내가 잘하면서 좋아하는 일, 그리고 많은 사람에게 도움이 되는 일을 하면서 행복한 인생을 살아가는 것은 얼마나 멋진 일인가? 이런 일을 하면서 사는 것이 기적처럼 보일지 모르나 그 기적이 나에게 오지 말라는 법은 없다. 예상할 수 있거나 계획된 기적은 기적이 아니다. 기적은 언제나 준비된 자에게만 주어진다.

4. 취업 성공을 위한 요건들

○ 어떤 직업을 택할지 깊은 고민을 하라

- 세상은 이제 '4차 혁명'[2]의 시대를 열고 있다. 이로 인해 직업 또한 희비가 엇갈릴 것이다. 미래지향적 직업은 어떤 직종이 좋을 까? 현재 잘 나가는 직종은 지속적으로 좋은 직업으로 남을 수 있을 까? 로버트 마이클은 저서 「인생을 결정짓는 다섯 가지 선택」에서 직업을 선택한 후 직업에 매진하다 보면 그 직종에 대해 자신이 가지고 있었던 생각이 달라질 수 있다. 따라서 투자한 교육비 대비 직업으로 얻을 수 있는 산물이 어느 정도인지에 초점을 맞추어 직업을 선택하라고 조언 하고 있다. 어떤 직업을 택할 것인가는 각자의 인생관과 가치관에 따라 크게 영향을 받는다. '자신의 행복을 위해 살 것인가?', '국가와 민족의 발전을 우선하는 삶을 살 것인가?', '가족의 행복을 위해 살 것인가?' 등을 생각해 봐야 한다.

1950년대 전화교환원, 1960대 다방DJ, 1970년대 전당포업자 등이 각 시대를 대표하는 직업들이었지만 지금 세대들은 무슨 일을 하는지 조차 모르는 직업들이다. 다가올 2020년에는 기후변화 경찰, 로봇 감성치료자, 국제회의 코디네이터, 생체계측 의료기기 개발자, 감성 디자이너, 가족관계 전문가 등이 각광 받는 유망 직종으로 떠오르리라 예상한다.

---

[2] 기존산업에 영역에 물리, 생명과학, 인공지능 등을 융합하여 생산, 관리 그리고 경영에 이르기까지 변화를 일으키는 차세대 혁명

○ 좋은 직장이란?

- 좋은 직장의 판단 기준

: 취업전선에선 '인구론'(인문계 90%는 논다), '문송합니다'(문과라서 죄송합니다). 같은 신조어가 만들어 질 정도로 취업이 어렵다. 또한 취업한 대졸 신입 사원 4명 중 1명이 입사 1년 내 퇴사한다. 최근의 좋은 직장의 평가기준은 '고용안전성·급여수준·업무시간·조직문화·성장가능성(자기계발)·경영진(상사)' 등의 6개 항목으로 나누어 볼 수 있다.

① 고용안정성

1997년 우리경제에 큰 타격을 주었던 IMF 사태 이후 '평생직장'이라는 개념은 사라지고 공무원, 공기업 등 안정된 직업과 직장을 선호하는 추세가 되었다. 그리고 노동시장유연성, 성과연봉제, 명예퇴직, 취업규칙, 민영화 등으로 소위 '철밥통 직업'도 옛말이 되었다. 이러한 모습들을 반영하듯 올해 실시하는 9급 국가직공무원 공채에 역대 최다인 228,368명이 응시한다. 하지만 7·9급 공무원시험 합격률은 1.8%에 불과해 98%는 탈락하게 된다. 문제는 이들 불합격자 상당수(36.7%)가 시험에 떨어진 이후에 구체적인 대안이 없이 다시 공무원 시험에 매달리는 현상이 되풀이 되고 있는 것이다. 대한민국은 공시공화국이 되어버렸다.

② 급여수준(연봉)

연봉은 당연히 많을수록 좋다. 동일직종 동일근무조건일 때, 연봉이 높다면 말할 나위 없이 좋다. 높은 연봉에는 강도 높은 노동이 수반되기 마련이다. 따라서 초봉은 높지만 호봉, 퇴직연금, 승진, 복리후생, 그리고 기타 소득 등을 종합적으로 살펴보고 판단하는 것이 중요하다. 초봉에 대한 정보는 인터넷 상에서 일반기업은 '크레딧잡', 공공기관의 '알리오'를 참조하면 정보를 얻을 수 있다.

③ 업무시간(워라벨)3)

워라벨(Work-Life Balance), 일과 생활의 균형을 말한다. 워라벨은 기업에서 개인별로 주어진 업무 성격에 따라 큰 차이를 보인다. 어느 부서로 배치를 받느냐에 따라 칼퇴근 할 수도 있지만 매일 야근과 OT에 시달릴 수도 있다. 하지만 대부분 급여가 높은 기업은 그만큼 더 많은 일을 하는 경우가 일반적이다. 따라서 높은 급여를 원한다면 언제나 그만큼 일을 많이 할 것이라는 것도 염두에 두고 결정할 필요가 있다.

④ 조직문화(업무환경, 분위기)

조직문화는 크게 '사람(인재)을 우선시 하느냐?', '일(업무)를 우선시 하느냐?' 로 나눌 수 있는데, 대부분의 기업이나 조직은 지향하는 비전, 미션 그리고 핵심가치 속에 그 기업이 추구하는 조직문화를 담고 있다. '자유롭다', '군대 같다' 하는 사내 분위기를 의미한다. 사실 이런 분위기 또한 워라벨 부분과 마찬가지로 Team by Team으로 부서장에 따라 달라지는 경향이 있기 때문에 회사 홈페이지나

---

3) 전주남부시장 2층 청년몰의 운영 철학 : '적당히 벌고 아주 잘 살자'

홍보문구를 참조하면 알 수 있다.

예) (보수) 공무원>공기업>금융>대기업>제조업>유통>서비스>IT (자유)

⑤ 성장가능성(자기계발)

개인이 일을 통하여 지속적 성장을 할 수 있도록 기업과 조직이 얼마나 지원을 해 주는가, 또는 학습을 지속할 수 있도록 도움을 주는가, 그리고 이직을 할 때 나의 몸값을 올릴 수 있는가를 판단해 보는 것이다. 신입사원은 실무 담당자이므로 직접 업무를 하며 경험과 능력을 쌓아 자신의 가치를 높이는데 기업이 얼마나 많은 도움을 주느냐를 살펴보아야 한다.

⑥ 경영진(상사)

보통은 좋은 회사와 나쁜 회사를 나눌 때 흔히 대기업인지 아닌지, 알려진 기업인지, 연봉을 많이 주는지를 가지고 평가한다. 그러나 막상 직장생활을 시작하면 일이 힘든 회사라도 존경할 만한 상사를 만난다면 견딜만하지만, 아무리 좋은 회사라도 못된 상사를 만나면 출근하기가 두려워진다. 직장인의 이직 사유 80%가 회사 내 인간관계에서 비롯된 갈등이라고 한다.

최근 통계청 조사에 따르면, 한국인이 가장 스트레스 받는 곳 1위가 '직장'이라는 조사 결과가 나왔다. 직장 내 스트레스 유발자는 단연 '직장상사'다. 포털 사이트 검색창에 직장상사를 입력하면 '스트레스를 부르는 그 이름', '청부살인', '폭행', '살해', '갈등', '성희롱 대처법' 등 부정적인 연관검색어가 가득하다. 직장인들은 가장 피하고 싶은 직장상사 유형으로 이른바 '꼰대'를 꼽았다. 꼰대의 사전적 의미는 늙은이 혹은 선생님을 이르는 은어지만, 일반적으로 자신의 나이·경험 등을 이유로 타인에 일방적이고 권위적인 행동을 가하는 사람을 가리킬 때도 쓴다. 보통 40대 이상부터 꼰대로 취급되는 경우가 많지만 최근에는 '젊꼰(젊은 꼰대)'이 등장해 꼰대의 연령층이 낮아졌다. 좋은 직장을 선택하는 기준의 마지막 단계가 바로 '좋은 직장상사가 그 회사에 있느냐' 여부라고 한다.

이상 여섯 가지 좋은 기업의 기준과 자신의 가치관을 고려하여 직업을 선택하면 그 직업이 자신에게 가장 적합한 직업이 되고 직장을 자아를 실현할 수 있는 최적의 공간이 된다.

다음은 최근 국내 언론사와 취업기관에서 선정한 '젊은 직원들이 만족하는 좋은 기업'의 조건들이다.
- 일과 삶의 균형을 중시하는 기업
- 재미있고 신명나게 일하는 평생직장
- 자유로운 의사소통을 독려하는 기업
- 수평적인 조직문화가 정착됐고, 개인 역량을 성장할 수 있는 기업
- 경력에 상관없이 동등하게 대우하고. 직원 간 대화를 중시하는 기업
- 벤처마인드가 살아있는 기업
- 적절한 보수와 더불어 유연한 조직문화, 사내 복지 지원 체계를 갖춘 기업들을 만족스럽고 일하기 좋은 기업의 조건들로 꼽고 있다.

하지만 몇 번 입사에 실패한 경험이 있는 취준생들은 "당장 아무데나 취업하기도 어려운데 지금 찬밥 더운밥 가리게 생겼는가?"라고 말할 수 있겠지만 직장을 선택할 때와 혹시 모를 동시에 면접을 봐야 하는 기회가 주어졌을 때 "어느 기업을 선택할까?"를 두고 망설일 때 '남들이 좋다니까'가 아니라 '나에게 맞는 기업이니까'를 이유로 현명한 선택을 하는데 참고가 되었으면 한다.

※ 우리나라 취업준비생들이 원하는 삶에 대한 설문 결과
'청년 삶의 질 제고를 위한 정책 방안 모색' 세미나[4] 설문 결과

▶ 취업준비생이 직장을 선택할 때 중요한 기준(복수응답)으로 급여수준(82.2%), 복리후생(53.5%), 고용안정성(50.1%) 등을 꼽았다.
· 반면 재직중인 청년이 직장을 선택한 이유(복수응답)는 전공을 살리기 위해(37.0%), 고용안정성(35.7%), 원하는 직무(34.5%) 등의 순이다.
· 취업준비생이 가장 취업하고 싶은 곳은 공공기관(37.9%), 중앙부처·지자체(공무원)(23.2%), 중소기업(17.9%), 대기업(15.1%) 순이다.
· 취업 후 희망하는 평균 연봉 수준은 3,005만원이다. 남성은 3,172만원, 여성은 2,928만원으로 남성이 여성보다 조금 많았다.
· 취업 준비생이 중소기업에 취업할 의향은 80%였다. 다만, 연봉과 복리후생이 적정하다면 '중소기업에 가고 싶다.'고 답했다.

---

4) 한국고용정보원&청년희망재단 설문

- 취업준비생의 취업 준비 활동(복수응답)은 자격증 취득(59.3%), 이력서 작성, 면접 준비 등 구직활동(54.2%), 외국어 공부(47.2%) 순이다.
- 취업준비를 하는데 어려운 점은 심리적 스트레스(63.3%, 복수응답)가 가장 큰 비중을 차지했다.

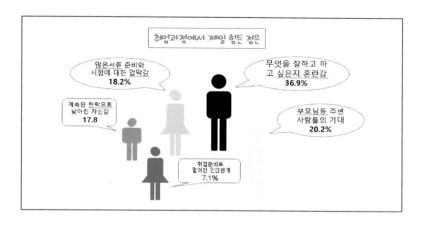

5. 최근 인재채용 트렌드

시대가 변하면서 인재에 대한 정의도 바뀌고 기업이 요구하는 인재상도 달라졌다. 기업이 요구하는 인재가 되기 위해서 채용트렌드를 파악하고 이에 따른 철저한 준비가 필요하다.

● ‘스펙’은 No, ‘직무역량’ Yes.

최근 인재채용 트렌드는 ‘스펙’ 중심의 평가에서 ‘직무역량’으로 무게중심이 옮겨지고 있다. 면접 시 "우리 회사가 당신을 뽑아야 하는 이유에 대하여 말해 보세요 "라는 질문이 기본이며, ‘자기소개서’에 본인이 직무에 적합하다고 판단하는 이유를 구체적으로 서술할 것을 요구하고 있다. 일부 기업은 TOEIC(공인어학성적)등 일부 항목을 이력서에서 빼고, 지원자들이 직무에 부합하는 본인의 경험, 지식 등을 하나의 스토리로 잘 엮어서 설명할 것을 요구한다.

● 채용 방식 다각화

- 요즘은 대입 수능처럼 같은 날 일제히 치르는 공채 방식 이외에 오디션, 캐스팅 등 다양한 채용 방식 도입이 확산된다. ‘오디션’을 실시하여 역량을 발휘하는 인재에게 서류전형을 면제해주고 채용홈페이지가 아닌 인스타그램을 통해 입사지원을 받기도 한다. 자기 PR 기회가 다양해진 채용방식에 관심을 가질 필요가 있다.

● 인문학적 소양 강조

- 인문학적 소양 중에서도 올바른 역사에 대한 인식을 강조한다. 많은 기업들이 인적성 검사에 역사관련 문항을 포함시키고 있다. 특히 ‘알파고’와 인간의 바둑 대결 이후에 인문학적 소양은 국내뿐 아니라 해외 취업시 가장의 가장 핫한 트렌드가 되고 있다. 인문학적 소양은 단기간 학습이 어려운 만큼 다독을 통해 생각의 폭을 넓히고 한국사의 주요 흐름을 이해하고 스스로 정리해보는 노력이 필요하다.

● 인성평가가 대세

- 특히 돈을 다루는 농협 등 금융기관의 채용 트렌드는 '인성'을 강조하고 있다. 금융업무는 내부 직원들의 비리나 횡령 등 사고가 많을 수 있으므로 직원들의 윤리의식을 중시한다. 일부 은행들은 어학 성적과 금융 자격증 란을 없애는 대신, 자기소개서에 지혜, 배려, 행복 등의 제시어를 담은 가치관과 삶의 경험을 에세이로 작성하도록 하며 직업윤리를 물어보는 문항도 있다. 또한 열린 채용을 실시하며, 인재상에 부합하는 본인의 스토리를 녹여냈는지 여부가 서류 합격의 승부처로 지목되고 있다.

● 지역인재도 기회균등 보장 받는다.

- 공기업은 채용시장에서 비교적 보수적인 편으로 인식된다. 하지만 최근에는 '스펙초월 채용' 바람이 불고 있다. 지원서류에 최소한의 정보만 기재하게 하는 스펙초월전형을 도입하고, 대신 본인의 직무 경험이나 비전 등을 알 수 있는 에세이를 제출하도록 했다. 청년 인턴 채용 서류전형에서 논술 방식을 도입하고 입사지원서에 학력과 어학성적, 자격증 등의 항목을 없애고 있다. 또한 공기업 본사의 지방이전이 활발해 지면서 지방근무가 가능한 인재인지 여부도 주요 고려대상이 되고 있으며, 지역인재에게 가점을 부여하는 기업들도 있다. 지역 취업을 노리는 취준생이라면 지방근무에 구애 받지 않는 강한 입사의지와 입사 후 비전을 적극적으로 어필하는 전략이 필요하다.

● 블라인드 면접 강세

- 블라인드면접은 문재인 대통령의"올해 하반기 공무원 및 공공부분 채용 시 블라인드 면접방식을 도입하라 "는 주문으로 큰 관심을 불러일으키고 있다. 이러한 방식은 에어프랑스-KLM(네델란드항공사)그룹이 2008년 승무원 채용에 최초로 도입하였다. TOEIC・TOEFL이 변별력이 떨어진다고 판단하고 영어 커뮤니케이션 능력을 갖춘 인재를 채용하기 위해 블라인드 면접을 실시하였다. 그 결과 영어 구사능력이 뛰어난 채용자를 더 많이 선발하게 되었다. 블라인드 면접 방식은 차별요인을 배제하고 공평한 기회를 보장하기 위해 지원자의 학력, 외모, 성별, 출신지, 신체조건 등을 배제하거나 면접 자체에서 이력서의 내용을 반영하지 않는다.

6. 취업 성공을 위한 꿀Tip

● 자기소개서 작성요령

- 인생을 좌우하는 한 장의 페이퍼, 바로 자기소개서다. 만약 당신이 대학을 수시전형으로 입학했다면 자소서의 위력을 충분히 경험했을 것이다. 필자도 지난 해 둘째 아들을 대학에 보내면서 자소서의 중요성을 뼈저리게 경험하였다. 다행히 아들은 성공적인 진학을 할 수 있었다. 당시 필자의 머릿속에 대학 자소서와 입사 자소서가 오버랩 되면서 자소서에 큰 관심을 가지게 되었다. 자기소개서는 입사 첫 관문인 서류전형에 필수 서류이기 때문에 취업성공의 출발점

이 된다. '형식과 내용'을 제대로 갖추어야 면접의 기회를 얻을 수 있고, 서류전형 만으로 취업할 기회도 얻게 된다. 하지만 취업 준비생들이 자기소개서 작성 때문에 겪는 스트레스와 두려움 때문에 '자소서포비아'라는 말까지 생겨났다. '자소서포비아'는 2014년부터 이른바 '스펙초월 채용'이 취업시장의 새로운 트렌드로 떠오르면서 취업 준비생들 사이에 회자되기 시작한 말이다.

기업들은 신입사원 채용 과정에서 토익·학점 등 정량적 스펙을 대신하여 직무 관련 경험이나 인턴 참여 여부, 그리고 희망 직무에 대한 이해도 등에 정성적 평가 요소를 강화하며 자기소개서 비중을 크게 높였다. 이후 자기소개서 공포증을 호소하는 취업준비생들이 크게 늘어났다. 취업포털사이트 인크루트가 구직자 472명을 설문한 결과 89퍼센트가 "자소서 항목이 너무 많아 어려웠다"고 답했으며, "항목이 너무 어려워 입사 지원을 포기한 경험도 있다"는 응답도 75.6%에 달했다. 일부 기업들은 "지원 동기, 성장 과정, 성격의 장단점 등을 열거하는 수준에서 벗어나, 회사에서 10년은 근무해야 알 만한 전문적인 내용과 논문 수준의 자기소개서를 요구하기도 한다.

자기소개서 비중이 높아지면서 자기소개서 관련 '사교육 시장'도 성행하게 되었다. '자기소개서 대필', '자기소개서 대행'이라는 타이틀을 내걸고 장당 10만원에서 20만원의 돈을 받고 성장 배경부터 입사 후 포부까지 알아서 작성해주는 인터넷 대필 업체들이 등장한 것이다. 자기소개서 첨삭을 해주는 업체도 생겼다. 청년 실업 문제가 심각한 가운데 취준생들이 이제는 자기소개서 작성 단계부터 낙담하고 있는 것이다.

다음으로는 서류전형에 합격하는 자기소개서 작성법에 대해 알아
보도록 하자.

① 먼저 전체적인 틀을 짜고 작성한다.

요즘은 자소서 샘플이 온라인상 난무하기 때문에 복사-붙여넣기
해서 작성한 자소서는 대학입시에서 자소서 '유사도 검사'[5]를 하면
전체 글의 짜임새와 작성자의 무성의함, 부도덕함이 드러나기 쉽다.
그리고 급하게 작성한 글은 완성도가 낮아질 수밖에 없다. 또 많이
하는 실수로는 저명한 인사들의 명언을 인용하여 좋은 이미지를 주
려다 오히려 역효과를 내기도 한다. 따라서 자기소개서는 전체적인
틀 속에 지원할 회사의 특성을 파악하고 자신의 강점과 어필하려는
메시지를 담아야 한다.

② 맞춤법은 기본이다.

지금은 워드프로세스가 한글 맞춤법을 잡아 주지만 아직도 이력
서에 95% 이상 맞춤법 오류가 있다고 한다. 평가자 입장에서 좋은
내용임에도 맞춤법이 틀리다면 우선 제외하고 보고 싶을 것이다. 서
류의 1차적인 당락 요인은 내용보다는 형식이다.

③ 정해진 글자 수에 맞추는 것이다.

요즘 기업의 자기소개서는 대체로 500자나, 1000자 이내로 글자
수를 정해 놓는다. 그런데 열정과 성의를 보여준다고 정해진 글자

---

5) 자소서나 논문의 표절이나 대필의 정도를 확인하기 위한 검사

수를 초과하면 대부분 감점요인이 되고, 부족하면 그만큼 정성이 부족하다고 생각하기 쉽다. 오히려 정해진 글자 수에 맞게 간단명료하게 표현한 이력서가 좋다. 과유불급(過猶不及)이라는 말이 가장 잘 적용되는 것이 자소서 작성이라 할 수 있다.

④ 표현은 솔직하게, 내용 전개는 두괄식으로 하라.

'최선을 다하겠다.' '최고가 되겠다.' '필요한 직원이 되겠다.' 등의 추상적이고 상투적인 표현은 수백 수천장의 이력서는, 평가자에게 '진정성 부족'으로 외면당하기 쉽다. 따라서 솔직한 표현이 중요하다. 경험에서 우러나는 '솔직함'은 서류에서도 그대로 읽힌다. 그리고 내용은 두괄식으로 써야 한다. 나열식으로 전개하는 경우에는 문맥을 유지하기가 어렵다. 자신의 경험을 중심으로 이야기를 전개하다 보면 표현은 솔직해지고 좋은 인상을 주게 된다.

⑤ 문어체를 사용하라.

"ㅇㅇㅇ했어", "ㅇㅇ하다고 봐" 등의 구어체를 사용해 친화력을 나타내려는 표현은 감점 요인이 된다. 자기소개서는 '대화'가 아닌 '문서'이기 때문이다. 더불어, 형식의 차별화가 중요하다. 문단이나 단락 나누기, 깔끔한 폰트는 한눈에 들어오고 읽기도 편하다.

● 서류심사(이력서): 시작이 반이다.

- 이력서는 채용회사에 첫인상을 심어주는 아주 중요한 구실을 한다. 지원하는 회사와 첫 대면인 이력서의 중요성은 아무리 강조해도

지나치지 않다. 좋은 이력서는 객관적으로 비춰지는 나의 모습이 다른 사람들과의 차별화다.

첫째는 서류 전형에서 가장 먼저 보게 되는 사진이다.

요즘은 사진을 찍기 위해 프로필 사진관에 리터칭 전문 사진관까지 찾는데, 자연스러운 자신의 모습이 좋다. 지나친 보정으로 실물과 사진이 눈에 띄게 다르면 마이너스다. 면접관끼리 "지원자의 사진이 실물이 달라도 너무 다르다"라는 얘기가 나오면 곤란하다. '워낙 이미지 사진이 많아 얼굴을 알아보기 어렵다'고 할 정도의 지나친 보정은 신뢰감을 떨어뜨린다.

둘째는 자격증이다.

자격증은 노력의 결과물이므로 자랑스럽기는 하겠지만 지원한 회사의 직종과 직무에 관련 있는 자격증 위주로 기록하는 것이 좋다. 모든 업무에 공통적으로 필요한 컴퓨터 활용능력과 같은 경우는 문제가 없으나 직무와 직접적으로 연관성이 있는 자격증을 우선 기록하도록 해야 한다. 최근의 채용 트렌드인 스펙초월 채용과 같은 맥락에서 자격증을 기재하도록 해야 한다.

셋째는 봉사활동이다.

지원자의 성품과 인성을 확인하는 좋은 자료이다.

봉사활동은 진학과 취업을 위해 시간을 채우기 위한 형식적인지 진정성 있는 활동이었는지는 그냥 보면 알 수 있다. 특히, 공무원이나 공기업은 기본적으로 봉사활동을 이력서에 기록하고 평가한다.

물론 일부 일반 기업의 이력서에도 봉사활동을 기록하는 경우가 있다. 지금은 VMS(사회봉사활동인증시스템)으로 봉사활동 내용 및 시간을 온라인상으로 공식 인정받을 수 있다

넷째는 취미나 특기다.

이 부분은 지원자의 성향이나 성격을 파악하기 위한 중요한 도구이다. 영화보기, 독서 등의 일반적인 취미보다는 자기 자신을 잘 표현하는 것을 고르는 것이 좋다. 왜냐하면 취미나 특기는 지원자의 열정과 목표의식을 볼 수 있고 이를 통해 성향이나 활동반경 등 여러 가지를 나타내주는 자료이기 때문이다. 마술, 스킨스쿠버 등도 좋지만, 지원하는 회사 직무와 관련된 취미나 특기가 있다면 적극적으로 활용하면 좋다.

● 인·적성 검사

- 기업은 채용 프로세스에서 인·적성검사는 매우 중요한 단계이다. 적성검사는 적성을 파악하여 인력을 효율적으로 배치하기 위해 쓰이지만 적성검사를 통해 1차 합격자, 즉 면접대상자를 선발하는 데도 사용된다. 적성검사 성적이 입사 여부에 영향을 미치는 회사도 있지만, 적성검사 성적에 관계없이 서류 전형에서 1차 합격한 지원자에게 면접의 기회를 주는 회사도 있다.

반면 인성 검사의 가장 큰 목적은 부적격자를 가려내는 데 있다. 비정상적인 성격 소유자를 체크하고 성격장애와 같은 결격 사유가 있는 사람을 가려내는 것이다. 인성검사는 일반적으로 정서적 안정성, 협조성, 신경질, 자율성, 지도성, 사교성, 지구성, 책임성, 적극성,

반사회성, 무 응답성 등을 검사한다. 이 중 가장 중요한 것은 허구성 질문이다. 허구성 항목은 거짓말 척도 문항과 일관성 있게 대답하는가를 보는 타당성 척도 문항으로 이루어져 있다. 허구성 항목의 점수가 높게 나타나면 의식적이든 무의식적이든 자신을 외부에 나타내지 않는 성향이 많거나 개인적인 성향이 강하다는 것을 의미한다. 또 '잘 모르겠다.'는 응답이 20% 이상이면 조사 결과의 신뢰도가 낮을 뿐만 아니라 결단력, 판단력이 부족하며 조사에 대한 거부감, 저항감이 있다는 등으로 해석할 수 있다. 인성 검사에서 불합격되는 경우는 허구성이 심하거나 '잘 모르겠다.'는 응답이 많은 경우라는 점을 알아야 한다. 인·적성검사를 너무 소홀히 준비한다면 낭패를 볼 수밖에 없다.

인·적성검사를 잘 보는 최고의 방법은, 첫째, 진실 되게 '있는 그대로의 자신'을 표현하는 것이다. 거짓으로 마킹을 하다 보면 검사 중간에 "솔직한 답변이 제대로 이루어지지 않고 있다"는 팝업창이 뜬다. 인·적성검사를 시험으로 생각해 좋은 점수를 얻으려고 의도적으로 본성을 숨기고 솔직하게 응답하지 않으면 검사결과가 무효처리가 되기도 한다.

둘째, '시간을 투자해 패턴을 익혀라'이다. 인적성 문제는 문제은행 형식으로 지문이 한정되어 있기 때문에 상당히 유사한 문제가 출제되는 경우가 있다. 언어이해, 논리판단, 자료해석, 정보추론, 도식이해, 공간지각 등 신뢰도를 알아보기 위해 또는 공통된 성향인지 알기 위해, 내용은 달라도 사실은 같은 내용을 물어보는 질문이 있다. 인·적성검사를 많이 보다 보면 패턴을 익히는 데 도움이 되기도 한다. 어떠한 유형이 출제 되더라도 예제 문제를 통해 빨리 이해하고 적용할 수 있는 능력을 기르는 것이 우선이다. 인·적성검사 특강, 모의 인·적성검사 등을 활용하는 것도 도움이 될 수 있다.

셋째, 시간관리다. 검사 도중 임시 저장을 하거나 임의로 멈출 수 없게 되어 있고 문항 수 대비 시간이 턱없이 부족하기 때문에 시간 관리는 필수다. 논리퀴즈처럼 1문제 당 2분여에 풀어야 하는 경우, 많은 지원자가 시간 관리를 위해 일정 부분을 미리 포기하고 시험을 본다. 이 또한 하나씩 준비하다 보면 충분히 극복할 수 있는 영역이기 때문에 연습이 필요하다. 언어영역의 경우도 제시문의 길이 때문에 독해 속도를 높이는 연습을 하고, 낯선 자료에서 필요한 정보를 빨리 찾는 훈련을 한다면 도움이 된다.

● 면접: 취업성공의 8부 능선(취업의 당락을 결정하는 면접의 기술)

서류전형과 인·적성검사를 통과하면 면접을 치르게 된다. 취업의 당락이 결정되므로 면접에서 좋은 점수를 얻는 것이 취업성공의 관건이라 할 수 있다. 면접관은 짧은 시간 안에 지원자들의 면면을 빨리 파악해야 하므로 대체로 첫인상과 표정, 말투, 행동을 통해 성격을 유추하고 판단의 근거를 찾게 된다. 그렇기에 평소 '보이는 것'에 대한 준비와 연습이 필요하다.

면접 대상자들은 대체로 상이한 두 유형으로 분류된다. 긴장하는 사람과 그렇지 않은 사람, 웃는 사람과 찡그린 사람, 자신감이 넘치는 사람과 힘이 없는 사람, 큰소리로 얘기하는 사람과 작게 중얼거리듯 말하는 사람, 시선 처리를 잘 하는 사람과 눈을 못 마주치는 사람, 바른 자세로 앉은 사람과 구부정한 자세로 앉은 사람…. 이러한 지원자들에게서 면접관은 인성을 본다. 그렇기에 평소 유머, 배려, 관심 갖기, 입장 바꿔 생각하기, 긍정적으로 표현하기 등의 연습이 필요하다.

면접은 PT면접, 인성면접, 토론면접, 심층면접, 합숙면접 등이 있다. 각 면접 종류별 내용과 준비사항을 살펴보면

- PT면접에서는 말의 속도, 논리적 구성과 충실한 내용이 담겼는지를 본다. 이 단계에서는 어설프게 아는 전문용어를 나열하기보다는 자신만의 시각으로 다른 사람과 차별화 되는 독특한 전략을 제시하는 것이 중요하다. 이에 더하여 내용만큼이나 발표 시 표정과 말투, 음정의 높낮이도 신경을 써야 한다. PT면접장에 들어가 보면 긴장한 지원자들은 좋은 내용임에도 자신 없는 말투, 또는 지나치게 빠른 속도로 발표를 하는 바람에 열심히 준비했던 과제가 빛을 바라는 경우를 종종 보게 된다.

- 인성면접에서는 자발성, 책임감, 조직적응력, 협동능력, 커뮤니케이션능력을 갖추었는가를 본다. 인성면접은 기업마다 평가항목이 다를 수 있지만 가치관, 태도, 조직적합성, 직무적합성 등을 주로 보게 된다. 이 때, 솔직한 모습을 보여주는 것이 중요하다. 학점이나 경험이 없는 것을 들어 약점을 파고드는 질문을 하는 경우가 있는데, 이럴 때는 Yes, But 화법으로, "솔직히 현재는 부족하지만 미래에는 극복할 수 있다"는 식으로 풀어가야 한다. 과장된 표현이 보기에도 어울리지 않듯이 좋게 보이려고 자기 생각과 다른 답변을 할

경우 오히려 좋지 않은 결과를 보게 되니 주의해야 한다.

　최근에 입사 면접에서 인성면접이 대세로 떠오르고 있다. 인성면접에 성공하기 위해서는 첫째, 사실에 근거해야 한다. 사실에 근거해야 하는 것은 인성면접에서 자신만의 스토리가 있어야하기 때문이다. 지원한 회사에서 원하는 미래의 목표를 위해 과거에 어떤 노력을 했고 지금 얼마나 준비가 됐는지 일관되게 표현할 줄 알아야 한다는 것이다.

　둘째, 드라마틱한 요소를 스토리에 첨가하는 것이다. 면접관은 수많은 지원자의 얘기를 듣는다. 밋밋한 얘기들은 집중하지 않는다. 그래서 스토리에는 드라마틱한 요소가 필수이다. 그동안 우선적으로 자신이 경험한 것들 중에서 도전적인 요소를 찾아내고 그 다음에 남들과 다르게 행동했거나 경험했던 포인트를 찾는다. 드라마틱한 요소를 자신의 강점을 이용해 회사의 직무와 연결해야 한다.

　셋째, 약점은 극복할 요소를 찾아놓고 말해야 한다. 약점은 직무수행 능력에 의심을 품지 않도록 지원한 직무에 요구되는 필수능력에 해당하지 않는 것에 초점을 맞추는 것이 좋다. 예를 들면, '저는 지나치게 꼼꼼합니다' '거절을 잘 못합니다 ', '너무 솔직해서 문제입니다'등 약점을 통해 나에게 부족한 부분을 개선하려 어떻게 노력해 왔으며, 어떤 성과를 이루었는지 설명함으로써 계속 성장한다는 것을 보여줘야 한다는 것이다.

　- 토론면접에서는 주제의 내용에 맞게 상대방의 주장을 반박해 자신의 주장을 이야기하는지(대안 제시), 참여도는 높은지, 창의적인지, 경청을 하는지 등을 본다. 주제를 중심으로. '인상적이고 전략적

인 참여'방법을 모색해야 한다. 주도적으로 토론에 참여하다 보면 자연스럽게 자신의 논리를 펼칠 수 있다. 발언 횟수에 집착해 주제와 관계없는 얘기를 '무조건 말하고 보자'는 식으로 접근하면 안 된다. 또 한 가지 주의할 점은 '중간만 하자'는 식으로 '토론 면접 연습에서 익힌 대로' 짜인 각본을 외우듯이 하면 함께한 조원 전체의 점수를 낮출 수 있다는 점에서 주의해야 한다.

- 심층면접에서는 문제해결능력, 창의적 태도, 지원자가 회사에 들어오면 무엇을 할 수 있는지를 살펴본다.

- 합숙면접을 통해서는, 발표 및 토론과 놀이 등을 통해 실제 직무능력이 있는지, 얼마나 협조적으로 주어진 과제를 수행하는지를 본다. 합숙면접은 과거 행동이 아닌 현재의 행동을 보고 인재를 판단할 수 있다는 장점 때문에 많이 실시한다. 여기서 중요하게 보는 것은 팀플레이(조직적합성)다. 무조건 이겨야 한다는 지나친 경쟁심은 오히려 독이 될 수 있다. 그러므로 구성원들과 함께 결과물을 만든다는 마음가짐으로 임해야 좋은 결과를 볼 수 있다.

면접을 치를 때는 지원한 회사에 대한 완벽한 분석과 단정한 복장은 필수다. 이는 면접관에게 자신의 입사동기를 뚜렷이 밝히고 이 회사에 오기 위해 많은 노력과 시간을 투자했다는 것을 알리는 신호로서, 합격 확률을 높여주기 때문이다. 그리고 면접관의 의중을 헤아릴 수 있는 안목이 필요하다. 같은 내용이라도 답변 방식에 따라 면접 점수는 달라진다. 즉, 면접의 요령을 철저하게 준비하는 것이 필요하다. 면접에 응하는 기본사항은 다음과 같다.

- 간략하게 대답한다.
- 올바른 경어를 사용한다.
- 질문의 의도를 파악한다.
- 자신 있는 부분으로 이야기를 끌고 나간다.
- 바른 자세로 이야기한다.
- 경직된 표정보다는 다양한 표정으로 이야기한다.
- 다른 사람의 답변도 경청한다.

다음으로는 면접의 평가 요소를 미리 알고 대비하는 것이 필요하다. 개인 면접에서는 성공 의지, 창의력, 발표력 등이 중시된다. 성공 의지에서는 입사 후 진로 의식, 자신감, 업무 자세의 평가 등 장래 포부의 정확성, 자신감과 신념 정도를 평가한다. 창의력에서는 급변하는 경제 환경에 대처하는 문제 해결을 위한 노력과 끈기 등을 평가한다. 발표력에서는 의사 전달의 명확성, 논리성, 발음 및 속도, 발표 내용에 대한 이해와 동의를 구하는 노력 등을 평가한다.

집단 면접에서는 참여성과 조직 적응력을 중시한다. 참여성은 경청하는 태도 및 자세, 조원들의 의견에 대한 질의, 응답, 의견 제시, 자발성을 평가한다. 조직 적응력에서는 조원들과의 원활한 대화, 조원들의 의견에 대한 수용 자세 및 태도, 주어진 상황 및 지시에 대한 준비와 동참 자세 등을 평가한다.

면접의 좋은 예와 안 좋은 예를 살펴보자

- 합격을 부르는 면접의 좋은 예.

① 면접관을 보며 웃으면 보는 사람도 기분이 좋아지는 법

밝은 인상을 주는 것은 기본 중에 기본이다. 첫인상은 굉장히 중요하여 처음 들어온 정보가 그 사람의 전체적인 이미지를 판단하게 만들기 때문이다. 단아한 복장과 머리스타일은 물론이고 옷차림과 표정, 자세도 반듯하게 신경 써야 합니다.

② 면접에서 나의 장점을 확실하게 심어주자

면접관이 역량을 파악하는 가장 쉬운 방법은 지원자의 과거 경험을 물어 보는 것이다. 따라서 자신이 업무수행능력을 가지고 있다는 것을 제대로 전달하는 것이 중요하다. 이때 자신이 직접 겪은 이야기를 사례로 들어 대답하는 것이 좋다. 자신 있고 당당한 태도로 신뢰감과 호감을 동시에 줄 수 있어야 한다.

③ 화려한 미사여구보다는 솔직함으로 승부하자

시중에서 면접 예상 질문을 쉽게 구할 수 있다. 사실 예상 질문과 실제 받는 면접 질문에 큰 차이는 없다. 그렇다면 뻔한 질문과 답변에서 자신을 돋보이게 하는 방법은 솔직함이다. 정답이 정해져 있지 않는 질문에 자신의 스토리를 자기만의 표현으로 이야기하는 것이 가장 좋다. 진심은 언제나 통한다.

- 면접의 나쁜 예

회사가 절대 뽑아 주지 않는 면접자는?

① 지각은 절대 금물이다.

늦으면 아예 가지 않는 것이 더 나을지 모른다. 면접 기회를 스스로 포기했다고 위안이라도 삼을 수 있고 자신감이 조금 덜 깎이기 때문이다. 면접 실시 통보를 받으면 면접 장소의 위치와 소요 시간을 확실히 파악하고 교통편도 꼼꼼히 체크해두어야 한다. 기본적으로 30분 전 쯤에는 지정된 장소에 도착한다는 생각으로 면접장에 미리 도착하여 여유로운 마음가짐으로 임해야 긴장감을 풀 수 있다.

② 너무 화려한 의상은 오히려 감점

깔끔하고 단정한 이미지를 주는 것이 좋다. 그럴 때 눈에 띄는 화려한 의상은 삼가는 게 좋다. 특히 남성인 경우 네이비 또는 검정색 계열의 어두운 양복을 착용하는 것이 좋다. 넥타이도 너무 화려한 것은 피하고 여성의 경우에는 너무 짧은 치마와 깊이 파인 상의를 피해야 한다.

※ 참고할만한 면접 사례

면접에서 당락을 결정하는 가장 중요한 요소 지원자의 '태도'다,
·○○회사 면접장에서 면접관중 한 사람이 여러 지원자 중 한 여

성 지원자를 지정하며 "저 여성 지원자를 뽑는 게 좋겠다."라고 의견을 말했다. 그가 면접장으로 오는 길에 해당 여성지원자를 회사 앞 횡단보도에서 보았는데 사람들이 많은 거리에서 큰 목소리로 허리를 굽히며 "안녕하십니까? 지원자 ○○○입니다"라고 인사 연습을 하는 것을 보았다는 것이었다. 그 여자 지원자에게서 열정을 느낄 수 있었고 결국 그녀는 합격했다.

• 모 공기업에서는 면접관이 우연히 화장실에서 볼 일을 마치고 나오면서 세면대에서 손을 씻은 후 휴지 여러 장을 마구잡이로 뽑아 아무 일 아닌 듯이 쓰고 버리는 모습을 보고 면접에서 부정적으로 봐 탈락시킨 사례

• 어느 방송사의 아나운서 면접장에서 실기와 필기를 모두 통과한 여섯 명 중 한 명만 채용되는데, 하나같이 흠잡을 데 없이 뛰어나서 누구를 뽑아야 할지 고민이 됐다. "이제 끝났으니 나가도 좋습니다"라는 말이 떨어지자 후보자들이 일제히 일어나서 나가는데, 그 중 한 명만이 자신이 앉았던 의자를 제자리로 밀어 넣고 나갔다. 면접위원들은 그 모습을 유심히 지켜보았고 결국 그 지원자를 채용하기로 결정했다. '사람이 긴장할 때 나오는 행동은 대개 습관처럼 늘 하던 행동일 가능성이 높다'고 본 것이었다.

• 모 대기업 면접에서 지방대학 패션디자인학과를 나온 지원자 A는 면접현장에서 면접관이 "우리 회사에서 이러한 어려운 일이 주어지면 할 수 있느냐? 그 이유는 무엇인가?"라고 묻자, "예, 저는 할 수 있습니다. 저는 잡초거든요. 밟히면 일어서고 넘어져도 또 일어서서 당당히 일할 수 있습니다"라고 답했다. 더 질문이 없어서 떨어진 줄 알았던 이 지원자는 며칠 후 출근하라는 통보를 받았다.

· 미국의 사우스웨스트 항공사는 면접장에 올 때 정장에 반짝이는 구두를 신고 온 지원자들에게 면접관이 갈색 반바지를 건네면서 "여기 계신 분들 중 정장 바지를 벗고 제가 가져온 갈색 반바지를 입으실 분 안 계십니까? "라고 제안을 했었다. 지원자 대부분 황당해 하는 표정을 지을 뿐 갈아입지 않았지만 그 자리에서 정장을 벗고 갈색 반바지로 갈아입는 지원자도 있었다. 그 결과 갈색 반바지를 입지 않는 사람들은 면접관이 정중한 인사와 함께 돌려보냈다.

· 얼마 전 한 방송사에서 「요즘 젊은 것들의 사표」라는 프로그램을 방영한 적이 있다. 모 리서치 결과에 따르면, 3년간 2만 명의 신입사원을 추적한 결과 이 중 46%가 입사 후 18개월 이전에 회사생활에 실패했다고 한다. 회사에 적응하지 못한 이유는, 회사가 요구하는 '태도'를 갖추지 못했기 때문이다. 그래서 조직문화에 융화할수 없었고 결국 낙오자가 되었기 때문이었다. 이런 결과를 보더라도신입사원이 실패하는 이유는 기술이나 능력 때문이 아니라 태도 때문이라는 것을 알 수 있다. 입사 면접에서도 사소한 '태도'가 면접에결정적인 요소로 작용했다는 것을 알 수 있다.

※ 취업관련 용어 정리

♣ 케이무브

'케이무브(K-Move)'는 청년 취업준비생의 해외 취업 및 창업 등을 지원하는 정부 정책이다. 부서별로 추진되던 해외 진출 프로그램을 통합해 청년층의 해외 취업을 효과적으로 지원하는 것이 목적이다. 케이무브는 2013년부터 추진되었으며, 고용노동부를 비롯한 다

수 기관이 협력하여 진행하고 있다.

케이무브의 해외진출 프로그램은 해외 취업, 해외 인턴십, 해외 창업, 해외 봉사 등으로 구성되어 있다. 케이무브 대상자가 되면 'K-Move 스쿨', 'GE4U'와 같은 해외 연수 프로그램을 통해 취업에 필요한 직무교육과 어학연수 등을 받을 수 있다. 'K-Move 스쿨'은 해외 연수 후 바로 현지 취업을 보장하는 프로그램으로, 지원비의 20~30% 정도를 부담하고 참가할 수 있다. 이외에도 케이무브는 'K-Move 멘토단'과 ''K-Move 센터' 등을 통해 해외 현지 네트워크를 활용하여 양질의 일자리를 발굴하고 취업·창업 현장을 지원하고 있다.

♣ 스터디고시

취업을 위해 스터디 모임에 가입하는 것이 고시에 합격하는 것만큼 힘들고 어렵다는 것을 이르는 말이다. 좋은 스터디 모임에 들어가면 면접 요령 등을 쉽게 얻을 수 있어 실제 채용 과정에서도 유리할 수 있다는 판단이 확산하면서 등장한 현상이다. '취업스터디 가입도 하늘의 별따기'라는 말까지 나올 만큼 스터디 고시는 취업준비생들 사이에서 일반화되어 있다.

가입 경쟁률이 웬만한 기업 경쟁률과 맞먹는 스터디 모임도 있으며 학벌 등 자신들이 정한 기준에 따라 가입 조건을 만든 스터디 모임도 적지 않다. 이른바 유명 스터디 모임에 가입하기 위해선 졸업한 대학, 학과, 나이, 성별, 거주지, 토익·토플 등의 공인 영어 성적, 해외 거주 기간, 영어 실력, 취업 준비 기간, 스터디 참가 횟수, 과거 합격 여부 등의 정보를 제공해야 하는 것이다. 유명 스터디 그룹이 요구하는 자격 조건은 갈수록 까다로워지고 있다. 『한국경제』 2015년 3월 10일자 기사에서는 "이력서나 자기소개서를 요구하는 스터디는 평범한 축에 속한다. 요즘은 높은 영어 점수나 '인·적성 시험 통과 이상' 등 취업 전형에 대한 경험을 요구한다. 특히 면접 경험을 중시한다." 면서 다음과 같이 말했다. 스터디 고시에 합격했다고 해서 안심할 수 있는 것은 아니다. 스터디 그룹 자체의 내부 규율이 매우 엄격한 곳이 적지 않기 때문이다. 예컨대 내규 위반이 3회를 넘으면 하루 동안 휴대전화를 빼앗는 '강력한 페널티'를 적용하고 있는 스터디도 있으며, '벽보고 노래 부르기'와 같이 수치심을 느끼는 벌칙까지 주는 곳도 있다. 체벌을 하는 스터디도 있다.

♣ 홈퍼니 (Homepany)

가정(Home)과 기업(Company)의 합성어로, 가정과 일을 조화시킬 수 있도록 배려하는 회사를 일컫는 말이다. 가정 같은 분위기에서 편안하게 일하면서 업무의 능률을 올리는 기업 경영 방식을 일컬어 '홈퍼니 경영'이라 한다. 홈퍼니 경영의 대명사로 거론되는 회사는 구글이다. 구글은 자녀를 둔 직원들을 위해 하루 또는 일주일 단위로 급하게 보모를 신청하는 제도인 '백업 차일드 케어(Backup child care)'를 운영하고 있으며, 기업 내 어린이집을 운영하거나 세탁·자동차 관리·법률 자문 등 각종 가사 일을 대행해주는 서비스를 제공하고 있다.

홈퍼니에는 다른 의미도 있다. 취업 준비생들 사이에서 홈퍼니는 '집에서 마치 업무를 하듯 기업 입사 원서를 제출하는 데 매진하고 있다'는 의미로 쓰인다. 그러니까 구직자가 "요즘 나는 홈퍼니에서 근무한다"고 말하면 이는 직장에 출근하는 게 아니라 집에서 취업 원서를 접수하는 일에 몰두하고 있다는 의미인 셈이다. 2010년 구직 자들은 홈퍼니를 가장 공감하는 취업 관련 유행어로 꼽은 바 있다.

♣ 호모 솔리타리우스(homo solitarius)

외로운 인간이란 뜻으로, 취업난 때문에 혼자서 모든 것을 하는 20대 청춘들을 이르는 말이다. 혼밥족과 아싸족이 호모 솔리타리우스의 전형적인 사례라 할 수 있다. 혼밥족은 혼자 밥먹는 사람들을 지칭하는 말이고 '아웃사이더족'의 준말인 '아싸족'은 취업을 위해 스펙을 쌓고 학점을 따느라 스스로를 '왕따'시키는 사람들을 이르는 말이다.

『중앙일보』에는「'혼밥' 즐기다 외로울 땐 '밥먹자' 앱 꾸~욱」은 호모 솔리타리우스의 등장은 가까운 친구조차 경쟁자일 수밖에 없는 취업 빙하기 시대의 산물이라고 말한다. 취재팀이 대학생 30여 명에게 물은 결과 대다수가 "취업 스트레스 때문에 친구보다 남이 더 편하고, 때로는 혼자인 게 더 낫다"고 말했다는 것이다. 이런 경향은 다음소프트에서 2010년부터 2015년까지 '외롭다'는 키워드로 진행한 블로그 분석에서도 나타난다. 블로그 분석에서 연관어 1위는 '사람(언급량 7만 5,150건)'이었으며, 2위는 '혼자(3만 7,282건)', 3위는 '친구(2만 9,930건)'였다.

호모 솔리타리우스를 겨냥한 비즈니스도 활발하다. 예컨대 신촌의 '이찌멘', 서울대 인근의 '싸움의 고수', 홍익대 앞 '델문도', '니드맘밥' 등 혼밥족을 위한 1인 식당은 대학가를 중심으로 빠른 속도로 증가하는 추세다. 모바일로 즐기는 육성 시뮬레이션 게임도 큰 인기를 끌고 있다. 전용 게임기를 스마트폰 앱이 대체했다는 점에서만 다를 뿐 1990년대 유행했던 '다마고치'와 유사한 게임으로, 캐릭터를 이용자가 성장시키는 게 주된 내용이다. 게임의 대상은 애완동물부터 공주, 왕자, 천사, 개복치 등 매우 다양한데, 호모 솔리타리우스는 육성 시뮬레이션 게임을 통해 현실에서 충족되지 않는 관계 본능을 달래고 있다.

♣ 열정페이

열정(熱情)과 봉급을 의미하는 페이(pay)의 합성어로, 하고 싶은 일을 할 수 있는 기회를 주었다는 이유로 아주 적은 월급을 주면서 취업 준비생을 착취하는 행태를 일컫는 말이다. 널리 알려진 열정페이는 대략 이런 것들이다. "너는 어차피 공연을 하고 싶어 안달이 났으니까 공짜로 공연을 해라", "너는 경력이 없으니까 경력도 쌓을 겸 내 밑에서 공짜로 엔지니어를 해라", "너는 원래 그림을 잘 그리니까 공짜로 초상화를 그려줘라." 열정 페이 현상을 보고 "모든 밥에는 낚싯바늘이 들어 있다. 밥을 삼킬 때 우리는 낚싯바늘을 함께 삼킨다"는 소설가 김훈의 표현이 떠올랐다는 정정훈은 이렇게 말했다. "인턴 자본주의', '알바 공화국'이라는 표현은 밥벌이를 위해 낚싯바늘을 삼켜야 하는 우리 시대 젊은이들의 비정한 현실을 드러낸다. 한 줄의 스펙을 위해서라도 정규직 전환이라는 미끼가 달린 낚싯바늘을 숙명처럼 거부할 수 없는 것이, 젊은이들에게 강제된 오늘의 취업 현실이다."

♣ '자소설'

자기소개서와 소설의 합성어로, 소설을 쓰듯 창작한 자기소개서를 일컫는 말이다. 강한 인상과 거창한 이미지를 주는 자기소개서를 써야 취업에 유리할 것이라는 생각에 실제 경험하지 않은 것이나 모르는 분야를 잘 알고 있는 것처럼 포장하는 식이다. 청춘들은 자기소개서(자소서)에 마치 그 회사에 입사하기 위해 태어난 것처럼 쓰는 데 심혈을 기울인다. 자소설은 정량 평가 대신 정성 평가를 하는 기업들이 증가하면서 나타난 현상이다.

자소설 때문에 이른바 취업준비생과 기업 사이에 숨바꼭질이 벌어지는 경우도 적지 않다. 지원자가 자기소개서에 적은 세세한 경험에 대한 증빙서류 등 증거를 요구하는 기업들이 등장하고 있기 때문이다. 예컨대 한 기업의 관계자는 "과거엔 서류를 통과한 지원자가 적어낸 경험이 부풀려진 경우가 많아 면접 때 이를 검증하느라 애를 먹었다"며 "서류전형에서부터 구체적인 근거를 요구하니 허수 지원자도 줄었다"고 했다.

자소설이 증가하면서 면접에서 돌발 질문을 던지는 기업도 증가하고 있다. 예컨대 상·하반기 채용 때마다 구직자들이 써낸 자소서를 하나도 빠짐없이 모두 다 읽는 것으로 알려진 현대차 그룹은 지원자들이 써낸 자소서에 이른바 'Ctrl+C', 'Ctrl+V'로 다른 사람의 자소서를 베낀 경우가 있을 뿐만 아니라 다른 사람이 대필해준 자소서도 많다는 것을 알고 심층 면접에서 돌발 질문을 던지는 것으로 알려졌다.

♣ 코피스 족

코피스는 커피(coffee)와 오피스(office)의 합성어로, 커피숍에서 노트북이나 스마트폰으로 일하는 직장인을 일컬어 코피스족이라 한다. 카페브러리(카페+라이브러리)족으로도 불리며 커피숍을 도서관처럼 활용하는 대학생들도 코피스족으로 볼 수 있겠다. 2012년 한 조사에 의하면 일과 공부를 위해 커피숍을 찾는 고객은 전체 고객 중 40퍼센트에 달했는데, 커피 한 잔 시켜놓고 다른 사람의 방해를 받지 않은 채 일에 몰두할 수 있다는 게 코피스족 증가의 이유로 거론된다. 커피숍은 창의성을 발휘하기에 위해 아주 적당한 장소라면서 코피스를 예찬하는 사람들도 적지 않다. 실제 2013년 미국의 『소비자 연구 저널(The Journal of Consumer Research)』에 실린 미국 일리노이 주립대학 연구진의 보고서는 커피숍에서 일하는 게 사무실이나 집처럼 조용한 곳에서 일하는 것보다 더 능률적이라고 했다. 창의성은 적당한 주변 소음이 있는 곳에서 더 많이 발휘되는데, 커피숍에서 발생하는 소음이 딱 그 정도 수준이라는 것이다.

경기 침체와 불황 속에서도 커피숍이 승승장구하는 배경에 코피스족이 있는 것으로 알려지면서 이들을 겨냥한 대형 커피 프랜차이즈들의 마케팅 경쟁도 치열하다. 휴대폰 충전기, 노트북 충전을 위한 콘센트, 무료 와이파이 제공 등은 기본이고 매장 내에 PC · 노트북을 구비해놓은 곳도 있다. 오래 앉아 있는 이들을 위해 딱딱한 의자를 푹신한 소파로 교체하는 등 코피스족의 편의를 위해 실내 인테리어에도 상당한 공을 들이고 있다. 아예 이들을 위해 '미팅룸'이나 '비즈니스룸' 등 독립된 공간을 만든 곳도 있다. 스마트폰 대비 상대적으로 큰 화면을 제공하는 대형 모니터를 갖추고 코피스족이 원하는 장르의 광고를 어플이나 인터넷 서칭을 통해 쉽게 찾아볼 수 있도록 한 테이블인 터치탁도 등장했다. 터치탁 테이블에 삼성 태블릿이 장착되어 있다.

7. 농협은 과연 '신이 꼬불쳐 둔' 직장인가

인간은 사회적 동물이며, 조직사회를 벗어나 살아갈 수 없는 존재다. 그 안에서 무슨 일을 하며 어떻게 살 것인가에 대한 고민이 필요하다. 우리는 직업을 갖고 열심히 세상을 살아간다. 하지만 21세기를 사는 우리 젊은 세대들은 사회구성원의 일원으로 지극히 일반적인 삶의 과정(영아-유아-소아-청소년-중년-장년-노년)을 경험하지 못하고 있다. '취업절벽' 뚫기가 너무 어렵기 때문이다. 그래서 '헬조선', '흙수저' 같은 세태를 풍자하는 말들이 회자되고 있는 것이다.

좋아하는 일, 잘하는 일할 수 있는 직장을 골라 갈 수 있으면 얼마나 좋겠는가? 취업만 하면 감지덕지인 시대다. 우리 7080세대처럼 조금만 노력하면 원하는 직장을 골라서 갈 수 있는 시절을 보내서 취업 때문에 죽을 고생을 하는 지금의 젊은이들에게는 미안한 마음을 가지게 된다. 그러나 모두가 가기를 희망하고 좋다는 직장에 매년 입사하는 신규직원들이 있다. 취업에 성공한 구직자들이다. 하지만 취업에 성공했다고 보랏빛 미래가 보장되지는 않는다. 얼마나 그 직장에 잘 적응하느냐 도 큰 문제다. 포털 사이트의 설문조사 결과에 따르면, 기업에 채용된 신입사원 10명 중 7명이 입사한 지 1년 안에 조기 퇴사한 것으로 나타났다. 신입사원의 조기 퇴사가 가장 많았던 직무 분야로는 '영업/영업관리'(22.8%)로 조사됐다. '생산/기술/현장직' 분야(21.0%)도 상대적으로 높았다. 그밖에 IT/시스템운영(6.9%), CS/텔레마케팅(6.6%), 판매/서비스(6.0%) 등의 순으로 퇴사한 신입사원이 많았다. 조직생활에서 적응하지 못해 방황하는 새내기들이 이처럼 많다. 회사가 비전이 없어서, 너무 늦게까지 일을 해서, 급여가 적어서, 상사와의 트러블 때문에, 자기 개발을 위해서 등 그 이유도 다양하다. 그러나 누구나 새내기 시절이 있었고 나름대로의 고통의 시기를 거치기 마련이다. 이왕 지나야 하는 길이라면 긍정적인 생각으로 스스로를 조직의 구성원으로 단련시켜 나가야 한다.

자신이 속한 조직이 원하는 인재가 되고 자아실현의 장(場)이 되는 일과 삶이 균형을 이루는 직장이 최고의 직장이자 나의 천직(天職)이 되는 것이다. '농협은 과연 이렇게 좋은 직장일까?'에 대하여 말해 보고자 한다.

8. 농업협동조합 직원으로써 자긍심

필자도 농협이 무슨 일을 하는 곳인지 모르고 입사를 했다. 당시에는 한국주식시장의 활황으로 증권맨이 되는 것이 최고였고 공사(공기업)도 최고의 인기를 누릴 때였다. 대기업, 시중은행, 농협을 놓고 고민하던 중 친구들에게 "농협 월급 엄청 쎄다", 되지도 않은 "농협직원은 준공무원이다"라는 소리를 듣고 농협 입사를 결정했다.

입사 후 7년이 되던 해에 IMF가 왔다. 우리가 지금껏 한 번도 경험하지 못한 혹독한 시련의 시기였고 '정리해고', '줄 부도', 'M&A' 등으로 고용 불안이 엄습했다. 그래서 안정적인 직장에 대한 부러움을 표현한 '신이 내린 직장'이란 신조어가 만들어 지고 농협은 소위 "신이 꼬불쳐 둔 직장"이라 불렸다. 또 다시 10년이 흘러 리먼사태로 시작된 미국발 금융위기를 무난히 잘 극복하고 오늘에 이르렀다. 이러한 탓에 농협은 직장으로서 참으로 고마운 직장이다.

　과연 농협은 매력적인 직장일까?

　약 250년 전 산업혁명시대부터 시작된 자본주의는 오늘날 우리에게 물질적 풍요와 번영을 가져다주었다. 하지만 자본주의는 개인 간 생존을 위한 치열한 경쟁을 부추기고 부의 양극화, 인간성 상실, 환경오염이라는 시대적 과제를 안겨 주었다. 그리고 이는 우리가 풀어내지 못한 숙제로 남아있다. 자본주의 3.0[6]은 수명을 다했지만 뚜렷한 해결책이 없어 보인다.

　이러한 위기의 자본주의를 구할 새로운 대안 경제모델로 협동조합이 주목 받고 있다. 자본주의가 '돈이 먼저인 세상'을 추구한다면, 협동조합은 '사람이 먼저인 세상'을 목적으로 하고 있다. 사람이 목적인 협동조합에 근무하는 자체만으로도 우리나라 협동조합의 맏형인 '농협'에서 일한다는 것이 무척이나 행복하다.

　인간이 세상을 살아가는 목적은 '행복'이다. 자본주의에 익숙해진 현대인들은 '행복=돈'이라는 등식에 사로잡혀 많은 돈을 벌기 위해 치열한 경쟁 속에 뛰어든다. 심리학자 Kahneman과 동료들은 2010년 미국인 4만 명을 대상으로 돈이 '행복감'에 미치는 영향을 조사했는데, 연수입 4만 불 정도까지만 행복감이 올라가고, 그 이상은 영

---

6) 아나톨 칼레츠가 「자본주의 4.0」에서 자본주의 발전을 4단계를 구분한 정의

향이 거의 없다는 결과를 얻었다. 돈이 행복에 미치는 영향은 약 10%정도라고 한다.[7] 돈만으로는 행복해 질 수 없다는 얘기다.일을 통해 보람을 느끼고 자아를 실현해 나가며 타인에 대한 배려와 나눔의 삶이 인간의 행복을 결정하는 가장 중요한 요소라 할 수 있다. 요즘 젊은 직장인들을 '찰러리맨'이라고 한다. 'Child + Salaryman'의 합성어로 성인이 돼서도 직장 내에서 어린아이와 같이 철없는 생각과 행동을 하는 젊은 직장인들을 일컫는다.

소크라테스는 남을 위한 봉사와 나눔 없이는 행복해 질 수 없다고 했다. 협동조합에서 일하는 것도 마찬가지이다. 협동조합은 타인에 대한 배려의 윤리적 가치를 신조로 삼고 있는 보통의 인간이 협동에 의해 보다 나은 인간적인 삶과 사회를 만들려고 설립한 조직이다. 나의 직장과 내가 하는 일이 사회·문화·경제적 약자인 농업인을 위한 일이라 생각하다면 항상 농협에 대한 긍지와 일에 대한 보람을 느낄 수 있는 최고의 직장이라 자부할 수 있게 될 것이다.

9. 농협 입사 전략

농협에 입사하기 위해서는

첫째, 「협동조합」에 대해 정확히 알아야 한다.

「협동조합 이념과 정체성」, 「협동조합과 주식회사와의 차이점」 그리고 농협의 「미션-농협의 근본적인 목적과 경영이념」·「비전-농

---

7) Diener, 1999 & Lyubomirsky, 2005

협이 추구하고 나아갈 미래상」·「핵심가치 - 임직원의 사고와 행동」
에 대한 이해가 지원자의 필살기 정보가 된다.

**둘째, 「농협은 어떤 채용 기준으로 인재를 선발하는가?」를 아는
것이 중요하다.**

지원자는 농협중앙회, 농협계열사, 지역(품목)농축협 모집부문과
입사 절차 (지원서 작성 - 서류전형 - 필기전형 - 면접전형 - 채용신
채검사 - 최종합격자 - 배치)를 확인하고 전형별 합격을 위한 준비
를 철저히 해야 한다. 그리고 면접관들로부터 관심을 갖게 하는 '한
방'이 필요하다. 그것이 바로 농협에 대한 풍부한 정보다. 대부분 지
원자들은 홈페이지를 통해 농협에 대해 알게 되는데 그 정도로는 다
른 지원자들과 차별성을 가지지 못하기 때문에 나만 가지고 있는 농
협에 대한 정보가 필요하다.

셋째, 농협의 조직구성과 주요사업에 대한 지식이 필요하다.

이는 농협에 대한 관심과 애정을 표현할 수 있는 좋은 재료이기도
하다. 최근 언론에 보도된 농협관련 기사나 방송을 스크랩하거나 자
신만의 차별화된 정보를 찾아야 한다. 남들이 모두 아는 정보는 희
소성이 없어 경쟁력을 가질 수 없기 때문이다.

넷째, 농협이 원하는 협동조합 인재상을 알아야 한다.

그러나 이를 홈페이지나 뉴스, 인터넷 조사로만 판단해서는 내게
맞는 정답을 찾기가 어렵다. 농협을 직접 방문해 보고 파악한 인재
상을 통해 내가 왜 농협에 맞는 인재인지 그 이유를 찾아 농협의 인

재상에 부합하는 인재임을 사례를 통해 증명해야 한다.

10. 농협인 직장예절

○ 마음 가짐

- '좋은 인간성'을 지니도록 노력하라.

농협에 입사한 신규직원들은 기본적으로 실력과 능력을 갖추고 있지만 그 중 중요한 첫 요소는 '인간성'이다. 최근 50대 그룹 신입사원 채용 기준을 분석한 결과 첫번째가 '인성'이었다. 인·적성 검사와 인성면접이 갈수록 확대되고 강화되는 이유도 조직에서 인성을 가장 중요하게 여기기 때문이다. 특히 NH은행등 금융업무를 취급하는 농협그룹은 돈을 다루는 업무이기 때문에 항상 금융사고 위험과 유혹에 노출되어 있다. 따라서 청렴하고 정직한 인성을 가지는 것이 그만큼 중요하다. 또한 세계의 초일류 기업의 사람을 분석해 보니, 이들 기업에는 좋은 사람이 많이 근무하고 있다는 것이다. 결국은 '좋은 사람이 좋은 기업을 만든다'는 원칙이 농협에도 그대로 적용되는 것이다. 신입사원은 '난 사람'보다는 먼저 좋은 품성을 지닌 '된 사람'이 되어야 한다. 좋은 인성을 지닌 직원은 자연스럽게 동료들과, 상·하간에 좋은 인간관계를 형성할 수 있다. 직장생활의 성패는 '좋은 인간관계' 형성에 달려 있다는 것은 직장생활에서 불변의 진리이다.

- 잘할 수 있다는 긍정적 마인드를 가져라

어렵게 입사한 생에 첫 직장에서 일을 한다는 생각만 해도 설레고 걱정이 되는 것은 당연하다. 흔히 직업인이 세상에서 제일 힘든 일은 '남의 주머니를 여는 일'이라고 한다. 완전히 새로운 환경에서 이처럼 힘든 일을 내가 잘 해나갈 수 있을까 염려가 되는 것은 당연하다. 하지만 용기를 가지고 아래와 같은 마음가짐을 가지는 것이 필요하다.

- 내가 선택한 직장을 나의 운명으로 받아들인다.
- 회사에 대한 믿음이 나의 발전의 근본이 됨을 알아야 한다.
- 충고와 조언을 들으며 감사한 마음을 갖는다.
- 잘 보이려고 하지 말고 잘 하려고 노력한다.
- '피할 수 없으면 즐겨라'는 문구를 기억한다.

○ 표정

▶ 밝은 표정으로 호감 주는 이미지를 연출하라

표정은 심리 상태를 나타내고 첫인상을 결정하고 상대방과 공감대를 형성할 수 있게 해준다. 특히 농협직원들은 동료와 고객에게 신뢰감과 호감을 주는 직장예절에서 가장 중요한 요소 중 하나이다.

- 표정은 첫인상을 결정한다.
- 고객의 표정은 나의 표정을 비춰주는 거울이다.
- 최초 접점직원의 표정은 농협 이미지를 좌우한다.
- 바람직한 표정을 위해 평소 마음가짐을 바르게 하고 교양을 쌓는다

▶ 좋은 표정의 효과

· 밝은 표정은 기분을 좋게 만들고 마인드컨트롤을 할 수 있다.
· 상대방의 기분을 좋게 만든다.
· 밝은 표정으로 기분이 Up되면 건강증진 효과가 있다.
· 직장 구성원들의 밝은 표정은 업무 능률을 향상 시킨다.
· 밝은 표정은 상호 호감형성으로 신뢰감을 준다.

▶ 호감을 주는 표정 Check-List[8)]

· 자신의 웃는 얼굴이 마음에 드는가?
· 웃을 때 남에게 칭찬 받은 적이 있는가?
· 웃었을 때 입모양과 치아에 자신이 있는가?
· 웃을 때 입에 손을 대거나 몸을 비트는 일이 없는가?
· 사진을 찍을 때 자연스럽게 웃는 얼굴을 할 수 있는가?
· 웃는 얼굴은 건강에 좋다고 생각하는가?
· 자신의 웃는 얼굴을 바꾸고 싶다는 생각을 한적이 없는가?
· 예쁘게 웃기 위해 거울을 보고 연습을 하는가?
· 웃는 소리가 밝고 명랑한가?

▶ 밝은 표정을 위한 아름다운 미소 만드는 훈련

< 눈웃음 훈련법 >

· 눈동자와 관자놀이 꾹 눌러주기
· 눈꼬리 안팎으로 돌려주기
· 눈동자 양쪽방향으로 크게 돌리기
· 오른쪽, 왼쪽 눈 번갈아가며 윙크하기

---

8) 출처: All that Model Agency&Academy

· 눈썹을 위아래로 끌어올렸다 내리기

< 입모양 훈련법 >
· 손가락 검지와 중지를 이용해 입 꼬리와 눈 근육 꾹 누르기
· 입 꼬리 안, 밖으로 돌려주기
· 입을 모아 시계방향 반 시계방향으로 돌리기
· 입을 모아 상하좌우로 강하게 삐쭉거리기
· 꼬 당겼다 끌어올리기
· 입술 최대한 작게 모으기
· 입술 최대한 크게 벌리기

< 미러링 효과 연습법 >
· 미국 속담 '거울은 절대 혼자 웃는 법이 없다'라고 했다.
· 내가 웃으면, 나를 보는 상대도 웃는다.
· 심리학에 '거울뉴런 효과'라는 게 있다. 상대의 행동과 상황에 대해서 나도 모르게 뇌에서 따라하게 되는 심리적 작용을 말한다.

○ 농협인의 용모복장 예절

용모와 복장은 그 사람의 '첫인상'을 심어주고 품성을 보여주는 결정적인 요소이다. 농협의 이미지가 된다. 용모복장으로 인하여 나의 이미지가 변화될 수 있다. 직장인 비즈니스 매너의 기본이라 할 수 있다.

< 농협인의 단정한 용모복장 >

♣ 남자 직원

- 헤 어

· 앞머리는 이마를 가리지 않도록 해야 한다. 이마를 덮게 되면
  인상이 차가워 보여 신뢰감이 없어 보인다.
· 옆머리는 귀를 덮지 않도록 해야 한다.
· 뒷머리는 와이셔츠 깃을 덮지 않도록 한다.
· 자주 빗질을 하여 단정한 머리 모양을 유지한다.

- 얼 굴

· 수염이 길어서는 안 되며 매일 면도를 한다.
· 코털이 자라나 밖으로 보이지 않도록 한다.
· 미소 띤 밝은 얼굴을 한다.
· 술과 담배냄새가 나지 않도록 청결을 유지한다.

- 슈 트

· 지나치게 유행에 집착하는 것은 좋지 않다.
· 농협의 품위를 손상시키지 않는 범위에서 기능적이고
· 품위 있는 사무용 정장(Business Suit)을 입는다.
· 검정색이나 네이비색을 기본으로 하여 자신의 체형과 피부톤에
  어울리는 것을 선택해 입는다.
· 화려한 원색은 피하며 재질과 디자인이 너무 눈에 띄는 옷은 삼
  가 하도록 한다.

- 구 두

- 구두는 더러움을 잘 타므로 각별히 신경을 써야 한다.
- 남자의 깔끔함은 구두로 나타나므로 늘 광택이 나도록 닦아 신는다.
- 구두굽이 닳아서 경사지면 안 된다.
- 구두의 색깔은 양복 색깔과 맞추는 것이 좋다.
- 두 켤레로 번갈아 신으면 세련되게 오래 신을 수 있다.

♣ 여성 직원

- 헤어

- 긴 머리는 풀어헤치기보다 깔끔하게 묶고, 짧은 머리는 반드시 드라이로 마무리한다.
- 앞머리는 이마와 귀를 가리지 않도록 한다.
- 헤어악세서리는 화려하지 않고 심플한 것으로 한다.
- 틀어 올린머리는 안 된다.

- 메이크업

- 화장은 밝고 청결한 느낌을 주도록 한다.
- 노메이크업도 NO
- 눈화장은 엷게 하고, 인조 속눈썹은 하지 않는다.
- 너무 짙게 하지 않는 것이 좋다.
- 얼굴색은 밝고 건강하게 보이도록 자연미를 살린다.
- 피부톤 정리, 눈썹 정리 립스틱은 기본이다.

- 스타킹

- 유니폼에 맞는 살색과 커피색을 착용한다.

· 원색이나 무늬가 있는 것은 피한다.
· 올이 빠지거나 늘어지는 것에 주의한다.
· 만일의 사태에 대비해 여유분의 스타킹을 준비한다.

- 구두
· 구두는 여성의 또 다른 얼굴이다. 자신의 걸음걸이를 균형 있게 유지해 주는 것으로 선택한다.
· 앞뒤가 막힌 구두를 착용한다.

- 액세서리
· 요란한 엑세서리는 단정치 않게 보인다.
· 두 가지 정도가 적당하다
· 간결하면서도 옷차림을 돋보이게 하는 것을 좋다.
· 귀걸이는 부착용으로 착용하는 것이 좋다.

※ 농협 입사 면접 시 복장 꿀팁

< 이런 복장 아니! 아니! 아니 되옵니다. >
· 남성지원자의 너무 긴 왕자 헤어스타일
· 여성의 풀어 헤친 긴 머리
· 정장 신사복에 발목 양말 또는 캐쥬얼 넥타이
· 구두 뒷 굽이 닳아 경사진 것
· 포캣에 볼펜, 만년필, 안경, 명함을 꽂아 부풀어 오른 것
· 지나치게 몸에 꼭 맞거나 헐렁한 것
· 바지부리가 지나치게 접히는 것
· 여성의 경우 어울리지 않는 색깔의 스타킹 그물망을 신는 것

○ **농협인의 인사 예절**[9]

< 인사의 의미 >

· 마음에서 우러나오는 만남의 첫 걸음

· 마음가짐의 외적 표현

· 인간관계가 시작되는 신호

· 상대방에 대한 존경심과 친절을 표현하는 형식

· 상대방이 느낄 수 있는 첫 번째 감동

< 하면 안 되는 인사 >

· 할까 말까 망설이는 인사

· 고개만 까딱하는 인사

· 무표정한 인사

· **Eye-contact** 이 없는 인사

· 분명하지 않은 형식의 인사

· 요즘 말로 '영혼' 없는 인사

< 매너 있는 3포인트 인사법>

· 아이컨텍 ⇒ · 활기차게 ⇒ · 내가 먼저

출처:NH농협상호금융CS교재

< 상황에 따른 인사법 >

- 출근할 때 인사

· 출근할 때 하는 밝은 인사는 그날의 활력소가 된다.

· 힘찬 목소리로 "안녕하세요", "좋은 아침입니다"등으로 웃으면

---

9) 출처 : NH농협 상호금융 고객 만족팀 교육교재

서 인사한다.

- 상급자가 출근할 때는 일어나서 인사하고 상급자가 먼저 출근했을 때에는 근무시간 전 이라도 "늦어서 죄송합니다."라고 사과 인사를 한다.
- 상대방보다 먼저 인사한다.

- 퇴근 할 때 인사
- "수고 하셨습니다"는 윗사람이 아랫사람에게 하는 인사다. "내일 뵙겠습니다. 안녕히 가십시오" 정도가 좋다.
- 상사보다 먼저 퇴근할 때는 "죄송합니다. 먼저 들어가도 되겠습니까?"라고 인사한 후 나선다.
- "나중에 제가 한 턱 쏘겠습니다" 요즘 많이 하는 퇴근 인사다.

일과 중 인사법
- 업무시간 중 자주 마주치는 동료는 처음 인사는 보통인사로 밝게 인사하고 다시 만나면 가볍게 밝은 표정으로 목례를 한다.
- 일하는 중간에 상사나 고객을 대면하게 되면 인사를 할 수 있는 상황이면 가볍게 목례를 하고 도저히 인사 할 상황이 안 되면 안 해도 무방하다.
- 다른 부서 직원이나 모르는 직원을 복도나 엘리베이터에서 만나면 가벼운 인사를 먼저 건 낸다.
- 화장실이나 세면장에서 용무중인 상사를 만났을 때는 인사를 하지 않는 것이 예의다. 용무가 끝나면 가볍게 목례로 인사를 나눈다.

○ 농협인의 엘리베이터 예절[10]

얼마 전 큰 인기를 누렸던 영화 '킹스맨'에서 "매너가 사람을 만든다."라는 명대사가 있었다. 우리 직장생활에 적용할 수 있는 좋은 대사다. 특히 좁은 공간에 여러 사람이 모여 있는 회사 엘리베이터에서는 더욱 매너가 중요하다.

집(아파트)을 제외하고라도 하루에 한 번도 엘리베이터를 이용하지 않는 직장인은 거의 없을 것이다, 많은 사람들이 사회생활을 하다 보면 엘리베이터를 이용할 기회가 많다. 엘리베이터를 타면 의례적으로 스마트 폰을 보거나, 여전히 밖에서 하던 대화를 이어가는 경우가 많은데 대부분의 사람들이 엘리베이터 예절에 대해 접해본 경우가 없는 것이 사실이다.

알면 약이 되고, 모르면 독이 될 수도 있는 엘리베이터 예절, 기왕이면 지키는 것이 농협인의 지성과 학식을 겸비한 문화인의 모습을 보여 주는 것이 필요하다 하겠다.

< 나의 이미지를 망가뜨리는 공간 >
· 혼자 타는 경우 보지 않는 다고 함부로 행동해서는 안 된다.
· 회사나 다른 사람의 뒷 담화를 하지마라
· 엘리베이터를 타는 시간은 짧다고 무시하다가 큰 코 다친다.
· 큰소리로 휴대폰 통화를 해선 안 된다.
· 냄새가 심한 음식물이나 음료를 먹거나 마시지 마라.

---

10) 출처 : 블러그「Hanwha days「」

< 나의 이미지를 Up시키는 공간 >

· 항상 칭찬 섞인 짧은 인사를 준비한다.
· 평소 좋아하는 사람이나 상사와 함께 타는 기회를 활용한다.
· 밝은 미소와 표정으로 서있는다.
· 동승한 사람들에게 사소한 불편이라도 사과를 한다.
· 같은 층에서 내릴 땐 상대가 먼저 내리게 양보하고 급한 용무가 있을 때에는 양해를 구하고 먼저 내린다.
· 고객과 상사와 함께 타는 경우 먼저 타고, 뒤에 내려 '열림' 버튼을 눌러 안내를 한다.
· 정원에 가깝게 많은 인원이 타는 경우 Cool하게 '먼저 올라가세요'라고 양보한다.

< 나의 이미지를 Up시키는 공간 >

· 내부직원들과 외부고객들도 이용하는 공간임을 명심하고 행동한다.
· 고객이 나보다 2~3층 더 높은 고층을 올라 갈 때 고객이 내리는 층까지 올라갔다 내려오면 고객은 감동을 받는다<리츠칼튼 호텔 CEO>
· 엘리베이터에는 어느 순간 누가 탈지 아무도 예측할 수 없다. 기본적인 예절을 지키도록 신경을 써야 한다.
· 서로 간 일정 거리를 유지하도록 해야 한다.

엘리베이터를 타면 습관적으로 '닫힘' 버튼을 누르는 경우가 많다. 더욱이 사람이 오는 데도 닫고 혼자 올라가는 경우가 있다. 다른 사람과 함께 타는 습관을 기르는 것이 좋다. 그리고 5층 이하는 건강을 위해서라도 계단을 이용하는 것이 직장생활 잘하는 좋은 습관이다.

○ 직장 좌석 예절

< 승용차, 택시의 상석 >

| 기사가 있을 때 | 상급자가 운전할 때 | 단둘이 탑승할 때 |

  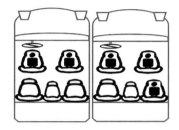

① 택시와 같이 기사가 있는 경우 기사 대각선 뒷좌석이 상석, 그 옆이 2번, 운전석 옆 자리가 3번이며, 4명이 탈 경우에는 뒷좌석 가운데가 말석이다.

② 차주가 직접 운전 할 때에는 조수석에 나란히 앉아 주는 것이 매너이다.

③ 운전자의 부인이 탈 경우에는 운전석 옆자리가 부인석이 된다.

④ SUV의 차일 경우에는 조수석이 상석이다.

⑤ 버스에서는 운전기사의 뒤쪽 창문자리가 상석입니다.

⑥ 승용차에서는 윗사람이 먼저 타고 아랫사람이 나중에 타며 아랫사람은 윗사람의 승차를 도와준 후 반대편 문을 이용하여 탄다.

⑦ 승용차에서 내릴 때는 아랫사람이 먼저 내린 후 윗사람의 하차를 도와 줄 수 있도록 한다.

⑧ 상석의 위치에 상관없이 여성이 스커트를 입고 있을 경우에는 뒷자석 가운데 앉지 않도록 배려해 주는 것이 매너이다.

< 회의실과 식당에서의 상석 >

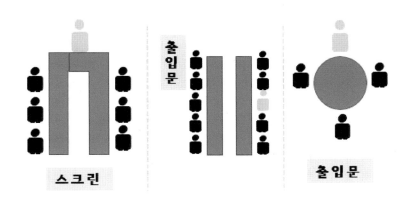

회의실이나 식당과 같이 테이블이 있는 장소에서는 출입구에서 가장 먼 쪽이 상석이다. 하지만 좌석 배치가 어떻게 되어 있느냐에 따라 상석이 조금씩 달라지기도 한다. 예를 들어, 발표나 보고를 위해 스크린이 설치된 장소에서는 스크린과 마주 보는 쪽이 상석이다. 스크린을 한눈에 가장 잘 볼 수 있는 자리를 높은 분에게 배려하는 것이다.[11]

---

11) 출처 : HYUNDAI MnSOFT

< 상견례 배치 >[12]

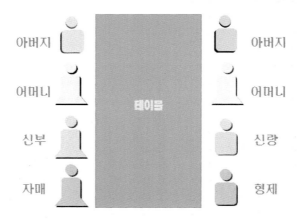

아버지   테이블   아버지
어머니   어머니
신부   신랑
자매   형제

○ **명함 예절**[13]

· 대부분의 신입사원들은 자신의 이름이 새겨진 명함을 받을 때
진정한 사회인이 됐다고 느낀다고 한다. 명함은 자신의 소속과
성명을 알려주는 중요한 역할을 하므로 비즈니스 상황에서 명
함을 주고받을 때는 몇 가지 예절을 지켜야 한다.

< 명함 건네기 >

· 명함은 제2의 얼굴이라고도 한다. 수많은 명함 사이에서 본인을
알리는 나만의 개성을 살린 명함을 만들어 사용하면 좋다.

---

12) 출처 그림 : 블로그 달들보레
13) 출처 : HYUNDAI MnSOFT

·상황1. 상담 시작 전 (고객방향으로 이름이 보이도록 건네며) 저는 00농협 00계 000입니다.

·상황2. 상담 종료 전 (기억을 남기는 잔상효과) 고객님, 더 궁금한 사항 있으세요? 네 저는 00농협 00계 000입니다.

< 명함 수수 >

① 명함케이스를 소지하고 간단히 목례를 하며 상대가 보기 편하게 180° 돌려서 건네며 본인 소개를 한다.
② 두 손으로 정중히 건넨다. 윗사람이 먼저 건네지만 요즘은 용건이 있는 사람이 먼저 건네도 무방하다.
③ 동시에 주고받을 시 오른손으로 주고 왼손으로 받는다. 받을 시 상대에 대한 호칭 서비스는 센스다.

사진출처: NH농협상호금융 CS교육교재

< 명함을 줄 때 >

· 명함을 줄 때는 아랫사람이 윗사람에게 먼저 건네야 한다. 하지만 소개를 받을 때는 소개 받는 사람이, 자신의 회사가 아닌 다른 장소를 방문해 명함을 교환할 때는 내가 먼저 명함을 건네는 게 예의다.

· 또한 명함은 서 있는 자세에서 교환하는 것이 예의다. 명함을 줄 때는 왼손으로 명함을 받쳐서 오른손으로 공손하게 건네되 자신의 이름이 상대방에게 잘 보이도록 배려해주어야 한다.

< 명함을 받을 때 >

· 상대방에게 명함을 받을 때는 일어선 채로 두 손으로 받는 것이 예의다. 또한 명함을 받으면서 "반갑습니다." 등의 인사말을 덧붙이는 것이 좋으며 명함을 받은 후에는 바로 명함지갑이나 가방에 넣지 말고 명함을 잘 보이는 곳에 올려두고 명함을 준 사람의 부서, 직위, 성명 등을 확인하며 대화를 이어나가야 한다.

< 명함 보관 >

· 명함 보관하는 방법을 알아두면 인맥 관리에 큰 도움이 된다. 명함을 관리할 때는 상대방의 업종이나 직종에 따라 명함을 분류해 별도의 보관첩에 넣어두는 것이 좋다. 접착식 메모지에 만난 일시, 용건, 인상착의 등을 적어 함께 보관하면 더욱 효과적으로 인맥 관리를 할 수 있다.

출처 : NH농협상호금융 CS교육교재

○ 농협인의 전화예절

< 전화예절의 중요성 >[14]

• 비대면 서비스 응대는 고객과 직원이 얼굴을 마주하지 않는 상황에서 제공되는 서비스를 의미하며 대표적인 것이 전화응대 서비스이다.

① 신속한 전화수신

- 전화벨이 3회 이내 울리기 전에 신속하게 전화를 수신한다. (연결 시에도 마찬가지)
- 전화 수신이 늦었을 경우 "늦게 받아 죄송합니다" 등의 양해의 말을 한다.

② 첫 수신 인사말

- 첫 수신 인사말을 정확하게 실시한다.
- 예) "농협인이 행복한"+ 농협명(or부서명or팀명) + ○○○(성명) 입니다.

③ 연결응대 태도

- 연결 응대 시 정확하게 연결응대 용어를 사용한다.

예) 네~ 괜찮으시다면 (　　　) 담당자에게 연결해 드리겠습니다.
- 연결 응대 시 전화가 제대로 담당자와 연결이 되었는지 확인한 다음에 끊는다.

---

14) 출처 : NH농협 상호금융고객만족팀 교육자료

④ 친절한 응대

- 상대방의 이야기를 경청하고, 중간에 말을 끊지 않는다.
- 구체적인 호응표현, 용건 재확인 말 실시한다.

예) "(　　　) 아~네, 그러세요? 아~ 그렇군요"

- 담당직원이 부재 시, 그 직원의 부재 이유를 고객께 설명 드려서 궁금점을 해소하도록 한다.

예) "네! ○○○차장님은 지금 회의 중 이십니다. 아마 1시간 후에 회의가 끝나실 것 같습니다."

- 메모 전달 시 에는 (　　　) 전화를 걸어오신 분의 이름과 통화시간, 전화 용건을 적어 전달하도록 한다.

⑤ 종료인사

예) "고맙습니다. 좋은 하루 되십시오"
- 통화 종료 후 3초 기다렸다가 수화기를 살짝 내려놓는다.

사진출처:NH농협상호금융CS교육교재

Part 02

반드시 알아야 할
기본용어

1. 공통분야

가. 예금자보호제도

금융기관이 파산하게 되는 경우, 예금보호공사가 예금자 1인당 보호금융상품의 원금과 이자를 합하여 최고 5천만원(금융기관별)까지 보호하는 제도(농축협은 중앙회에 상호금융예금자보호기금을 설치·운영)

나. BIS(Bank for International Settlement 국제결제은행) 자기자본비율

BIS는 은행의 건전성과 안전성 확보를 위해 정한 위험자산 대비 자기자본 비율로 최소 8% 이상의 자기자본을 유지하도록 하고 있다.

- 산출방법 : 자기자본/위험가중자산 X 100

다. FTP(Fund Transfer Price 자금의 내부이전가격)

은행이 내부적으로 이전하는 자금에 대하여 일정한 가격(내부금리)을 책정하여 적용함으로써 은행의 영업과 관련된 자금의 수익성을 측정하고 관리하는 제도임. 즉, 자금원가(FTP)는 영업점의 자금 조달·운용에 따른 손익계산의 기준이며, 대고객 금리 결정시 기준이 되는 금리임. 영업점 손익계산 시에는 FTP와 함께 관련비용(예금보험료, 출연료 등)을 함께 고려해야 함.

라. 자산부채종합관리(ALM : Asset and Liability Management)

금융기관이 보유하고 있는 자산과 부채의 구성을 종합적으로 관리함으로써 장래에 발생 가능한 금리, 환율 및 유동성 등 제반 리스크를 최소화하거나 자금조달·운용의 최적화 및 순이자마진 제고로 수익 극대화를 도모하는 관리기법을 말한다.

마. 하나로 가족 고객제도

거래기여도가 높은 우수고객에게 차별화된 우대서비스를 제공함으로써 우수고객의 이탈을 방지하고, 농협을 주거래은행화 하도록 하는 고객관리제도임. 평가점수에 따라 블루고객, 그린고객, 로얄고객, 골드고객, 탑클래스고객으로 구분함.

바. 국고금

정부가 공공행정업무를 수행하기 위해 재정자금을 조달하고 운용하는 데 수반되는 일체의 현금을 의미하며, 국고재산에는 현금, 유가증권, 부동산 등이 있으나 '국고금'이란 현금 및 현금과 동일한 가치를 지는 것을 의미

- 국고수납대리점 : 국고금 수납에 관한 사무만 취급할 수 있도록 한국은행이 지정한 금융기관의 영업점을 말함

사. CIF(Customer Information File, 고객정보원장)

당행의 모든 거래고객은 고객정보 전산원장이 우선 작성되어야 예금, 여신, 카드 등 다른 과목별 거래를 할 수 있는데, 이를 CIF라고 한다.

아. 원천징수 제도

국가가 납세의무자로부터 직접 조세를 징수하는 대신에 납세의무자의 과세표준에 속하게 되는 소득 등을 지급하는 자(원천징수의무자)가 소정의 방법에 의해 계산된 조세를 납세의무자로부터 징수하여 국가에 납부하는 제도를 말한다.

자. 상호금융

조합원간의 금융지원을 목적으로 하는 조합금융(제2금융권으로 분류)이며 자금의 과부족을 내부에서 자체 해결함을 원칙으로 하는 자주금융이다. 조합에는 농·축산업협동조합을 비롯하여 신용협동조합, 수산업협동조합, 산림조합, 새마을금고가 있다.

차. 기명 날인

행위자의 동일성을 표시하는 수단의 하나로 기명은 자기의 성명을 기입(자필이 아닌 고무인·타이프·인쇄도 무방하다)하는 것인

데, 이 경우 명칭은 성명, 상호, 아호 어느 것이든 거래상에서 널리 인정된 것이면 족하다. 날인은 도장을 찍는 것을 말한다.

2. 출납

가. 출납

현금 및 그와 동일시되는 제 증권류의 수납 및 지급업무와 이에 부수적으로 발생되는 현금의 정리, 통화의 교환 등의 업무를 말한다.
- 모출납 : 사무소 전체의 현금보관 및 자금관리 등을 담당한다.
- 자출납 : 각 계 단위별로 담당자를 정하여 현금을 취급한다.
- 파출수납 : 공공기관 등에 직원을 파견하여 공금 및 예금의 수납 시 현금을 취급

나. 시재금(時在金)

넓게는 은행이 보유하고 있는 현금을 가리키며, 중앙은행에 있는 예치금과 함께 지급준비금으로 계상된다. 좁게는 각각의 텔러가 보유하고 있는 자금도 시재금이다.

출납담당 책임자는 매일 출납정산표 현금보유명세표에 의거 통화와 타점권을 구분하여 시재금을 검사한다.

다. 현금의 인수도

각 출납계원간 현금(통화 또는 타점권)을 주고 받는 거래를 말하

며, 인수도를 할 경우에는 통합단말기로 그 내용을 전산등록하고, 출납마감 후 인수도거래 명세표를 출력하여 정확여부를 상호 확인한다.

라. 지준이체

한국은행과 금융기관을 온라인으로 연결하여 금융기관간 자금거래를 전자자금이체 방식에 의해 한국은행에 개설된 당좌예금계정을 통하여 즉시 처리하는 결제제도를 한은금융망제도라고 하며, 한은금융망을 이용하여 금융기관 상호간 자금을 이체하는 업무를 지준이체 업무라고 한다.

마. 지준관리

예금자보호 및 통화량 조절수단으로 은행 예금채무의 일정비율을 은행의 시재금으로 보유하거나 한국은행예치금으로 보유해야 하는데 이에 따라 지급준비금을 관리하는 업무를 말한다.

바. 현금 정사(精査)

수납한 통화에 대하여 징수 및 금액을 확인·정리하며 상태에 따라 사용화폐(사용권), 손상화폐(손상권) 및 극손상권(테이프권, 보철권 등)으로 구분하고, 위·변조 화폐를 색출하며 또한 훼손화폐에 대하여 전액·반액·무효화폐로 판정하는 일련의 작업과정을 말한다.

사. 소속(작은 묶음)과 대속(큰 묶음)

소속은 지폐를 100장 단위로 묶는 것으로, 첫장(앞면)에는 인물초상이 있는 면, 끝장에는 지폐의 뒷면이 보이게 하여 묶는다. 띠지로 중앙을 세로로 묶은 후 아래 측면에 취급자가 날인한다. 대속은 소속을 10개 단위로 정리하여 묶는 것으로 작은 묶음의 위·아래·좌·우를 정돈하여 PP밴드(밴딩끈)로 가로·세로를 견고하게 +자형으로 묶는다.

아. 일부인(日附印)

전표 및 장부 등에 그날 그날의 날짜를 찍게 만든 도장.
[비슷한 말]일자인(日字印)

자. 무자원 금융거래

현금 등의 수납 없이 선입금 처리, 근거 없이 자기앞수표 선발행 후 마감시간에 정리하거나 직원이 사적으로 타은행 계좌입금 후 마감시간에 정리하는 등 자원 없이 거래를 하는 것으로 내·외부 규정에 따라 엄격히 제한하고 있는 거래임. 따라서 고객이 입금거래와 출금거래를 동시에 요청한 경우에는 출금거래 후 입금거래를 처리해야 한다.

차. 기산일(起算日)

일정한 때를 기점으로 잡아서 계산을 시작하는 것으로, 통상 당초 거래를 취소하거나, 대출금이자를 정산할 때 기산일 거래가 발생한다.

카. 핀패드(Pin-Pad)

고객의 통장개설신청서, 전표 등에 기재된 비밀번호가 금융회사 직원의 업무처리 또는 전표 폐기과정에서 유출되는 것을 방지하기 위하여, 고객이 거래용지 등에 비밀번호를 쓰는 대신 손으로 직접 입력할 수 있게 하는 장치이다. 주로 금융회사 영업점에 설치되어 있는 비밀번호 입력장치로 고객이 직접 비밀번호 등을 입력함으로써 고객 외 타인이 입력번호를 볼 수 없는 것이 장점이다.

3. 회계

가. 차변(Debits, Dr)과 대변(Credits, Cr)

계정이 설정되어 있는 정부의 지면을 중앙에서 2등분하여 좌측을 차변, 우측을 대변이라 하고, 각 변의 한쪽에는 증가를 다른 한쪽에는 감소를 기입한다. 이 용어는 계정을 좌우로 구분하는 것 이상의 실질적 의미는 갖고 있지 않으며 관습화된 회계 상의 부호이다.

나. 재무상태표(Statement of Financial Position, F/P)

기업의 일정시점에 있어서의 재무상태를 명확히 보고하기 위하여 보고기간 종료일 현재의 모든 자산, 부채 및 자본의 상호관계를 재무상태표 등식에 따라 표시한 계산서를 말한다. 재무상태표는 차변에는 자산에 관한 사항을 표시하고 대변에는 부채·자본에 관한 사항을 표시한다.

다. 포괄손익계산서(Statement of Profit or Loss & other comprehensive income, P/L)

일정기간 동안의 회계 실체의 경영성과를 파악할 수 있도록 기간 중에 발생한 모든 수익과 비용을 보고하는 재무제표이다. 포괄손익계산서에는 당기순이익뿐만 아니라 기타포괄손익의 당기 변동액도 표시된다.

라. 대체(對替)

어떤 금액을 한 계정에서 다른 계정으로 대체하는 일 또는 그 계정. 현금거래 발생을 억제하여 거래의 투명성을 제고하는데 그 의의가 있음.

마. 가수금

예수금으로 볼 수 없는 수입자금으로서 계정과목이 확정되지 않았거나, 계정과목이 확정되었어도 금액미확정, 금액미달 또는 필요한 절차가 완료되지 아니한 사유로 정당한 계정과목으로 처리하는 것을 일시 보류하여야 할 때 우선 처리하는 계정과목이다.

바. 가지급금

계정과목이 확정되지 않았거나, 계정과목이 확정되었어도 금액미확정, 금액미달 또는 절차미필의 사유로 정당 계정과목으로 처리할 수 없는 금액이면서 일시적으로 지급하여야 할 때 우선 처리하는 계정과목이다.

사. 적수(積數)

매일의 잔액을 일정기간 단위로 합산한 금액으로 통상 평균잔액(평잔)과 이자를 산출할 때 사용된다.

(예시)1일~20일 예금잔액 100만원, 21일~30일 예금잔액 400만원일 경우

- 적수 : 100만원 x 20일 + 400만원 x 10일 = 6,000만원
- 평잔 : 6,000만원/30일 = 200만원
- 이자 : 200만원 x 4%(이자율) x 30일/365일 = 6,575원

4. 수신

가. 친권(親權)

부 또는 모가 미성년자인 자녀를 보호·교양하고 그 법률행위를 대리하며 재산을 관리하는 권리와 의무를 말한다. 친권자란 친권을 행사할 수 있는 권리를 가진 자를 말한다. 원칙적으로는 부모 공동으로 행사한다. 부모가 이혼하거나 혼인외의 자를 인지한 경우에는 부모의 협의나 가정법원이 친권자를 정한다.

나. 통장 재발급과 통장이월

통장 재발급은 통장의 분실, 도난 등 사고신고에 의해 통장을 고객에게 다시 발급하는 것이다.

통장이월은 통장 거래면이 소진되었거나 M/S(Magnetic Stripe)가

훼손되어 복구가 불가능한 경우 고객에게 통장을 발급하는 것을 말한다. 통장이월 시 거래인감이 없는 경우에는 무인감이월 사고코드를 입력한 후 이월 발급한다.

다. 통장 기장(記帳)

장부에 적는다는 말로 통장 정리, 통장 인자와 함께 통용되고 있다.

라. 계좌이체와 계좌송금

계좌이체는 고객의 신청에 따라 은행이 특정계좌에서 자금을 출금하여 같은 은행 또는 다른 은행의 다른 계좌에 입금하는 것을 말하며, 계좌송금이란 고객이 개설점 외에서 자기 계좌에 입금하거나, 제3자가 개설점 또는 다른 영업점이나, 다른 금융기관에서 거래처계좌에 입금하는 것을 말한다.

마. 예금 편의취급

예금의 지급시에는 통장·증서 및 인감(또는 서명)을 확인하고 지급함이 원칙이지만, 고객의 부득이한 사유로 인하여 통장, 인감 중하나가 없거나 둘 다 없이 지급 처리하고 사후 보완하는 것을 예금편의 취급이라 한다.

바. 저원가성 예금

금융기관의 주요 수익원천은 예금을 통해 조달한 자금의 원가와 대출을 통해 운용한 이자수익과의 차이이다. 다시 말해 예금이자와 대출이자와의 차이에 따른 수익으로 이를 예대마진이라고 한다. 수시입출금이 가능한 요구불예금(보통예금, 저축예금 등)은 적립식, 거치식예금보다 예금이자가 상대적으로 낮기 때문에 조달원가가 저렴하므로 저원가성예금이라고 한다.

사. MMDA(Money Market Deposit Account)

제1금융권의 단기 금융상품으로 가입당시 적용되는 금리가 시장금리의 변동에 따라 결정되기 때문에 시장금리부 수시입출금식 예금이라고 한다. MMDA는 고객이 은행에 맡긴 자금을 콜이나 양도성예금증서(CD) 등 단기금융상품에 투자해 얻은 이익을 이자로 지불하는 구조로 되어있다. 입출금이 자유롭고, 예금자보호법에 의하여 5천만원 한도 내에서 보호를 받을 수 있으며, 실세금리를 적용하여 보통예금보다 비교적 높은 이자를 지급한다.

아. 환매조건부매매(RP, Repurchase Agreement)

매매당사자 사이에 일방이 상대방에게 유가증권을 일정기간 경과후 일정가액으로 환매수(도)키로 하고 매도(수)하는 거래를 말하며, 일반적인 유가증권 매매와는 달리 유가증권과 자금의 이전이 영구적인 것이 아니라 일시적이라는데 근본적인 특징이 있다. 통상 RP 매도자는 보유 유가증권을 활용한 자금의 조달이 가능하고, RP 매수자는 단기 여유자금의 운용 또는 공매도후 결제증권의 확보 등이 가능하다.

5. 어음/수표

가. 어음정보교환

어음 및 가계(당좌)수표 등 교환회부가능 제 증서의 실물교환 없이 스캐닝 이미지 및 Text 정보만을 송·수신하여 금융기관간 결제를 완료하는 제도

나. 자점권

자기 지점에서 지급 가능한 어음, 수표, 기타증서를 말한다. 예를 들어 당행 또는 농·축협에서 발행한 자기앞수표, 당행 자기지점분 약속어음(당좌수표, 가계수표)과 같이 통합단말기를 통한 지급처리를 통해 즉시 현금화할 수 있는 증권을 말한다.

다. 타점권

어음정보교환을 통하여 수납익일에 현금화할 수 있는 증권류를 말한다. 예를 들어 타행발행 자기앞수표(약속어음, 당좌수표, 가계수표), 우편환증서 등을 말한다.

라. 타행 자기앞수표 자금화

취급점(수납 영업점)의 책임 하에 타행 자기앞수표를 어음정보교환 결제 전에 현금화하는 것을 말한다. 이는 수표가 지급제시기간 이내에 제시되고, 사고발생의 우려가 없으며, 거래처의 신용이 확실하여 채권보전에 이상이 없다고 판단되는 경우에 한하여 취급하고

수수료는 취급금액에 따라 장당 1,000∼5,000원을 징구한다.

마. 횡선수표

수표의 분실·도난 시 그 수표의 습득자나 절취자 등 부정한 소지인에게 지급하게 될 위험을 방지하기 위해 수표의 발행인 또는 소지인이 수표 앞면에 두줄의 평행선을 그은 수표를 말한다.

바. 배서(背書)

배서란 환어음, 수표, B/L(선하증권)상의 권리를 제3자에게 이전하기 위하여 그 이면에 배서하는 행위를 말한다. 배서가 연속되는 경우에 법적인 효력과 구속력을 가지며 배서의 진정성 여부는 따지지 아니한다. 비슷한말 : 이서(裏書)

사. 공시최고(公示催告)

증권(어음, 수표 등)을 분실, 도난, 멸실, 소실한 자가 법원에 신청을 하면, '이해관계가 있는 자에게 권리신고 또는 청구를 하라'는 취지와 '최고기간(공고 종료일로부터 3개월) 내에 신고자가 없을 때에는 그 증권을 무효화시키겠다'는 취지의 경고내용을 법원이 공고하는 것을 말한다.

아. 제권판결(除權判決)

공시최고한 증권에 대해 권리 신고자가 없을 경우, 법원이 그 증권의 무효를 선고하는 판결을 말한다.

자. 소구권

만기에 어음금의 지급이 없거나 또는 만기전에 지급의 가능성이 현저하게 감퇴되었을 때에, 어음의 소지인이 그 어음의 작성이나 유통에 관여한 자에 대하여 어음금액 및 기타의 비용의 변제를 구하는 것을 말한다.

6. 수신 부대업무(환/지로)

가. 환

격지간의 고객 상호간 채권·채무 및 기타의 대차관계를 조합과 농협은행 점포망을 통해 매개 결제하는 업무와 농축협 및 농협은행 상호 간각종 업무수행과 관련하여 일어나는 자금 결제를 현금을 사용하지 않고 환결제자금 계정을 통하여 결제하는 업무를 말한다. 환거래는 추심, 전금, 역환, 자금수수역환, 어음교환역환으로 구분된다.

나. 전금

계통사무소간 업무상의 내부자금이체, 고객이 요청한 자금이체 또는 온라인 타소 입금이 불가능한 계좌로의 송금을 처리함을 말한다. 전금은 다음과 같이 분류한다.

구분	환종	내용
지준이체	3번	타행으로 거액의 자금을 이체시 전금
일반전금	5번	일반적인 사무소간 자금수수 전금

다. 역환

전금거래에 상반되는 개념으로 당·타발점간 자금결제가 역순으로 처리되는 거래를 말한다. 역환은 다음과 같이 분류한다.

구분	환종	내용
일반역환	6번	일반적인 영업점간 역환업무 처리
어음교환	8번	어음교환에 따른 영업점간 자금정산

라. 환취결과 환퇴결

환취결은 당발점에서 최초로 환거래를 일으키는 것, 즉 당발점에서 환을 기표 처리하는 것을 말한다. 환취결시 단말기에서 부여되는 번호를 환취결번호라고 한다.

환퇴결은 환취결의 반대개념으로 당초의 환거래가 정당과목으로 처리하지 않았거나 가수금 또는 가지급금 과목으로 처리된 경우에 한하며 다음과 같이 처리하는 것을 말한다.

- 전금을 받았을 때 : 당발점으로 해당금액을 전금한다.
- 역환을 받았을 때 : 당발점에 통보하여 해당금액을 전금받는다.

마. 환코드와 지로코드

환코드는 농협은행과 농·축협 사무소간 내부자금거래에서 사용되는 코드로 각각의 사무소별로 부여되며, 농협은행은 5자리, 농·축협은 6자리임.

지로코드(6자리)는 금융기관공동코드라고 하고, 모든 금융기관 사이의 거래가 지로코드에 의해 이루어지며, 사무소별로 부여된다. 농협은행은 앞 2자리가 10~11이며, 지역농협은 12~15, 축협은 17임.

바. 지로장표

승인받은 지로번호를 이용하여 각종 대금을 납부자에게 청구할 때 사용하는 양식으로 다음과 같이 5종류가 있다.

장표 종류	사용용도
OCR (Optical Character Recognition)	수납할 대금이 일정하지 않고, 매월 이용건수가 대량이며, 전산처리가 가능한 업체가 사용
정액 OCR	수납할 금액이 일정하고, 장표를 전산처리할 수 없는 중소 이용업체에서 사용(신문대금 등)
MICR (Magnetic Ink Character Recognition)	수납할 금액이 일정하고, 매월 이용건수가 소량이며, 전산처리할 수 없는 중소 이용업체에서 사용
A장표	지로장표를 분실 또는 훼손하였을 경우에 사용하는 대용 전표(은행창구에 비치)
표준OCR	정보화 업무처리를 위하여 전산처리가 가능한 이용기관이 사용하는 장표(KT, 건강보험, 국민연금)

사. 어음(수표)의 MICR인자

고객에게 발행·교부하는 자기앞수표 등의 어음정보교환 시 전산처리가 가능하도록 인자기를 이용하여 수표 하단 면에 특수한 철분 잉크로 인자해 주는 것

아. 받을어음 보관업무

거래처 또는 거래유치대상처가 추심을 위하여 보관하고 있는 어음, 수표 등을 사전에 수탁, 보관하여 기일에 추심 또는 자점에서 결

제하고 그 대금을 결제계좌에 입금하는 업무를 말한다. 대상어음은
은행이 지급장소로 되어있고, 추심요건을 갖춘 것으로 지급기일 또
는 발행일이 도래하지 않은 약속어음, 당좌수표 및 가계수표이다.

7. e-금융

가. 전자서명(Digital Signature)

금융거래시 신원확인을 하거나 거래를 할 때 주민등록증이나 인
감날인 또는 서명 등이 필요하듯이, 사이버 상에서도 거래를 증명하
거나 신원확인이 필요할 때 이를 확실히 보장해 주는 증명수단이 바
로 전자서명이다. 즉, 전자서명은 인증서 형태로 발급되는 자신만의
디지털 인감이며 서명인 셈이다.

나. OTP(비밀번호생성기, One Time Password)

전자금융 거래시 필요한 보안인증 비밀번호를 생성·부여해 주는
기기

〈사진출처: NH농협상호금융CS교육교재〉

- OTP종류 : 시간동기형 OTP, 질의응답형 OTP

다. 스마트뱅킹(Smart Banking)

스마트폰에 전용프로그램(애플리케이션) 설치 및 공인인증서를 기반으로 이용하며, PC수준의 보안기술 적용 등 스마트폰에서 이용하는 인터넷뱅킹 서비스 개념. 태블릿 PC 및 유사 모바일 기기도 포함하여 이용 가능

라. UMS(통합메시징서비스, Unified Messaging Service)

고객의 금융정보(입출금 거래내역 등), 환율정보, 주요일정 등을 휴대폰 문자메세지, 팩스, 유선전화로 알려 주는 인터넷뱅킹 부가서비스.

마. 가상계좌 서비스

모계좌에 종속된 자계좌의 형태로, 농협과 계약을 체결한 기관에 가상계좌를 발급하고 해당기관은 가상계좌를 고객에게 부여하여 실시간으로 입금내역을 조회/관리하는 전자금융 서비스.

예) 고객 개인별로 "지로 및 공과금 고지서" 등에 부여된 입금계좌

8. 여신/감정

가. 여신

여신이란 자금을 부담하는 대출(지급보증대지급금 포함)을 포함하여 자금을 부담하지 않는 지급보증 등을 말한다.

나. 채무관계인

어떤 대출 또는 신용공여 계약에 직접적으로 관련이 있는 사람으로 채무(차주), 연대 보증인, 담보제공인에 해당된다.

다. 대출한도

채무자(차주) 별로 대출(여신)이 가능한 최고한도로 원칙적으로 채무자의 상환능력에 기초하여 산정된다. 경우에 따라 법정한도, 소요자금(운전/시설)한도, 담보인정비율과 총부채상환비율 등도 함께 고려하여 대출한도가 산정된다.

라. 자금의 용도

대출자금의 구체적인 사용처를 말하며, 실무적으로 가계자금, 주택구입자금, 기업운전자금과 시설자금 등으로 나뉜다. 자금용도를 나누는 이유는 자금용도가 불건전할 경우 부실대출이 될 가능성이 높아지기 때문이다.

마. DTI(Debt to Income : 총부채상환비율)

담보대출을 받을 경우 채무자의 소득으로 얼마나 잘 상환할 수 있는지 판단하여 대출한도를 정하는 제도인데, 이때 DTI가 사용된다. DTI는 주택담보대출의 연간 원리금의 상환액과 기타 부채에 대해 연간 상환한 이자의 합을 연소득으로 나눈 비율인데, 이 수치가 낮을수록 빚을 갚을 수 있는 능력이 높다고 인정된다.

- DTI1 = (당해 주택담보대출의 매월 원리금상환액) ÷ 월 소득

- DTI2 = (당해 주택담보대출의 매월 원리금상환액 + 기타부채
          이자상환추정액) ÷ 월 소득

바. LTV(Loan-to-value ratio : 담보인정비율)

담보인정비율(Loan-to-value ratio : 간단히 LTV)은 금융기관에서 대출을 해줄 때 담보물의 가격에 대비하여 인정해주는 금액의 비율을 말한다. 흔히 주택담보대출비율이라고도 한다. 대출자 입장에서는 주택 등 담보물 가격에 대비하여 최대한 빌릴 수 있는 금액의 비율이라고 생각할 수 있다. 예를 들어 대출자가 시가 2억원 주택을 담보로 최대 1억원까지 대출할 수 있다면 LTV는 50%이다.

사. 모기지론(Mortgage Loan, 부동산담보부 대출)

법률적 관점에서는 모기지(mortgage)는 금융 거래에서 부동산을 담보로 하는 경우 그 부동산에 설정되는 저당권 또는 그 저당권을 나타내는 증서를 말하며, 모기지론은 그러한 저당증권을 발행하여 장기주택 자금을 대출해주는 제도를 가리키는 말이다. 그러나 일상적으로는 '모기지론'을 간단히 '모기지'로 쓰는 경우가 많다. 우리나라에서는 한국주택금융공사가 운용한다.

아. MOR(Market Opportunity Rate : 시장조달금리)

자금시장 조달비용으로 기준금리를 의미, 자금시장 조달금리인 CD, 금융채(AAA) 수익률 등을 MOR로 사용하며, MOR기준금리의 종류는 3, 6개월 1, 2, 3, 5년이 있다.

자. 채무인수(債務引受)

채무(대출금 등)의 동일성을 유지하면서 그 채무를 다른 사람이 떠맡는 일, 채무승계와 유산한 말

차. 거치기간

총 대출기간 중 이자만 납입하는 기간으로 3년 거치 7년 상환의 경우 총 10년의 대출기간 중 3년은 이자만 납입하고, 7년 동안은 원금과 이자를 분할하여 상환하는 것

카. 부동산 프로젝트 파이낸싱(PF : Project Financing)

부동산개발 관련 특정 프로젝트의 사업성을 평가하여 그 사업에서 발생할 미래 현금 흐름(Cash Flow)을 제공된 차입원리금의 주된 상환재원으로 하는 대출을 의미한다.

사업자 대출 중 부동산개발을 전제로 한 일체의 토지매입 자금대출, 형식상 수분양자 중도금 대출이나 사실상 부동산개발 관련 기성고 대출, 부동산개발 관련 시공사에 대한 대출(어음할인 포함)중 사업부지 매입 및 해당 사업부지 개발에 소요되는 대출(운전자금 및 대환자금대출 제외)이 이에 포함된다.

타. 법정지상권

지상권은 설정계약과 등기에 의해 취득되는 것이 원칙이나, 토지와 그 토지건물의 어느 하나에만 제한물권을 설정하였는데, 그 후 토지와 건물이 소유권을 달리할 때에는 건물 소유자를 위하여 법률

상 당연히 지상권이 설정되는 것으로 보는데 이를 법정 지상권이라
고 함.

파. 감정평가

평가대상 물건의 경제적 가치를 판정하여 그 결과를 가액으로 표
시하는 것을 말하며 목적에 따라 담보감정, 내부업무수행 등으로 나
누며, 감정주체에 따라 자체감정평가와 외부감정평가로 나뉜다.

하. 공부(公簿)

대상 부동산의 등기부등본, 토지대장, 임야대장, 건축물대장, 지적
도 및 임야도, 토지이용계획확인원 등을 말한다.

하2. 원가법

가격시점에서 대상물건의 재조달원가에 감가수정을 하여 대상물
건이 가지는 현재의 가격을 산정하는 방법을 말하며, 이 방법에 의
하여 산정된 평가가격을 '적산가격'이라 한다.

하3. 거래사례비교법

대상물건과 동일성 또는 유사성 있는 다른 물건의 거래사례와 비
교하여 대상 물건의 현황에 맞게 시점수정 및 시사 보정 등을 가하
여 가격을 결정하는 방법을 말하며, 이 방법에 의하여 산정된 가격
을 '비준가격'이라 한다.

9. 채권관리

가. 공탁(deposit, 供託)

공탁이란 법령의 규정에 의하여 금전·유가증권·기타의 물품을 법원공탁소에 맡기는 것을 말한다. 공탁을 하는 이유에는 채무를 갚으려고 하나 채권자가 이를 거부하거나 혹은 채권자를 알 수 없는 경우, 상대방에 대한 손해배상을 담보하기 위하여 하는 경우, 타인의 물건을 보관하기 위하여 하는 경우 등이 있다. 실무적으로는 예금에 대한 압류 채권자가 다수여서 경합을 하는 경우 동 압류예금에 대한 분쟁에서 벗어나기 위해 공탁비용을 제외한 잔액을 법원에 공탁을 한다.

나. 가압류

민사소송법상의 인정되고 있는 약식절차의 하나로서, 가압류는 금전채권이나 금전으로 환산할 수 있는 채권에 대하여 동산 또는 부동산에 대한 강제집행을 가능케 하기 위한 제도

다. 가처분

금전채권 이외의 청구권에 대한 집행을 보전하기 위하여 또는 다투어지고 있는 권리관계에 대해 임시의 지위를 정하기 위해 법원이 행하는 일시적인 명령

라. 공증

행정주체가 특정한 사실이나 법률관계의 존부를 공적으로 증명하

는 법률행위적 행정 행위를 말한다.

마. 촉탁등기

등기는 당사자의 신청에 의한 것이 원칙이나 법률의 규정이 있는 경우 법원 그 밖의 관공서가 등기소에 촉탁하는 등기를 말한다. 예고등기, 매신청의 등기 등이 있다.

바. 근저당

계속적인 거래관계(예: 당좌대출 계약)로부터 발생하는 불특정 다수의 채권을 장래의 결산기에 일정한 한도액까지 담보하기 위하여 설정하는 저당권을 말하며 "근저당권" 이라고도 한다.

사. 물상보증인

타인의 채무를 변제하기 위하여 자기의 재산에 질권 또는 저당권을 설정해준 자를 말한다.

아. 대위변제

채권을 제3자가 변제한 후 집주인을 대위, 즉 대신 권리행사를 할 수 있으며 구상권을 가진다(비용상환 청구권)

자. 상계

채권자와 채무자가 동종의 채권 채무를 가지는 경우 일방적 의사표시로 그 대등액에서 채권과 채무를 소멸시키는 제도

차. 집행력 있는 정본

판결 기타 채무명의 정본의 말미에 집행문을 부기한 것으로서 채무명의에 집행력의 존재를 공증한 것을 말함.

10. 보험

가. 방카슈랑스(Bancassurance)

방카슈랑스는 불어의 은행(Banque)과 보험(Assurance)의 합성어로서 일반적으로 은행 등 금융기관이 보험회사의 대리점 또는 중개사로 등록하여 보험상품을 판매하는 것을 말한다. 우리나라는 국제금융시장의 겸업화 추세하에 금융소비자의 편익, 금융회사의 경쟁력 제고를 위해 2003년 8월부터 방카슈랑스 제도가 도입되었다.

나. 역선택

생명보험에서 가입예정자가 가지고 있는 각종 위험요소(신체적 위험, 환경적 위험, 도덕적 위험)가 신체에 위험을 줄 수 있는 나쁜 조건에 놓여있거나 건강상태가 좋지 않는 자가 생명보험금의 수령을 목적으로 고의적으로 보험에 가입하려 하거나, 손해 보험에서 불량위험의 소유자가 자진해서 보험에 가입하려고 하는 현상을 말함

다. 보험기간(보험책임기간)과 보험계약기간

보험기간은 보험사가 보험사고에 대하여 보험계약상의 책임을 부

담하는 기간이다. 보험계약기간은 보험계약이 성립해서 소멸할 때까지의 기간으로 보험계약 존속기간을 의미한다.

라. 보험가액과 보험금액

보험가액이란 보험사고가 발생하였을 경우에 보험목적에 발생할수 있는 손해액의 최고한도액을 말하며 손해보험에만 존재하는 개념이다. 보험금액이란 보험자와 보험계약자간의 합의에 의하여 약정한 금액이며 보험사고가 발생하였을 경우에 보험사가 지급할 금액의 최고한도를 말한다.

마. 청약철회청구제도(cooling off system)

주변사람의 가입이나 지인의 권유로 인해 충동적으로 보험에 가입했거나 설계사 등의 불완전 판매로 인해 보험가입자의 의사와는 다르게 계약이 체결되는 등의 여러가지 사유로 인하여 보험계약자가 보험계약을 철회하고자 하는 경우에 계약자로 하여금 청약을 철회할 수 있도록 하는 제도이다. 계약자는 청약을 한 날 또는 제1회 보험료를 납입한 날로부터 15일 이내에 청약의 철회가 가능하며 해당보험사의 지점에 직접 방문하거나 우편 등의 방법으로 신청할 수 있다.(청약철회 가능일인 청약일로부터 15일 이내는 공휴일을 포함한 일수이며 기산일 산정 시 청약일 포함여부는 보험사별로 상이하다.)

바. 책임준비금(Policy Reserve)

책임준비금은 보험회사가 보험계약자에게 보험금이나 환급금 등

약정한 사항을 이행하기 위해 적립하는 부채로서 보험료 중 예정기 초율에 따라 비용(예정사업비, 위험 보험료)을 지출하고 계약자에 대한 채무(사망보험금, 중도급부금, 만기보험금 등)를 이행하기 위해 적립하는 금액을 말한다. 책임준비금은 보험계약자를 보호하기 위하여 감독당국이 법규에 의해 적립을 강제한 법정준비금이며 보험료 적립금, 미경과보험료 적립금, 지급준비금, 계약자배당 준비금, 계약자이익배당준비금으로 구성된다.

11. 신용카드/외국환

가. Revolving Service(회전결제서비스)

회원이 본인의 이용한도 범위 내에서 반복적으로 용역 또는 물품을 구입한 대금에 대하여 매월 결제일에 최소상환액(일정비율 또는 금액)을 결제하고 그 잔액에 대하여는 대출(Loan)개념으로 전환하여 일정률의 이자를 징수하고 익월로 자동 이월하는 결제제도

나. 신용공여기간

고객이 신용카드로 물건을 사거나, 현금서비스를 받은 날로부터 대금을 결제하는 날까지의 기간을 말한다. 고객 입장에서 수수료 부담이 전혀 없는 신용판매(일시불 또는 무이자할부)의 경우 신용공여기간이 길수록 카드사에게는 부담이 커진다.

다. 환가료(exchange commission)

외국환거래에 있어서 외국환은행이 동 은행 측의 자금부담에 따른 이자조로 징수하는 수수료를 말한다. 예컨대, 외국환은행이 일람출급환어음을 매입하는 경우 고객에게는 어음금액을 즉시 지급하지만 이 매입은행의 매입한 어음을 외국의 은행에 보내어 상환 받으려면 상당한 시일이 경과해야 하는데 이 때 고객에 대한 지급일로부터 상환 받는 날까지 매입은행이 부담하는 어음금액에 대한 이자조로 징수하는 것이다.

라. 네고(nego, negotiation)

외국환은행이 환어음 및 선적서류를 매입하는 경우나 수출업자가 수출환어음을 외국환은행에 매각하는 경우를 말한다. 이러한 네고는 수출상에 대한 금융을 원활하게 해주는 일종의 여신행위이다.

12. 투자상품/신탁

가. 파생상품(Derivatives)

파생상품이란 그 가치가 기초상품(underlying instrument, 파생상품의 가치의 근간이 되는 상품)의 가치로부터 파생되는 계약 또는 증권을 말한다. 파생상품은 그 자체가 효용가치를 가진 것이 아니나 계약의 기초상품의 가치가 변동함에 따라 그 가치가 연동되어 변동한다. 파생상품의 가치가 연동되는 기초상품을 현물이라고 부르기도

하며, 선도(toward), 선물(futures), 스왑(swap), 옵션(option) 등이 대표적임.

나. 주가연계증권(ELS : Equity Linked Securities)

기초자산인 특정 주권의 가격이나 주가지수의 변동에 연동되어 투자수익이 결정되는 증권으로 투자자는 발행회사의 운용성과와는 무관하게 주가 또는 주가·지수의 움직임에 따라 사전에 약정된 수익률을 얻는 구조로 되어 있다. ELS와 유사한 형태의 상품으로는 은행의 주가연계예금(ELD : Equity Linked Deposit), 자산운용회사가 설정하는 주가연계펀드(ELF : Equity Linked Fund)등이 있으며 ELD는 예금자 보호 대상이라는 점에서, ELF는 펀드의 운용성과에 따라 수익률이 결정된다는 점에서 ELS와 차이를 갖는다.

다. MMF(money market fund)

고객들의 자금을 모아 펀드를 구성한 다음 금리가 높은 만기 1년 미만의 기업어음(CP)·양도성예금증서(CD)·콜 등 주로 단기금융상품에 집중 투자하여 얻은 수익을 고객에게 되돌려 주는 초단기 실적배당 상품이다.

라. 펀드콜(Fund Call) 제도

자본시장법 시행에 따른 불완전판매에 대한 투자자 보고 강화 및 펀드상품의 완전판매 프로세스 정착 및 적극적인 사후관리를 위하여 펀드 신규가입고객에 대하여 적법 절차 준수여부를 우선으로 확

인하는 제도

마. 기준가격

주식의 주가와 같은 개념으로 펀드를 매입하고 환매할 때 적용되는 가격. 즉, 기준가격이란 개별 집합투자재산의 실질자산가치를 나타내며, 펀드를 최초로 판매하는 경우 기준가격은 특별한 경우를 제외하고는 1좌당 1원 기준으로 1,000좌당 1,000원이다.

바. 퇴직연금제도(Retirement Pension)

퇴직연금제도는 회사로 하여금 퇴직금 지급을 위한 재원을 외부 금융회사에 적립토록 하고 근로자가 퇴직시 금융회사가 연금 또는 일시금을 지급토록 하는 제도로서 근로자퇴직급여보장법에 의해 2005년 12월에 도입되었다. 퇴직연금제도에는 회사가 적립금 운용을 책임지고 근로자가 받을 퇴직금이 사전에 확정되어 있는 확정급여형제도(DB : Defined Benefit), 근로자 개인이 적립금 운용을 책임지고 운용성과에 따라 퇴직금이 변동되는 확정기여형제도(DC : Defined Contribution), 10인 미만 소규모 회사를 위한 개인형퇴직연금(기업형 IRA : Individual Retirement Pension)과 타회사로 전직 또는 은퇴 등으로 퇴직금을 지급받은 개인을 위한 개인형퇴직연금(개인형 IRP)이 있다.

Part 03

신입사원의
생각노트

1. 나의 다짐(김동연)

첫째, 나는 다른 사람의 눈치를 보며 사는 삶은 지양하겠다. 내 삶의 주체는 바로 나 자신임을 자각하고, 삶에 대한 계획과 수행에 능동적이고 적극적인 자세를 지니며, 이에 따른 결과에 대한 책임을 질 줄 아는 사람이 되겠다. 또 내 자신에 대한 부족한 점을 항상 깨닫고 반성하여 개선과 발전을 위해 최선을 다하겠다. 더불어 항상 열심인 가운데 주위를 살피고 뒤를 돌아볼 줄 아는 여유와 융통성을 갖춘 사람이 되겠다.

둘째, 나는 내 가족을 항상 자랑스러워하겠다. 가족 또한 나를 자랑스러워 할 수 있도록 내 자신의 확고한 목표, 타당한 의견, 그리고 이를 추진해 나가는 의지력을 갖춘 믿음직스러운 성인이 되도록 하겠다. 또 나는 내 소중한 가족의 일원으로서 기쁨과 슬픔을 함께 공유하고 가족의 문제는 함께 걱정하겠다. 항상 내 가족들을 신경 쓰고 챙기며, 자주 안부를 묻고 소통하여 가족의 소중함을 잊지 않겠다.

셋째, 나는 친구들과 정직하고 원만한 관계를 유지하기 위해 노력하겠다. 나의 인격을 믿고 내 생각을 솔직하게 털어놓는 한편, 친구가 가진 나와 다른 생각을 존중하는 자세를 가지겠다. 또 관계의 기술을 익혀 상대방을 배려하고, 사려 깊게 행동하도록 하겠다. 친구들과 항상 새로운 관계가 형성됨을 어려워하지 않고, 그들이 생각날 때 연락하는 것 또한 어려워하지 않겠다.

넷째, 나는 대한민국 국민의 한 사람으로서 나의 직업에 자부심을 가지고 우리지역과 나라의 발전을 위해 적극적, 능동적인 노력을 기울이겠다. 맹목적으로 부하 뇌동하는 것을 지양하고, 논리적인 배경지식을 갖추어 내 소신과 가치관에 맞게 판단할 수 있는 사람이 되겠다. 더불어 내 가치관이 옳은지에 대한 성찰도 소홀히 하지 않으며, 잘못이 있을 경우 이를 인정하고 고침을 어려워하지 않는 사람이 되겠다.

2. 나의 다짐(김성배)

하나, 진정 건강하게 산다.

난 사랑하는 부모님께서 물려주신 소중한 정신과 신체를 항상 건강하게 유지시킴으로써 부모님의 사랑에 보답할 것이다. 더 나아가 내 스스로를 아끼고 통제할 수 있다는 자신감으로 내게 주어진 단한번 뿐인 인생을 활력 있고 열정적으로 살아가겠다. 건강이란 뼈대가 없다면 그것은 허울 좋은 모래성과 다를 바 없다.

둘, 난 늘 부모님을 사랑한다.

난 부모님께서 내게 보이시는 깊은 관심과 또는 질책이 나의 부족한 능력을 비판하려는 의도가 아니라, 아들에 대한 무조건적이고 무한한 사랑의 표현임을 안다. 그렇기에 설사 부모님의 생각이 나의 생각과 다르더라도 다양한 각도에서 나를 돌아볼 줄 아는 지혜를 가질 것이다.

또한 부모님의 무조건적 사랑에 보답하는 방법이 무엇인지에 대해 늘 숙고하고 행동할 것을 약속한다. 난 아버지와 어머니를 평생 맹목적으로 사랑하며 내가 지금까지 받아온 부모님의 사랑에 늘 보답하기 위해 노력할 것이다.

셋. 나날이 내 스스로를 개선한다.

난 나의 잠재능력이 무한함을 믿지만, 세상엔 내가 해결할 수 없는 문제들에 산적해있다. 문제해결을 위해 지속적인 지적활동으로 끊임없이 내 스스로를 개선해 나갈 것이며, 나의 잠재능력을 이끌어내기 위한 노력을 게을리 하지 않을 것이다.

넷. 난 동사로서 사랑을 바라본다.

난 감정이나 느낌을 행동보다 우위에 둠으로써 순간의 기분에 휩쓸리는 사랑이 아니라, 끊임없이 노력하고 실천해야 하는 동사로서 사랑을 바라볼 것이다. 터무니없이 먼 미래만을 바라볼 것이 아니라, 현재에 충실한 사랑을 하기 위해 노력할 것이며, 내가 사랑하는 사람에게 무조건적이고 일관된 사랑을 베풀 것을 약속한다.

다섯. 난 사람들 속에서 배운다.

난 살아가면서 다양한 사람을 만나겠지만, 자신의 인생을 소중히 여기고 꿈과 목표를 위해 최선을 다하는 사람을 존경하고 따를 것이며, 나 또한 그런 올바른 사람이 되기 위해 노력함으로써 행복을 꿈꾸는 삶들의 모델이 되겠습니다.

여섯. 역지사지의 정신을 항상 기억한다.

다양성은 마땅히 존중해야 한다. 사람이 자신의 좌표를 명확하게 설정하는 것은 분명 중요한 일이지만, 명심해야 할 점은 다른 사람들도 자신과 크게 다르긴 해도 매우 훌륭한 도덕적 가치를 지니고 있다는 사실이다. 난 내 스스로가 옳다는 생각보단 다른 사람의 의견을 존중하는 자세를 늘 갖출 것이며, 설사 나와 의견을 달리하는 사람을 만나더라도 그를 비난하거나 교만하지 않고 상대방의 입장에서 생각할 수 있는 역지사지의 정신을 늘 기억하다.

일곱. 난 늘 정직하겠다.

언제나 정직하다는 것은 내 자신에게 신뢰를 주며, 다른 사람과 조화롭게 사는 데 꼭 필요한 성품이라고 생각한다. 늘 자신을 속이지 않으려 노력할 것이며, 다른 사람을 속임으로써 스스로를 변명하고 합리화 시키는 일은 없도록 한다.

여덟. 난 세상의 빛과 소금이 될 것이다.

최고를 고집하지만, 개인역량과 지혜는 물론 겸손함을 갖출 것이며, 돈을 벌기도 하겠지만, 항상 검소한 생활을 유지할 것이며, 훗날 가난하고 어려운 사람을 돕는데 돈과 시간을 투자할 것이다. 이 모든 것을 평생 동안 실천함으로써 내가 태어나기 전보다 더 아름답고 소중한 세상을 만들어가는 데 빛과 소금이 될 것이다.

3. 나의 다짐(김율리)

하나, 나는 항상 감사하는 마음을 갖고 살겠다.

세상은 나 혼자 살아가는 공간이 아니며, 감사하는 마음을 갖고 또한 그것을 표현할 줄 아는 능력은 매우 중요하다. 긍정적인 사고와 주도적인 태도는 물론 열정과 겸손을 기본으로 살아갈 것이다.

둘, 나는 내가 한일에 책임질 줄 아는 삶을 살겠다.

책임져야 하는 일임으로 성실함과 진지한 자세로 임하며 결과가 좋지 않더라도 도망치려는 생각은 갖지 않겠다. 내 자신의 역량과 능력을 키우기 위해 끊임 없이 노력한다.

셋, 나는 자신감 있고 주도적인 사람이 되겠다.

말할 때 위축됨 없이 크고 또박또박 말하며, 말끝을 흐리거나 자신 없는 모습은 보이지 않겠다. 밝고 자연스러운 미소로 첫인상을 좋게 하고, 나 자신에게 당당하게 행동하며 다른 사람의 의견을 경청할 줄 알고, 승승합의를 이끌어 낼 것이다.

넷, 나는 정직한 사람이 될 것이다.

남을 속이지 않고, 특히 나 자신을 속이지 않는 삶을 살 것이다. 다른 사람의 소유를 탐하지 않고, 나의 능력으로 내가 원하는 것을 획득할 것이며, 내 양심에 솔직해져서 남의 눈치 보면서 하지 말아야 하는 일은 없도록 할 것이며 다른 사람의 비위를 맞추거나 기분을 맞추기 위해 옳지 않은 일을 옳다 하지 않을 것이다.

다섯, 나는 나 자신을 사랑하는 삶을 살겠다.

인생에서 내가 나 자신을 사랑하지 않으면 아무도 사랑할 수 없기에 남을 사랑하는 마음도 내 자신을 사랑하는 방법 중 하나이므로 항상 내 삶속에서 절대 나를 소외시키거나 한 켠으로 밀치지 아니하겠다. 나는 내 인생의 목표를 정하고 그것을 이루기 위해 항상 적극적으로 준비하는 삶을 살겠다. 그 목표가 너무 힘들고 실현가능성이 희박한 일이라도 포기하지 않고 그 목표를 이루기 위해 항상 준비하는 삶을 살 것이다. 또한 그 준비하는 속에서도 즐거움을 느낄 수 있도록 긍정적으로 살 것이다.

여섯, 나는 다른 사람에게 빛이 되는 사람이 될 것이다.

내가 가진 것은 늘 나에게 풍족한 것이라는 생각을 하고 늘 다른 사람에게 베풀 줄 아는 사람이 될 것이며, 다른 사람 앞에서 늘 겸손함을 잃지 않고 상대방의 말에 귀를 기울일 줄아는 사람이 될 것이며 누군가를 위해 항상 즐겁고 따뜻하게 대할 수 있는 자세를 갖출 수 있는 사람이 되려고 노력하겠다. 구체적으로,

나는 성실한 사람이 될 것이다.

나는 끈기 있는 사람이 될 것이다.

나는 능력 있는 사람이 될 것이다.

나는 어려운 환경을 피하지 않고, 도전정신으로 대처하겠다.

4. 나의 다짐(김형인)

현재(지금)는 하늘이 주신 선물임일 깨닫고 헛되지 않게 살기위해 최선을 다하겠다.

하루하루를 단지 또 한날로 보는 것이 아니라 기회와 자극으로 가득찬 중요한 날로 바라보며 시간을 기다리는 사람이 아니라 시간을 끌고 가는 사람이 될 것이다.

먼저 나 자신을 사랑하고, 다른 사람들을 사랑할 수 있기에 나를 알고 있는, 그리고 알게 되는 모든 사람들에게 기쁨과 행복을 나눠줄 수 있는 사람이 될 것이다.

가슴을 활짝 열고 살아갈 수 있게, 나를 꺼내 보이는 것을 두려워하지 않게, 항상 도전하며 진취적인 자세로 모든 일에 적극적인 사람이 될 것이다.

나무를 심어야 한다고 외치는 사람이 아니라, 나무를 심는 사람이 되도록 노력할 것이다.

말할 수 없는 사람을 위해 대신 말해주고, 들을 수없는 사람을 위해 대신 귀를 기울여 주고, 보지 못하는 사람을 위해 대신 봐주는 겸손함을 지닌 사람이 될 것이다.

이 사명서를 읽고, 마음에 새기고, 습관화시키기 위해 매일매일 위의 내용을 실천하여 늘 웃음 띤 얼굴을 하고 오늘의 내가 어제의 나를 이기는 삶을 사는 그런 사람이 될 것임을 하나님 앞에 다짐한다.

5. 나의 다짐(남혜정)

하나, 나는 농협의 성장과 더불어 나는 성장 할 것이다.

보다 나은 삶과 풍요로운 내일을 위하여 소리 없이 내 것을 먼저 나누고 부족함을 채워나가는 사람이 될 것이다. 나라를 위하여 사회를 위하여 농협을 위하여 농촌과 농업인을 위하여 봉사정신을 가지고 나약한 나를 버리고 새로운 나로 태어나 당당해질 것이다.

둘, 매사에 즐거운 마음으로 임하자.

성공의 비밀은 자신이 좋아하는 일을 하는 것이 아니라, 자신이 하는 일을 좋아하는 것이다. 현실적인 어려움에서 벗어날 수 없다면, 그 상황을 최대한 즐기는 것이다.

셋, 능력개발과 성품의 향상에 최선을 다하자.

현실에 안주하지 않고 언제나 나의 능력을 향상 시킬 수 있는 모든 것을 습득할 것이다. 지금 잠을 자면 꿈을 꾸지만 지금 공부하면 꿈을 이룰 것이다.

넷, 서비스정신을 기억하자.

힘들어서 지친 표정이 아닌 밝고 자신감 넘치는 미소로 고객을 응대할 것이다. 고객에게 편안하고 진심으로 대하며 고객을 최대한 만족시키며 나날이 서비스능력이 발전하는 내가 될 것이다.

다섯, 성공은 아무나 못한다.

남보다 더 일찍, 부지런히 노력해야 성공을 맛볼 수 있을 것이다. 성공이란 철저한 자기관리와 노력에서 비롯되고 준비하는 자에게 찾아오는 것이다.

여섯, 사고의 폭을 넓혀 나갈 것이다.

인간의 사고는 360도 회전할 수 있다. 생각은 항상 많이 하되 고정된 생각에 빠지지 않도록 할 것이다. 내가 지금 생각하는 것이 곧 나의 미래의 모습이다.

항상 긍정적으로 생각하며 유연적인 사고를 갖도록 노력할 것이다.

일곱, 후회하지 않을 것이다.

현명한 사람은 자기 마음의 주인이 되고 미련한 사람은 자기마음의 노예가 된다. 후회한다는 것은 과거에 집착한다는 것이고 종종 나에게 찾아오는 기회를 헛되이 흘려보내고 말 것이다.

여덟, 나는 나의 사명을 이루기 위한 노력을 게을리 하지 않을 것이다.

열정의 씨앗을 매일 뿌리고 성공의 열매를 매일 수확할 것이다. 나는 할 수 있다.

6. 나의 다짐(박용)

하나. 항상 긍정적인 사고로 미소를 머금는 삶을 살 것이다.

어떤 일이든 부정적인 사고로 인하여 좌절하기 보다는 긍정적으로 받아들이고 한편으로는 또 다른 희망의 출발을 생각하여 항상 웃으며 살아가겠습니다.

둘. 항상 감사하는 마음으로 생활하겠습니다.

나는 왜 이정도 밖에 안 되는 거지, 나는 왜 이런 거야, 하며 후회하고 불평하기보다는 좀 더 나은 모습으로 발전해 나가도록 노력할 것입니다.

셋. 자신을 믿으며 항상 나 자신을 자랑스럽게 여기는 사람이 되겠습니다.

남을 믿기 전에 나 자신에 대한 믿음이 있어야지 무슨 일이든 해결해 나갈 수 있고 최선을 다해 노력할 수 있을 것입니다. 그러므로 저는 제 자신을 믿으며 항상 자랑스럽게 생각하는 사람이 되겠습니다.

넷. 목표를 확실히 세우고 계획적인 생활을 하겠습니다.

그 동안 너무 계획 없이 살아와서 시간낭비를 많이 했었는데 앞으로는 모든일에 목표를 세우고 계획성 있는 생활을 해 나갈 것입니다. 목적이 있는 1년과 목표없이 보내는 1년은 훗날 저에게 있어 10년의 차이가 나타날 수도 있을 것입니다. 목표가 있다면 그 만큼 그 일에 대해 열정을 다 할 수 있을 것이고, 그 만큼의 노력으로 인해 일의 능률면에서도 시간을 단축할 수 있을 것입니다.

다섯. 나라는 존재가 남들에게 꼭 필요한 존재가 되겠습니다.

어떠한 상황에서도 다른 이에게 도움을 줌으로써 저의 존재가치를 느낄 수 있도록 노력할 것입니다. 이러한 노력은 누군가에게 도움을 주기 위해서 제 자신의 일에 좀 더 열정적으로 매진해 나갈 수 있을 것이고, 다양한 분야에서의 지식과 공통상식을 갖추어서 누군가에게 꼭 필요한 존재가 되겠습니다.

여섯. 나라는 존재가 남들에게 꼭 필요한 존재가 되겠습니다.

그 동안 저를 소개하고자 할 때에 제 자신을 너무 낮췄던 것 같습니다. 그러다보니 자신감을 잃게 되고 매사에 적극적이지 못해 제 자신의 발전에 장애요인이 된 것 같습니다. 앞으로는 제 자신을 아끼고 사랑하면서 모든 일에 좀 더 적극적인 자세를 갖도록 노력하겠습니다.

일곱. '농업은 우리 경제의 근간이자 보배다.' 라는 확고한 인식을 가는 사람이 되겠습니다.

농협인으로서 농업인을 위한 사업을 효율적으로 수행함으로써 농업 및 농촌 발전을 위한 사람이 되겠습니다. 개방농정 하에서 우리 농업의 근간이 흔들리고 있는 현실에서 농업인의 소득이 안정되고, 편안한 삶을 살아갈 수 있도록 소득원 개발, 대체작목 발굴육성, 농산물품질 고급화와 친환경 농산물 생산기반 조성 등에 최대한의 지원을 건의하도록 하겠습니다.

7. 나의 다짐(송정근)

나는 농업협동조합의 직원으로서 매일 아침 다음 다섯 가지를 기도하며 하루 하루를 살아가겠습니다.

하나. 언제나 정직이 최우선임을 가슴에 새기고 순간을 모면하기 위해 정직하지 못한 선택을 하지 않게 하소서. 특히 금융업에 종사하는 자로서 언제나 고객의 재산을 소중히 여기고 어떤 상황에서도 하늘을 우러러 한 점 부끄러움 없는 행동을 하게 하소서.

둘. 삶을 살아가는데 있어 열정을 갖고 살게 하소서. '열정이 식으면 좋은 일도 위대한 일도 할 수 없다.' 라는 '톰 피터스'의 말처럼 사소한 일에도 열정을 가지고 임하게 하소서. 내면의 의지가 자신의 환경을 지배하는 비밀을 알게 하시고 모든 일에 긍정적인 자세로 적극적으로 임하게 하소서.

셋. 항상 다른 사람을 섬기는 자가 되게 하소서. 자신보다 높은 사람을 섬기는 '존경'과 낮은자를 섬기는 '겸손'을 겸비한 사람이 되게 하소서. 자기 자신이 낮아질 때 높이신다는 성경 구절 말씀처럼 스스로 낮아지는 사람 되게 하소서. 직장에서 상사를 섬기고 후배를 섬기며 고객을 섬기는 자가 되게 하소서.

넷. 항상 도전하는 자가 되게 하여 주소서. 현실에 안주하지 않고 더 나은 미래를 위해 노력하는 자가 되게 하소서. 배움에는 끝이 없음을 알고 죽을때 까지 자기개발을 꾸준하게 하는 사람이 되게 하소서. 변화에 겁먹지 않고 우물을 박차고나온 개구리처럼 하늘대신 넓은 세상을 보는 안목이 있는 사람이 되게 하소서.

다섯. 따뜻한 가슴과 차가운 머리를 겸비한 사람이 되게 하소서. 업무에 있어서는 그 누구보다도 냉철한 판단을 할 수 있게 하시고, 대인관계에 있어서는 그 누구보다도 따뜻한 가슴으로 안을 수 있는 사람이 되게 하여 주소서.

8. 나의 다짐(이경진)

하나. 나는 한 달에 최소한 두 권 이상 책을 읽을 것이다.

책은 마음의 양식이고 책 속에 길이 있다. 독서를 통해 지식과 간접경험을 할 수 있고 나를 성장시킬 수 있는 바탕을 만들어 줄 것이다. 책상에만 앉아 있는 나에게 독서는 인생의 범위를 넓힐 수 있는 방법이라 생각된다.

둘. 나는 매일 아침 거울을 보며 미소 짓는 연습을 할 것이다.

진실이 담긴 미소는 누구에게든 통하리라 생각된다. 얼굴만 웃는 것이 아니라 마음까지 전해질 수 있는 진실 된 미소를 매일 아침 연습하고 상대에게 내 진심까지 보일 수 있는 미소를 지을 것이다.

셋. 나는 오늘 해야 할 일을 내일로 미루지 않을 것이다.

언젠가 할 일이라면 오늘 하고 누군가 해야 할 일이면 내가 하자, 못 본 척, 눈치 보면서 일하지 않겠다. 내가 할 수 있는 일이라면 기쁜 마음으로 '제가 하겠습니다'를 외치겠습니다.

넷. 나는 사소한 것에 얽매여 감정의 변화를 드러내지 않는 쿨한 여자가 될 것이고, 감정 보다는 이성에 따라 행동하는 사람이 될 것이다.

나의 감정을 얼굴에 담아 상대를 대하면 결국 그것은 지는 것이다. 상대를 이기기 위함이 아닌 부끄러운 내가 되지 않기 위해서이다.

다섯. 플러스 발상을 하겠다.

항상 긍정적인 사고로 세상을 바라 볼 것이며, 나는 행복한 사람이라 생각하고 용기와 희망을 가지고 다른 사람에게 사랑을 베풀고 긍정적인 에너지를 발산하며, 나를 발전시키는 사람이 되겠다.

여섯. 시간을 기다리는 사람이 아니라, 시간에 앞서 나가는 사람이 되겠다. 네 얼굴에 웃음을 항상 띠고 내 눈을 반짝이며 오늘의 내가 어제의 나를 이기는 사람이 되겠다.

일곱. 침묵의 소중함을 실천하는 사람이 될 것이다. '침묵은 금이다.'라는 속담처럼 해야 할 말과 하지 말아야 할 말을 잘 구분하고 무조건적인 침묵이 아니라, 상황에 따라 올바르게 대응하여 원활한 인간관계를 유지할 것이다.

여덟. 초지일관(初志一貫)의 뜻을 명심 할 것이다. 세상은 종종 나를 코너에 몰아넣는다. 그러나 나에게 폭풍이 치는 것은 폭풍이 쳐야 할 이유가 있기 때문이다. 폭풍이 몰아치고 서리가 내린다고 가던 길을 돌아서면 남는 것은 결국 후회와 절망뿐이다. 나의 비전과 나의 선택은 위기의 어둠을 밝히는 생명의 등대이다. 이제 변화의 고삐를 더욱 세차게 몰아가자. 위기가 닥칠수록 초심으로 돌아갈 것이다. 설상가상의 위기에도 뜻을 굽히지 않는 초지일관의 자세에서 나의 꿈을 향해 전진하며 용기를 얻을 것이다.

9. 나의 다짐(홍미진)

하나. 친절과 배려

내가 맞이하는 고객은 하루에 100명이 넘지만 나한테 오시는 한

분 한분의 고객은 내가 처음이기 때문에 항상 친절하고 밝은 모습으로 대하겠습니다. '성공은 베푸는 자의 것' 나누며 베푸는 생활이야말로 일과 가정에서 가장 성공적인 삶을 살 수 있는 길이라 생각합니다.

둘. 자기개발, 도전정신

월급에 10%를 내 자신에게 투자하겠습니다. 반복되는 일상 속에서 나는 자칫 우물 안 개구리가 될 수 있습니다. 우물 안의 개구리처럼 되지 않기 위해서는 우물 밖의 더 좋은 세상을 보려고 도전해야 합니다. 도전은 상상력의 돌파이며 상상력은 사고력이 풍부해야 합니다. 도전정신을 키우기 위해선 내가 원하는 것이 무엇인지 알고 행동하면서 고쳐야할 점이 무엇인지 고쳐가며 도전해 나가겠습니다.

셋. 나의 멘토 만들기

내가 닮고 싶은 상사를 만들어 그 분처럼 되려고 노력하겠습니다.

넷. 성실, 예절바른 태도

나에게 여러 가지 힘든 일이 많다 해도 하나라도 손 놓고 있으면 아무도 모르는 것이 아닐 것입니다. 항상 상사 들이 지켜보고 있다는 것을 인지하여 견딤의 철학을 가지고 잘 극복하는 성실함의 대명사가 되겠습니다.

다섯. 조직관(대인관계)

상사나 동료에게 항상 겸손하겠습니다. 내가 잘났다고 거만하면 낮아지고, 겸손한 자세로 낮게 행동하면 높아질 것입니다. 항상 겸손한 자세로 임하겠습니다.

여섯. 솔선수범, 청결

나에게 주어진 일만 할 것이 아니라, 무엇을 해야 하나 주위를 둘러보고 일을 찾아서 하겠습니다. 그리고 항상 제 주위를 깨끗하게 정리정돈 하겠습니다. 내가 농협에 필요한 인재가 되기 위해서는 개인적으로는 대인관계가 좋아야 하며, 일에 대한 열정과 윤리성을 가져야 하겠습니다. 이상의 여섯 가지 기준의 사명을가지고 농협의 글로벌 인재가 될 수 있도록 열심히 노력하겠습니다.

10. 나의 다짐(김성철)

'내가 헛되이 보낸 오늘이 어제 죽은 자가 그토록 원했던 내일이다.'라는 말을 항상 마음속에 새기며 하루하루 최선을 다해서 보람되게 생활하려고 노력할 것입니다. 제가 인생에 있어서 가장 중요시 여기는 것은 출세나 성공보다는 인간관계입니다. 사회생활을 하는데 있어서 저에게 가장 큰 힘이 되어주는 것은 부나 명예 보다는 인맥과 인간관계라 여겨집니다. 사람은 돈을 주고 살수 없기 때문 입니다. 그런 의미에서 제 자신 스스로 몇 가지 다짐을 하고자 합니다.

하나. 항상 생각하면서 발전된 모습으로 살자

현재 우리는 급변하는 사회 속에서 살고 있기에 변화하지 않으면 그리고 노력하지 않으면 살아남을 수 없는 상황이 되었습니다. 이에 내 자신이 발전해야 농협인으로서 농업인에게 좀 더 많은 혜택과 도움을 줄 수 있으리라 생각하기 때문입니다.

둘. 남을 배려할 줄 알자.

요즘은 남을 위한 배려 심과 예절이 사라지고 있다는 느낌이 든다. 하지만 상대방을 배려하고 걱정하고 존중해주는 따뜻한 마음이 있어야 우리 삶의 진정한 가치를 느끼지 않을 까 생각한다. 우리는 아직도 시골에 가면 여전히 '정'이라는 게 있다고 한다. 이는 바로 상대방을 배려하고 걱정해주는 따뜻한 마음에서 오지 않을까 생각하기 때문이다. 이렇게 배려하는 마음을 고객들에게 가지고 있으면 우리는 평생고객을 영원히 가질 수 있을 것이다.

셋. 항상 긍정적인 마인드로 살자.

긍정의 힘은 위대하다. 모든 일을 대할 때 부정적인 생각보다는 긍정적인 생각을 하면 더 잘될 가능성이 높고 주위 사람들과의 관계에도 좋은 영향을 미칠 수 있을 것이다. 농업인의 삶이 어렵다고 부정적으로 살면 더 부정적인 삶이 될 것이다. 항상 긍정적인 생각을 가지고 살면 된다는 마음가짐으로 무장하면 상황이 호전되지 않을까 생각한다. 예를 들어 '만원'이 있다면 '어, 만원 밖에 없네.'라는 생각보다 '이야, 만원이나 있네.'라는 생각을 가져야 할 것이다. 이 밖에도 나는 남자다운 대범함과 활동적인 성격을 가졌지만, 알고 보면 산책을 하면서 생활의 여유를 즐기는 걸 좋아하고 또 아름다운 장미를 좋아하는 감성적인 남자이기도 하기 때문이다. 남자다움과 장미는 어울리지 않아 보이지만 언제나 부드러운 면과 강한 면을 겸비한 사람이고 싶습니다. 저의 인생목표는 행복한 삶을 사는 것입니다. 내가 좋아하는 친구들과 가족들 그리고 지인들과 웃으며 행복하게 사는 것이 목표입니다.

11. 나의 다짐(이미진)

하나. 나는 내 자신과 가족을 사랑하는 사람이다.

나는 내 자신을 아끼고 어떤 힘든 상황에서도 나를 포기하지 않으며, 내 본연의 모습을 잃지 않는다. 나는 부모란 이름 그 자체를 존경하고 부모란 이름에 감사하며, 부모가 살아계실 때 잘한다. 나는 내 형제를 진정으로 사랑한다.

둘. 나는 꿈이 있는 사람이다.

나는 끊임없이 미래에 대한 꿈을 갖으며, 그에 맞춰 오늘을 살아갈 계획을 세운다. 나는 어제에 대한 반성을 통해 무언가를 얻도록 한다.

셋. 나는 정직한 삶을 살며, 성실한 사람이다.

나는 나의 이익을 위해 나의 양심을 속이지 않는다. 나는 노력 없이 얻어지는 것은 없다고 믿으며, 내가 얻고자 하는 것을 위해서 가장 적절한 방법으로 열심히 한다. 나는 항상 겸손하며, 나를 내세우지 않는다.

넷. 나는 건강한 대인관계를 유지하는 사람이다.

나는 약속을 항상 지키며, 동료들과 신뢰관계를 구축한다. 나는 상대방에게 먼저 귀를 기울이도록 한다. 나는 모든 사람과의 관계를 소중히 여긴다.

다섯. 나는 경제적으로도 안정된 사람이다.

나는 소비할 때 3번 이상 생각하며, 수단이 아닌 목표를 위해 소비한다. 나는 미래를 위한 재산을 축척함에 있어 항상 가족과 의논하며, 정직하지 않은 방법은 사용하지 않으며 요행을 바라지 않는다. 나는 내 자신의 가치를 높이고, 가족의 행복을 위한 투자에는 아끼지 않는다.

여섯. 나는 건강한 사람이다.

나는 모든 것의 기본이 되는 건강을 지키기 위해 꾸준한 노력을 한다. 그리하여 건강한 육체와 건전한 정신을 유지하기 위해 좋은 글과 좋은 생각, 규칙적인 운동을 생활화 한다.

일곱. 나는 주관과 신념이 있는 사람이다.

나는 나를 소중히 여길 줄 아는 사람이다. 나는 스스로 건전한 생각과 올바른 행동을 실천할 줄 알며, 그것을 굳게 믿는다. 나는 남의 판단에 좌우되지 않는 뚜렷한 주관이 있다.

여덟. 나는 모든 것에 재미를 발견할 줄 아는 사람이다.

나는 인생이란 결국 재미와 행복을 위해 사는 것이라고 믿는다. 나는 지금 이 순간 내가 있는 곳에서 재미를 발견할 줄 안다. 나는 이 땅위에 모든 것을 즐기는 마음으로 살아간다.

아홉. 나는 자아성찰을 위해 모든 노력과 시간을 투자할 줄 아는 사람이다.

나는 스스로를 변명 또는 자기합리화를 하지 않고, 처음부터 옳은 길이라 판단되면 끝까지 실천한다. 나는 환경변화에 능동적으로 대처하기 위해 변화관리 관련 도서를 꾸준히 읽는다.

열. 나는 누군가를 위해 봉사할 줄 아는 사람이다.

나는 시간과 공간에 구애 받지 않고 항상 어려운 이웃을 돌본다. 나는 물질적인 것만이 아니라, 마음에서 우러나오는 본심을 실천하도록 한다.

12. 나의 다짐(김종구)

나는 '김종구'이다. 김종구는 항상 웃는 사람이다. 웃음이 나의 삶을 대변해 주고 그 웃음으로 성장하고 발전할 수 있는 원동력으로 삼을 것이다.

웃음 하나. 웃음의 근본은 가정이다. 나를 믿어주는 부모님 뿐 만 아니라 주위의 모든 사람의 기대에 실망시키지 않는 '김종구'가 된다. 친척들과의 돈독한 유대 관계를 유지하기위해 경조사는 물론 사소한 일까지 챙겨 축하할일과 위로할일들에 대해 특별한 관심을 아끼지 않겠다.

웃음 둘. 웃음을 바탕으로 프로정신에 입각하여 항상 발전하는 사람이 되겠다. 현재 보다는 미래 지향적으로 생각해서 계획하고 실천하며 끈기와 인내를 가지고 노력하겠다. 질적인 향상을 위해 긍정적인 마인드를 가지고 매사에 자신감과 용기, 도전정신을 가지도록 하겠다. 지혜로운 사람이 되기 위해 말이라는 도구를 지혜롭게 사용하여 지혜로운 판단을 내리기 위해 한 번 더 생각하고 행동하겠다. 내가 누군가를 닮으려는 것이 아니라 누군가가 나를 닮게 하도록 할 것이다. 독서를 통해 지식을 습득하고 나를 향한 질타를 가볍게 여기지 않아 시행착오를 반복하지 않도록 할 것이다. 오늘 계획된 일은 내일로 미루지 아니하며, 오늘 행한 일을 반성하고 돌아본다. 유행에 뒤처지지 않는 센스를 가지도록 노력한다. 문화생활을 통해 사회전반적인 변화를 이해한다.

웃음 셋. 인맥관리를 함에 있어 항상 좋은 관계를 만들고 유지하도록 노력한다. 남을 진심으로 배려하고 존중하며 믿음으로 다가간다. 그들이 내가 아니듯 그들 역시 내가 아니기에 서로 이해할 수 없는 영역이 있는 것을 항상 인정하고 가르치려 하지 않는다. 타인의 단점보다는 장점을 많이 보려고 노력하고 타인에게 좋은 일이 생기면 먼저 다가가서 칭찬을 건네는 사람이 되겠다. 매일 다른 세명의 사람들과 전화 통화를 하겠다. 사람들을 대할 때 말 한마디, 행동 하나 하나에 애정과 진심을 담는다.

웃음 넷. 경제적으로 안정된 삶을 추구한다. 돈의 가치의 소중함을 알고 계획을 세워 소비하며 낭비하지 않는다. 가계부를 작성하며 쓸데없는 지출을 줄이고 현명한 소비생활을 통해 경제적인 부를 창출한다.

웃음 다섯. 웃기 위해서는 내 몸이 건강해야 한다. 상기 내용을 실천하기 위해서는 가장 기본적인 온전한 건강을 지킨다. 아침식사를 챙겨먹는 아침형 인간 이 된다. 주 4회 이상 유산소 운동과 근력운동을 병행한다. '건전한 웃음은 행복을 불러내고 그 행복은 내 마음 속 깊은 곳에서부터 생겨난다.'

13. 나의 다짐(유현진)

농협, 내 인생의 첫 직장. 이제는 길에서 우연히 농협마크만 보아도 내마음 속에서 무언가가 꿈틀거린다. 어느 덧 입사한지 3개월째, 내가 처음 농협에 입사원서를 내면서 다짐했던 것들이 지켜지고 있는지 뒤돌아보게 된다. 무슨 일이든지 최선을 다하며 꼭 필요한 사람이 되겠다는 내 자신과 한 약속, 바쁜 일상 속에서 잊고 지내고 있었다. 오늘 나는 이 사명서를 쓰면서 다시 하번 마음을 다잡아 보고자 한다.

하나. 꿈. 간절히 원하는 꿈은 반드시 이루어 질것 이다.

앞일을 생각하는 건 즐거운 일이다. 이루어질 수 없을 지라도 생각하는 건 자유이다. 누군가는 아무 것도 기대하지 않는 사람은 아무런 실망도 하지 않으니 더 낫다고 했다. 하지만 나는 실망하는 것보다 아무것도 기대하지 않는 것이 더 불행하다고 생각한다.

둘. 자신감, 두려움과 걱정 대신 자신감으로 무장 할 것이다.

우리는 1년 후면 다 잊어버릴 슬픔을 간직하느라고 무엇과도 바꿀 수 없는 소중한 시간을 버리고 있다. 소심하게 굴기엔 인생이 너무 짧다.

셋. 자기계발. 더 이상 어제의 내가 아니며, 내일은 더 나아질 것이다.

우리는 모두 '나'라는 기업의 사장이다. 오늘날 비즈니스 세계에서 살아남기 위해 가장 중요한 일은 내가 '나'라는 브랜드 이미지의 영업책임자가 되는 것이다.

나는 이제 이 세 가지의 다짐을 기억하고 실천할 것이다. 그리하여 난 미래를 향해 전진하는 나비가 될 것이다. 지금은 보잘 것 없는 애벌레지만, 곧 아름다운 옷을 입고, 지유라는 날개를 달고 내가 가고 싶은 곳 어디든 날아갈 것이다.

14. 나의 다짐(이해상)

하나. 실패는 성공의 첫 걸음이다.

실패 한 것을 기뻐하자. 실패를 두려워하지 말자. 성공하는 자가 있다면 반드시 실패하는 자도 있다. 그 또한 성공하기 이전에는 실패한 자였으리라. 실패한자가 패배하는 것이 아니라, 포기한 자가 패배하는 것이다.

둘. 생각하는 대로 행동하지 않으면 행동하는 대로 생각하게 된다.
셋. 포기하고 싶은 그 때가 바로 '한 번 더' 시도할 때이다.

'포기' 그것은 김치를 담글 때나 쓰는 말이다. 내 사전에 포기란 없다. 성공의 비결은 어찌 보면 매우 간단하다. 성공할 때 까지 계속 시도하면 성공한다. 포기하지 말자.

넷. 천재는 노력하는 사람을 이길 수 없고 노력하는 사람은 즐기는 사람을 이길 수 없다.

천재는 99%의 노력과 1%의 영감으로 이뤄진다고 한다. 아무리 천재일지라도 노력 없이는 천재가 될 수 없다. 군대에 가면 '피할 수 없으면 즐겨라'라는 말이 유행이다. 즐기는 사람이 꾸준히 노력 할 수 있고, 그런 자만이 성공할 수 있다.

다섯. 시작보다는 마무리를 잘하자.

사람은 '어떻게 시작 하는가'로 평가되지 않는다. '어떻게 끝을 내는가'로 평가된다. 마라톤의 출발점은 누구나 공평하다. 하지만 결승선을 통과하는 것은 불공평하고 특별하다는 것을 기억하자.

여섯. 사랑은 'give & take가 아니다.

나 또한 사랑받고 싶은 마음이 간절하기에 내가 더 많이 사랑하고 사랑함에 있어서 계산하지 않을 것이다.

일곱. 정보인맥을 구축하자.

'개미형'이 아니라 '거미형'으로 살자. 산업사회에서는 근면과 성실을 상징하는 개미가 표준인간형이었다. 그러나 정보사회에서는 거미가 모델이다. 곳곳에 정보의 그물을 쳐두고 여유 있게 기다리자.

여덟. 한 가지 이상의 외국어를 마스터하자.

국제화시대의 무기는 외국어임을 깨닫자. 세계는 넓다. 국내에서 머물러 있기엔 세상이 너무 넓다. 세계화에 뒤처지지 말자.

아홉. 노력에 대한 충분한 보상을 하자.

'열심히 일한 당신 떠나라'는 광고카피가 있다. 열심히 노력한 만큼 나에게 충분하게 보상하자.

열. 인생은 속도가 아니라 방향이다. 인생은 성공이 아니라 의미이다.

인생은 쾌락이 아니라 감동이다. 빠르기보다는 올바른 방향으로 성공을 쫓기 보단 의미를 쫓는다면 나의 인생의 마지막은 감동일 것이다.

15. 나의 다짐(김경화)

하나. 나 자신을 믿으며 항상 나 자신을 자랑스럽게 여기는 사람이 되겠다.

남을 믿기 전에 나 자신에 대한 믿음이 있어야지만 무슨 일이든 해결해 나갈 수 있고 최선을 다해 노력할 수 있을 것이다. 그러므로 나는 나 자신을 믿으며 항상 자랑스럽게 생각하는 사람이 되겠다.

둘. 항상 긍정적인 사고를 가지며 웃으며 살아가겠다.

어떤 일이든지 부정적인 사고로 인하여 좌절하기 보다는 긍정적으로 받아드리고 한편으로는 또 다른 희망의 출발을 생각하며 항상 웃으며 살아가겠다.

셋. 부지런한 개미가 되겠다.

누구나 그러하듯이 각자의 삶에 있어 1분1초는 아깝고 소중한 시간일 것이다. 그러한 시간들을 소중히 여기고 부지런하게 사용하여 좀 더 발전하는 나를 만드는데 힘쓰겠다.

넷. 언제나 감사하는 마음으로 생활하겠다.

'왜 이 정도 밖에 안 되는 거지' 하며 후회하고 불평하기 보다는 언제나 감사하는 마음으로 어떤 일이든 받아들여 좀 더 나은 모습으로 발전해 나가도록 노력 할 것이다.

다섯. 모든 일에 목표를 세우며 생활하겠다.

목적이 있는 1년과 목적 없이 보내는 1년은 어쩌면 훗날 나에게 있어 10년의 차이가 날 수 있을 것이다. 목표가 있다면 그 만큼 그

일에 대해 열정을 다 할 수 있을 것이고, 그만 큼의 노력으로 인해 일의 능률면에서도 시간을 단축 할 수 있을 것이다.

여섯. 어디서든 '나'라는 사람이 남들에게 꼭 필요한 존재가 되겠다.

어떠한 상황에서도 다른 이에게 도움을 줌으로써 나의 존재가치를 느낄 수 있도록 노력할 것이다. 이는 내 자신의 일에 좀 더 열심히 매진해 나가도록, 다양한 분야에서 지식과 상식을 갖출 수 있는 피드백이 될 수 있을 것이다.

일곱. 내 자신을 사랑하는 사람이 되겠다.

그 동안 내 자신을 종종 학대하는 일이 많았다. 이런 일들이 내 자신의 발전에 있어서 좋지 않은 영향을 주었던 것 같다. 앞으로는 내 자신을 아끼고 사랑하면서 모든 일에 대하여 좀 더 적극적인 자세를 지니도록 노력할 것이다.

16. 나의 다짐(김태규)

하나. 기회는 준비하는 자에게 만 주어진다.

기회는 어느 순간, 갑자기 찾아온다. 준비하고 있지 않으면 기회를 잡을 수 없다. 30년을 살아오면서 나에게도 기회가 찾아온 적이 있었다. 괜찮은 연봉에 괜찮은 근로조건, 하지만 열정이 부족했고, 자격증이 필요했다. 그때 뼈저리게 느꼈던 점은 미리 준비하자는 것이다. 왜 나는 준비하지 못하고 있었을까, 많이 후회하며 미리 준비된 사람이 되려고 노력했다. 그러다가 농협을 알게 되었고, 두 번의 고배를 마시며 참고 노력한 끝에 농협에 합격할 수가 있었다. 난 지금도 준비하고 있다. 또 다시 찾아올 기회를 놓치지 않음은 물론 진정한 농협인으로 태어나기 위해 오늘도 준비하고 있다.

둘. 매일 아침 3분간 큰 소리로 웃고 출근한다.

책을 통해서 강의를 들으면서 TV를 보면서 알게 된 게 있다. 스스로의 얼굴은 자신의 노력에 따라 변화시킬 수 있다는 것이다. 잘 나가는 세일즈맨들을 보라. 그들은 얼굴에서부터 친근감이 느껴진다. 그러나 그들과 대화하다보면 그들 또한 꾸준한 노력에 의해서 얼굴이 환하게 변한 것을 알 수 있다. 조금은 무뚝뚝해 보이는 내 얼굴, 하루에 한번이라도 더 웃도록 노력하며 10년 후의 내 얼굴에 책임을 지기 위해서라도 매일 아침 3분간 큰 소리로 웃고 출근하겠다.

셋. '그럼에도 불구하고'란 말을 가슴에 새기겠다.

'그렇기 때문에' 라는 자기 합리화보다는 '그럼에도 불구하고'란 말을 가슴속 깊이 새기겠다. '과음을 했기 때문에', '컨디션이 나쁘기 때문에', 이런 핑계를 대지 않겠다. '나는 강하다', '그 정도엔 아무렇지도 않다.' '이런 굳은 의지로 과음했음에도 불구하고' 나는 행동하겠다. 나는 실천하겠다. 나는 이겨내겠다.

넷. 초심을 잃지 않겠다.

누구나 시간이 가면 변한다. 뭐든지 할 수 있을 것 같던 마음, 현실과 타협하지 않겠다는 마음은 점차 이져져 갈 것이다. 그러다가 현실과 타협에 현실에 안주하고 있는 나를 볼 것이다. 하지만 다짐해 본다. '내가 지금 적고 있는 이것들' 꼭 지키겠다. 절대로 초심을 잃지 않겠다. 농협구례교육원에 온지도 어느 덧 3주째 마지막 날이 되었다. 빡빡한 교육일정에 힘든 날도 있었지만 보람도 많았다. 남은 마지막 일주일도 파이팅 해보며 진정한 농협인이 되기 위해 언제나 노력하겠다.

17. 나의 다짐(문상철)

나는 나를 사랑하며 소중하게 여기고 항상 열정과 도전을 생각하며 나의 삶이 좀 더 가치 있도록 끊임없이 발전하는 사람이 되겠다. 나로 인해 주변 사람들이 발전할 수 있도록 모든 이들에게 진심으로 대하며 존중하고 경청한다.

하나. 가정은 나의 행복이자 삶의 원천이다.

부모님에 대한 사랑을 알고 믿음직한 아들이 되도록 한다.

둘. 프로정신을 갖고 늘 발전하는 사람이 된다.

현재도 중요하지만 미래를 위해 계획하고 실천하며, 끈기와 인내를 가지고 진행한다. 질적 향상을 위해 긍정적 마인드를 가지고 매사에 두려움보다는 자신감과 용기, 도전정신을 가지도록 한다. 일생동안 새로운 것을 배우는 것을 게을리 하지 않는다. 매일 밤 취침 전에 하루를 정리하고 내일을 계획한다. 나의 부족함을 채우기 위해 많은 책을 읽고 실천한다. 외모도 하나의 전략, 항상 잘 관리한다.

셋. 대인 관계에서 항상 좋은 관계를 만든다.

타인을 진심으로 배려하고 존중하며 신뢰로 다가간다. 타인의 장점을 빨리 발견하고 먼저 다가가서 칭찬하는 사람이 된다. 매 순간 함께하는 시간동안 말 한마디, 행동 하나하나 진심을 담고 이 순간이 마지막이라는 생각으로 대한다.

넷. 건강한 정신과 체력을 유지한다.

위의 모든 것을 진행하기 위해서는 건강해야 한다. 친환경 식단을 추구할 것이며, 일주일에 3일은 1시간 이상 규칙적인 운동으로 체력을 관리한다. 정기적으로 건강진단을 받고 몸에 조금만 이상이 있으면 병원에 가도록 한다. 식사량과 술자리 횟수를 줄인다.

18. 나의 다짐(송민석)

하나. 가정이 화목하고 형제들 간에 우애하며 지낼 수 있도록 내가 앞장서겠다. 밖에서 일을 잘 하기 위해서는 가정에서의 생활이 모범이 되어야 한다. 부모님께 효도하고 공정하며 예의범절도 몸에 베이도록 노력할 것이다.

둘. 현실에 안주하지 않고 내 자신을 발전시키는 것을 게을리 하지 않겠다. 물이 고이면 썩듯이 변화에 능동적으로 대처하고 항상 공부를 해서 남에게 뒤쳐지는 일이 없도록 최선을 다하겠다. 나에게 주어진 일은 물론이고 다른 일까지 처리할 수 있는 유능한 사람이 되겠다.

셋. 겸손함과 미소를 잃지 않겠다.

신규직원으로 일을 하게 되면 다양한 사람들을 만나게 될 것이다. 그 분들에게 언제 어디서라도 겸손한 모습으로 다가가고 미소를 잃지 않으며 항상 기억되고 신뢰 받을 수 있는 직원이 되겠다. 내가 어떤 업무와 자리에 있든 한결같이 대한다면 시간이 지나서도 다시 찾을 것이다.

넷. 모든 것에 긍정적이고 합리적인 사람이 될 것이다.

일이 힘들고 어렵다고 부정적인 생각을 가지기 보다는 어떻게 하면 일을 즐겁고 잘할 수 있는가를 생각할 수 있는 합리적이고 긍정적인 사람이 되겠다. 매사에 부정적인 생각만 한다면 우리의 미래도 아마 그렇게 되지 않을까?

다섯. 성실하고 근면한 사람이 되겠다.

자신의 일에 대한 책임감을 가지고 성실하게 이행한다면 일의 능률 뿐 만아니라 직장 내 대인관계에서도 좋은 영향을 끼칠 수 있다. 일상생활에서도 부지런하고 규칙적인 생활을 하면 건강이나 생활패턴이 좋아질 것이다. 이와 같은 내용을 바탕으로 한 직장의 새내기로서 어렵거나 힘들 때 마음을 가다듬어 활기찬 모습으로 우리 조직의 발전에 이바지할 수 있는 사람이 되겠다.

19. 나의 다짐(임미숙)

누구나 한번쯤 아침에 눈을 떴을 때 갑자기 밀려드는 허무함에 하루 종일 답답증을 느꼈던 적이 있을 것이다. 나 역시 어느 날 문득 무엇을 위해 이렇게 아등바등 살고 있는지, 내 인생에서 가장 중요한 건 무엇인지 생각하게 되었다. 지금 바로 이 순간 아무 일도 하지 않는 건 인생에 대한 그리고 청춘에 대한 모독이다.

나의 열정은 영혼이 간절히 원하는 방향으로 나를 이끌 것이며, '위대한 자가 꿈을 꾸는 것이 아니라 꿈을 꾸는 자가 위대하다.' 라는 말이 있듯이 마음껏 소망하여 꿈꿀 것이다.

하나. 사랑하는 사람들 덕분에 나는 더 행복하다.

누군가 나에게 가장 중요한 것이 무엇이냐고 묻는다면 그 중에서도 가족이다. 되돌아보면 타인이나 친구에게 돈을 쓰며 즐거운 시간을 보내면서도 가족에겐 참 인색하다. 쑥스럽다는 핑계로 사랑한다는 표현도 인색했다. 부모님이 우리의 여생을 아름답게 꾸며 주셨으니 이제는 내가 부모님의 여생을 아름답게 꾸며 드려야 할 차례다.

둘. 모든 경험과 관계는 나를 비추는 거울이다.

세상은 넓지만 또한 좁기도 하다. 언제 어디서 다시 만날지 모르는 게 사람일이다. 그러니 사람과 사람사이에서 너무 머리 굴리지도 말고 만나면서 이사람 저사람 재지도 말아야 한다. 누구나 그 사람만이 가진 매력이 있음을 찾아내고 인연을 만들어 어떻게 유지하느냐가 중요하다. 알면 알 수록 '이사람 정말 괜찮다.'라는 말을 듣는 사람이 되자.

셋. 나에겐 특별한 재능이 있으며 그것을 성공적으로 발전시킬 것이다.

먼저 내가 잘할 수 있는 일을 깨닫고 그 일을 할 때 행복을 느껴야 한다. 자신없어 하는 일 때문에 스트레스 받지 말고 나를 위해 보다 고부가가치적인 일에 시간을 투자할 것이다. 내가 잘할 수 있는 것에 집중할 때 성공은 따라오기 때문이다.

넷. 나는 매력적인 여성으로 사랑받게 될 것이다.

겉으로 보이는 것이 다가 아닐뿐더러 자신을 구석으로 숨기려하지 말고 더 넓고 멋진 곳을 향해 박차고 나가야 한다. 나의 가치를 믿고 당당하게 행동할 때 비로소 빛이 나고 세상은 더 많은 것을 가져다 줄 것이다.

잠만 자는 숲속의 공주는 살아남을 수 없듯이 나의 처지를 인정하되 더 높은 곳을 향해 자신을 근사하게 가꾸어 가는 여자가 될 것이다.

20. 나의 다짐(정인수)

하나. 목표와 도전

항상 미래에 대한 비전을 설정하고 구체적인 목표를 세워 도전하겠다. '안되면 되게 하라.'는 철학을 가지고 살겠다. 세상에서 안 되는 것은 자신의 마음이기 때문에 내 마음을 제대로 붙잡고 내가 세운 목표를 달성하기 위해 최선을 다하겠다.

둘. 긍정적인 마인드

긍정적인 삶은 세상을 변화시키는 원동력이다. 항상 긍정적인 마인드로 세상을 바라본다면 하고자 하는 일마다 잘 될 것이고, 내 주변은 웃음과 행복이 가득한 환경으로 변화될 것이다.

셋. 자율과 책임

책임감이 없는 자율은 방종에 불과하다. 또한 자유로울수록 그에 대한 책임도 커진다고 생각한다. 소신을 갖고 자유로운 의사결정 속에서 그에 따르는 책임을 다하겠다.

넷. 사랑

사랑은 자신이 가지고 있는 모든 것을 주는 것이 사랑이라고 생각된다. 고객을 내 자신처럼 사랑하고 배려해서 사랑으로 가득한 세상을 만들겠다. 그리고 이웃과 나누는 사랑의 가치를 실천하도록 노력하겠다.

다섯. 전문성

내가 맡은 분야에서 전문성을 갖는 것이 중요하다고 생각한다. 왜냐면 전문성을 갖추려고 나의 부족한 점을 발견하게 되고, 부족한 점을 보완하기 위해 끊임없이 노력하기 때문이다. 또한 내가 맡은 분야에서 최고가 되는 것이 직장에서도 최고가 되는 것이기 때문이다.

21. 나의 다짐(황영희)

하나. '지', 여행을 통해서 견문을 넓히고 독서를 통해서 지식을 쌓아 나 자신을 개발하겠다. 구체적인 계획으로는 1년에 한 과목이라도 통신연수를 이수하고 한 달에 두세 권의 책을 읽겠다.

둘. **'덕'**, 옛말에 덕이 있으면 외롭지 않다. 덕이 있는 자에게는 사람이 모인다. 내가 누군가에게 필요한 존재가 되기 위해서는 덕을 길러야겠다.

셋. **'체'**, 게으른 생활습관을 고쳐서 평소에 규칙적인 생활을 해야 겠다. 건강하고 당당한 내 자신을 위해 건강한 몸매를 만들어야겠다. 여가생활은 운동을 활용해서 즐기겠다. 이번 협동훈련 중 노고단 등 반을 통해 체력이 많이 부족함을 느껴서 한 달에 두 번 정도는 등산 을 해서 체력을 길러야겠다.

22. 나의 다짐(김아름)

나는 참으로 행복한 사람이다. 언제나 나를 믿어주는 사람들이 곁에 있고 그 사람들의 사랑 속에서 나 스스로의 꿈을 펼치며 살아왔기 때문이다. 하지만 더 멋지고 아름다운 나로 거듭나기엔 아직은 많이 부족하다는 것을 알고 있다. 앞으로 내가 살아갈 길에 더 멋진 나로 피어날 모습을 그리며 나 자신과의 약속을 해본다.

하나. 언제나 밝은 웃음을 지닌 사람이 될 것을 약속한다. 밝은 미소를 지닌다는 것은 나 스스로를 희망차게 하고 아름답게 할 뿐만 아니라, 보는 사람들로 하여금 행복한 미소를 머물게 한다. 밝게 웃는다는 것 자체가 희망이 되고 사람이 되고 꿈이 된다. 늘 미소를 잃지 않게 밝은 생각을 하며 누구에게나 먼저 다가갈 것이다. 앞으로 내가 만나는 모든 사라들에게 밝은 미소를 전해 줄 것을 다짐해 본다.

둘. 어느 일에도 자만하지 않는 겸손한 사람이 될 것을 약속한다.
앞으로 삶을 살아감에 있어 어떠한 일에도 최선을 다할 것이며 최선
을 다한 결과가 자만이 되어 돌아오지 않게 늘 겸손한 사람이 될 것
을 약속한다. 매일 나 자신을 채찍질하고 나 스스로의 모습을 돌아
보며 다른 사람의 입장에서 먼저 생각하는 사람이 되겠다.

**셋. 모든 일에 열정을 지닌 프로정신을 가진 사람이 될 것을 약속
한다.** 내가 맡은 일, 내가 목표로 하는 일뿐만 아니라 만나는 모든
일에 늘 당당하게 열정을 가지고 최선을 다할 수 있는 사람이 될 것
을 약속한다.

넷. 사랑할 줄 아는 마음이 따뜻한 사람이 될 것을 약속한다. 이
세상 모든 것들을 사랑할 줄 아는 따뜻한 마음을 지닌 사람이 될 것
이다. 고마움, 미안함, 사랑, 마음속에서 저절로 나오도록 아름다운
마음을 따뜻하게 표현할 줄 아는 그런 사람이 되겠다.

**다섯. 지금까지의 약속을 되새기며 하루하루를 소중하게 감사히
여기며 살겠다.** 내게 주어진 이 시간에 감사하며 살겠다. 후에 나 자
신을 돌아보았을 때 스스로 후회 없이 '참 잘 살았구나.' 할 수 있게,
다른 사람들이 나를 기억했을 때 '너무나 밝았던 미소를 지녔던 사
람이 있었어. 그 사람 때문에 참 행복했지.'라고 기억할 수 있게 늘
하루하루 최선을 다하며 살겠다.

23. 나의 다짐(김유미)

나는 살아가면서 다음 사명을 반드시 지키며 살겠다.

하나. 나는 나 자신의 무궁한 발전과 영광을 위하여 자기개발을 하겠다. 지금시대는 자기개발을 조금만 등한시하거나 방심하면 경쟁에서 뒤떨어지기 십상이다 그렇기 때문에 나에게 부족한 언어능력, 즉 제 2, 3의 외국어를 준비하고 많은 독서를 하겠다. 현대인들은 시간에 쫓겨 1년에 한권의 책을 읽지 못한다는 통계가 있지만 천천히 두 달여 동안 한권을 읽으며 사교를 위해 재즈댄스를 수강해 더 많은 인맥을 구축하는데 시간을 투자한다.

둘. 나는 사랑하는 사람들을 위해 요리를 배우고 즐기겠다. 요리에는 손톱만큼의 관심도 없지만 사랑하는 가족과 친구들을 위해 안전하고 영양가 있는 요리를 하겠다. 또한 일반적인 요리를 벗어나 다양한 요리를 통해 신세대다운 끼와 열정을 발산하겠다.

셋. 가까운 자선단체나 혹은 먼 나라의 구호를 필요한 이들을 위해 자선활동을 하겠다. 우리 민족은 이웃의 슬픔과 행복을 함께 하는 살기 좋은 나라이지만, 어디에선가는 어두운 그림자가 드리워져 나의 손길을 필요로 하는 것이 있을 것이다. 나는 그 손길이 필요한 곳에 정신적으로 육체적으로 물질적인 것으로 자선을 하여 삭막해진 사회 분위기를 되살려 나가겠다. 그리고 당장은 힘들지만 먼 나라의 재해, 재난 등을 보며 ARS 혹은 SNS서비스 등을 통해 아픔을 함께 나누고 싶다.

이 세 가지 사명을 가슴속에 깊이 새겨 어느 하나 빠지지 않고 열과 성을 다하여 꼭 이루어 낼 것이며 도태하지 않게 최선을 다할 것을 다짐한다.

24. 나의 다짐(정용진)

나는 농협인으로서 다음과 같은 가치와 사고방식을 바탕으로 맡은 바 사명감을 가지고 최선을 다하는 인재가 되겠다.

하나. 나는 지구상의 어느 누구도 두려워하지 않겠다. 나는 오직 하나님만 두려워 할 것이다.

둘. 인생은 속도가 아니라 방향이다. 또한 인생은 성공이 아니라, 삶의 의미임을 잊지 않겠다.

셋. 항상 미래에 대한 비전을 설정하고 구체적으로 목표를 세워 열정적으로 달성하겠다.

넷. 나 보다는 타인을 먼저 배려하고, 항상 이웃과 사랑을 나누며 살겠다.

다섯. 부지런함으로 나의 나태함을 극복하고 끈기와 인내를 가지고 어떤 일이든지 결코 포기하지 않겠다.

여섯. 항상 웃으며 화를 내지 않으며 감사하는 마음으로 살겠다.

일곱. 스스로에게 정직하며 마음의 소리에 늘 귀를 기울이겠다.

여덟. 진정한 친구를 사귀는 데 최선을 다하고 나 역시 그들에게 진정한 벗이 되기 위해 나 자신을 항상 되돌아보겠다.

아홉. 나의 일에서 최고가 될 수 있도록 늘 공부하겠다. 주어진 업무를 완벽히 파악하고 더 나아가 그 업무를 더욱 발전시키겠다.

열. 때로는 세일즈맨으로서 최선을 다하고 고객을 위한 최고의 서비스를 제공하겠다.

열하나. 상사와 동료 부하에게 먼저 고개를 숙일 줄 아는 그러나 옳지 않은 일에는 '아니오.' 라고 말할 줄 아는 용기 있고 정의로운 사람이 되겠다.

열둘. 매일 아침 일찍 일어나서 나만의 시간을 갖고 주어진 24시간을 최고의 날, 최선의 하루를 만들어 내기 위해 구체적으로 계획하고 실천하겠다.

열셋. 나는 언제 어디서든 농협인이라는 자부심을 가지고 농협을 항상 생각하고 배우며 실천하는 베스트 농협인이 되겠다.

25. 나의 다짐(조성근)

나는 농협인으로서 살아가면서 다음과 같은 사항을 실천하겠다.

하나. 나는 항상 열정적인 마음과 도전하는 정신으로 하루하루를 살아가겠다.

둘. 나로 인해 주변 사람들이 편해질 수 있도록 노력하고, 자기중심적인 생각을 버리고, 나 자신의 문제점을 개선하는 노력을 게을리하지 않겠다.

셋. 나는 객관적인 사고로 일처리가 언제나 긍정적이어야 하며, 지식수준을 향상시켜 상대방하고 대화를 할 수 있도록 노력하겠다.

넷. 나는 오늘 할 일을 내일로 미루지 않겠다.

다섯. 나는 항상 긍정적인 사고와 친절한 미소로 고객을 응대하는 습관을 들이겠다.

여섯. 나는 내가 하고자 하는 모든 일들에 대해 최선을 다하는 열정적인 사람이 되겠다.

일곱. 나는 가족을 항상 사랑하며 가족을 위해 언제나 희생할 수 있는 마음가짐과 가족의 행복을 위해 노력하겠다.

여덟. 행동을 하기 전에 한 번 더 생각하고 나를 먼저 생각하기 전에 상대방을 존중하고 매달 두 권이상의 도서를 읽고 하루를 소중하게 여기며, 자기 전에 오늘한 일을 결산하고, 내일을 계획하는 습관을 들이겠다.

백번 읽는 것보다 열 번 쓰는 게 좋고, 열 번 쓰는 것 보다 한번 행동하는 게 좋다는 말이 있듯이 마음만으로 생각하지 않고 행동으로 옮기는 투철한 실천가가 되겠다.

26. 나의 다짐(김 수)

먼저 오늘도 조합원들의 경제적 발전과 문화적 사회적 지위 향상을 위해 수고하시는 전국 농협 임직원들과 조합원들에게 아낌없는 박수와 진심어린 경의를 표한다. 올해 1월 6급 주임으로 발령받은 이후 내가 '농협'에 대해서 얼마만큼의 지식과 마음가짐이 갖춰져 있는지 이번 교육을 통해서 되돌아보는 계기가 되었다.

시시각각 세상의 흐름과 판도가 바뀌는 현 시점에서 농업인 조합원을 주인으로 섬기는 '농협'이라는 조직의 농협이념을 정확히 파악하여 앞으로 내가 농협인으로서 어떤 마음가짐과 자세로 임해야 할

지 '나의 사명서'를 아래와 같이 밝히고자 한다,

하나. 조합원을 위한 최대 봉사를 위해 내 자신을 희생하겠다. 농촌 봉사활동을 통해 뼈를 깎는 듯한 힘든 노동을 통해 농작물을 재배하시는 모습은 나에게는 큰 충격이었다. 그 분들처럼 나를 희생시켜 농업과 농협의 발전을 일궈내겠다.

둘. 농협에서 필요한 공부를 열심히 하겠다. 현 농협의 신용사업에 있어서 지역농협의 경쟁자는 타 조합도 아니고 중앙회도 아니다. 바로 타 금융기관이다. 시시각각 변화하는 금융업 상품과 실무방법 등 타기관보다 많은 수신, 여신, 보험, 카드 등을 추진하기 위해서는 매일매일 공부하고 정보를 수집해야 하겠다.

셋. 어떤 어려움이 닥쳐도 이겨낼 수 있다는 자신감으로 일하겠다. 금융기관에 근무하다보면 나의 의지와 상관없이 혹은 실수로 인해 업무추진에 과오를 범할 경우가 있을 것이다. 이런 실수를 거울삼아 심기일전하여 매사 조합원과 고객에게 친절하며 능동적으로 응대하겠다. 스물다섯 젊은 나이게 농협에 입사해 자칫 잘못 겸손치 못한 말과 행동으로 직장상사와 조합원께 실수하지 않을까 매사 조심스럽다. 지금 당장은 아니더라도 1년 후, 10년 후 나를 농협직원으로 받아주신 조합원과 임직원께 깊은 감동을 전해 줄 것이며, 우리나라 농업과 농협이 한 단계 더 발전할 수 있는 디딤돌이 되기 위해 최선을 다할 것을 굳게 다짐해본다.

27. 나의 다짐(진희동)

나는 나를 사랑하며 소중하게 여기고 항상 열정과 도전정신을 가지고 나의 삶이 좀 더 가치 있도록 끊임없이 발전하는 사람이 되겠다. 나는 모든 사람 앞에 부끄럽지 않은 행동으로 항상 당당하면서도 겸손한 사람이 되도록 노력하겠다. 나는 늘 가정을 소중히 여기며 내 삶과 내 가족의 삶이 화목해 질 수 있도록 분위기를 만들어가는 행복 전도사가 되겠다. 나는 나로 인해 주변 사람들이 함께 행복해 질 수 있도록 누구에게나 진심으로 대할 것이며 존중해주고 항상 경청자세를 가질 것이다.

하나. 나의 가정은 나에게 행복을 주고 삶의 원동력이다. 나의 부모님에 대한 사랑을 알고 있는 까닭에 믿음이 가고 든든하며 실망시키지 않는 아들이 되도록 한다. 친척에게 항상 안부를 전하고 소통하며, 친밀한 관계를 유지할 수 있도록 노력한다. 나는 나의 멘토인 누나를 본받아 항상 긍정적인 생각과 좋은 모습을 가족에게 보여 줄 것이다.

둘. 프로정신을 가지고 늘 발전하는 사람이 되겠다. 오늘도 중요하지만 내일을 위해 미래 목표를 설정, 계획하고 실천하는 꾸준한 사람이 되겠다. 질적으로 한 단계 더 성숙하기 위해서 긍정적인 마인드를 가지고 매사에 두려움보다는 자신감과 용기, 도전의식을 가지도록 한다. 평생 동안 새롭게 배우는 것을 게을리 하지 않을 것이다. 퇴근 후에 잠자리에 들기 전에는 하루를 되돌아보고 정리하는 결산의 기회를 가지며 내일을 준비할 것이다.

셋. 경제적으로 안정적인 삶을 살 것이다. 돈을 벌기는 힘드나 쓰기는 쉽다. 돈의 가치를 알고 계획을 세워 소비하고 사치나 낭비는 지양하겠다. 매월 급여가 입금되면 입출금 현황을 체크해서 효율적인 경제생활을 하도록 자금운용 일지를 쓰도록 하겠다.

넷. 대인관계에서 항상 좋은 관계를 유지한다. 상대방을 진심으로 배려하고 존중하며 신뢰를 갖고 다가선다. 상대방에게 나의 장단점을 알리고 늘 겸손한 마음을 가지고 상대방의 장점을 배울 수 있는 자세로 대하겠다. 나는 모든 사람에게 영원히 함께 못하지만 매 순간 함께하는 시간에는 말 한마디, 행동 하나하나에 애정과 진심을 담아 마지막이라는 생각으로 대할 것이다.

다섯. 내 몸은 내가 지킨다. 이상의 모든 것을 실천하기 위해서는 기본적으로 내가 건강해야 한다. 내 몸을 생각하며 열심히 일하고 여가시간을 활용하여 규칙적인 운동을 할 것이다. 나를 위해 하루에 1시간이란 짧은 시간을 투자하여 나만의 시간을 가지고 나의 발전을 위해 사용할 것이다.

28. 나의 다짐(태자운)

어느덧 입사한지 두 달이 흘렀다. 짧은 기간이었으나 그동안 많은 일들과 마주했고, 어설프지만 점점 사회인으로 변모하는 내 자신을 보게 된다. 나침반 없이 항해하는 배는 그 자리를 맴돌 수밖에 없다. 그러나 분명한 목적과 방향이 있는 배는 거친 파도와 역경을 만나

항로를 이탈한다 해도 꼭 제자리를 찾게 되며 결국 목적지에 이르게 된다. 그저 한 조직에 소속되어 안주할 것이 아니라, 확고한 신념과 사명감을 가지고 미래의 꿈을 향해 전진하는 그런 자세를 갖도록 하겠다.

하나. 참인간이 되는 것이 영원한 목표다. 초등학교 때부터 교과서에 늘 보아왔던 역지사지의 정신을 죽어있는 활자로 내버려두지 않고 그 의미를 확실하게 살려 나가도록 실천으로 옮기겠다. 고객과 마주할 때, 이웃과 마주할 때, 어느 곳에서도 내가 고객이 될 때 이 모든 순간 속에서 나와 남이 다름을 인정하고 최대의 관용과 배려를 몸소 실천하는 그런 사람이 되겠다.

둘. 금융전문가가 되겠다. 내가 몸담고 있는 직장의 업무에 대해서는 모르는 것이 없을 정도를 넘어 변화에 대응할 수 있는 미래지향적인 아이디어를 제안할 수 있을 만한 핵심역량을 갖추도록 노력하겠다. 작은 일을 해내지 못하는 자가 더 큰일을 할 수 없음을 잘 알고 있다.

셋. 지역사회에 기여하며 도움을 줄 수 있는 인물이 되겠다. 내가 나고 자란 고장은 농업을 기반산업으로 하고 있는데 현재 내 이웃을 포함한 우리 농민들은 개방농정 하에서 많은 어려움을 겪고 있다. 설상가상 국가의 농정도 농업인의 살의 질 향상의 눈높이에는 아직도 많이 미달된 상태다. 국제적 차원으로 놓고 볼때 자국의 농업을 마땅히 보호하고 육성해 나가야 함에도 불구하고 단기적인 성과만을 쫓는 전시행정으로 인해 일시적인 지원이 되풀이 되는 경우가 많다. 따라서 농업기반을 튼튼하게 만들 근본적인 대책이 필요한 시점이다. 우리농협과 농민은 앞으로 해야 할 일이 더 많고 갈길 도 멀다. 그 속에서 내가 할 수 있는 최대한의 역량을 이끌어 내어 하나의 농업 농촌 발전을 위한 밀알이 되는 게 나의 사명이다. 앞으로 매일매일 일과를 마치면서 나 자신에게 질문 할 것이다. '너는 지금 너의 꿈에 충실하며 농협직원으로서 최선을 다하고 있는가.'

29. 나의 다짐(김태훈)

나는 농협인으로서 다음과 같이 실천하겠다.

하나. 중요한건 항상 지금이다.

나의 단점은 과거를 잘 기억하지 못하는 것이고, 나의 장점은 미래를 두려워하지 않는다는 점이다. 그래서 나는 언제나 지금 한순간 한순간에 최선을 다 하려한다. 그 순간마다 최선을 다할 수 있다면 지난 과거의 후회도 앞선 미래에 대한 두려움도 떨쳐버릴 수 있기 때문이다. 나는 지금 농협인이다. 내가 맡은 직책에 대한 책임은 물론이고 농협과의 인연의 끈을 놓는 순간까지 최선을 다할 것이다.

둘. 정상도 최고도 아니다.

내가 바라고 또 원하는 건 다른 누구보다 앞서가는 것도 아니며 그들의 위에 서는 것도 아니다. 어느 누구하나 뒤처지는 사람 없이 항상 곁에 있는 친구같이, 혈육을 나눈 가족같이 오랫동안 함께하는 거다. 우리를 이끄는 농업인과 우리를 대하는 고객, 그리고 내가 아는 모든 사람과 기쁘고 행복할 때나 슬프고 힘들 때 역시 같이하는 거다. 지금까지 힘겹게 우리 농업을 지켜낼 수 있었던 마음 역시 이와 같았으리라 생각된다. 그들과 함께 하지 못한다면 그 무엇도 이루어 낼 수 없으리라 본다.

셋. 농협인이다.

이제는 두 말할 것도 없으며, 더 이상 고민할 필요도 없다. 하나만 생각하는 거다. 나는 농업협동조합의 한 사람이 되었다. 지난 시간 동안 그토록 갈망했던 직장이기에 더욱 보람차게 매 순간마다 최선을 다할 것은 물론이다. 그동안 교육원에서 배웠던 업무에 관한 지식, 다양한 체험으로 얻었던 삶의 지혜, 어려움과 역경을 극복할 수 있는 협동심과 개인적으로 깊게 생각을 정리할 수 있는 소중한 시간들이 내 삶의 가장 강한 무기가 되었다. 그 모든 순간을 잊지 않기 위해 나는 내 가슴 속 깊은 곳에 새겨 두었으며, 앞으로도 영원히 변치 않는 추억이 될 수 있도록 소중하게 보관해 둘 것이다.

30. 나의 다짐(박철민)

29년의 세월동안 희로애락을 겪었다. 그동안 진지하게 내 삶에 대해 생각한 적이 과연 몇 번이나 있었는지 돌이켜 보면서 스스로의 앞길을 다짐해본다.

하나. 평생의 동반자이자 제 삶을 영위하는데 있어 가장 큰 밑거름이 될 직장에 대해 다짐한다.

고객만족과 신속, 정확이 생명인 금융권에서 일하게 된 만큼 '고객이 있기에 내가 존재한다.'는 일념으로 항상 고객의 입장에서 생각하고 고객의 니즈를 파악하여 먼저 행하는 사람이 되겠다. 또한 급변하는 정치 경제 사회의 흐름에 적절히 대처하고, 기업에서 요구하는 바람직한 인재상이 될 수 있도록 스스로 부단히 노력할 것이다. 무엇보다 타조직과의 경쟁에서 농협이 우위에 설 수 있도록 하기 위하여 농협사업 추진에 대한 열정과 기술력을 가진 사람이 되겠다.

둘. 부모님에게 효도하며 아들로서 그 도리를 다하는 사람이 되겠다.

이 순간까지 무탈하게 잘 성장하고, 오늘의 내가 있기까지 물심양면으로 노고를 아끼지 않으신 부모님께 어떤 말로도 그 은혜를 갚을 길이 없음을 잘 알고 있다. 이제 부터라도 자식 된 도리로서 부모님과 늘 함께하고 부모님의 근심하는 일이 없도록 행실을 똑바로 할 것이며, 부모님 얼굴에 항상 미소가 피어나도록 최선을 다할 것이다.

셋. 한 여자에 대한 남자이자, 아이들의 아버지로서 책임과 의무를 다하겠다. 가족이란 이름아래 하나가 된 우리, 앞으로 인생을 살아가면서 변함없이 함께해줄 그대들이 있기에 지금의 내가 존재하고 앞으로의 내가 존재할 수 있는 명분이 될 것이다. 항상 따뜻한 가슴으로 지켜주고 넓은 마음으로 가족의 화목을 위해 최선을 다하는 멋진 남자와 그 아비가 될 수 있도록 굳게 다짐한다. 지금까지 내가 꼭 지키고 싶은 나의 간절한 소망을 이 시간을 빌어 다짐을 해보면서 많은 것을 느낀다. 앞으로 직장생활과 현실의 삶속에서 어려운 일이 많겠지만, 내가 오늘 다짐했던 사명서를 수시로 묵상하며 다시금 힘을 낼 수 있도록 이 자리에서 굳게 다짐해본다.

31. 나의 다짐(서형선)

하나. 나는 항상 자신감 넘치는 직원이 될 것을 다짐한다. 내 업무에 대해 해박한 지식을 갖추고 항상 내 행동에 대해 당당할 수 있는 자신감 말이다. 맡은 업무에 대해선 답습이 아닌 정확한 전문지식을 갖추고, 선례나 관례가 아닌 규정된 업무절차에 따라 실행하도록 노력할 것이다. 자타가 부인하는 행위를 하지 않을 것이며, 누구나 인정하고 격려해 줄 수 있는 일만을 가급적 집중하겠다. 일할 때 모습만이 아니라, 평소 행동에 있어서도 모범을 보여 줄 것이다. 농협직원은 국민들 대다수가 준공무원으로 인식하고 있음으로 그 행실과 도덕성에 있어서 공적인 책임을 가져야 한다는 인식을 가지고 가장 기본적인 예절과 투철한 준법정신으로 무장 할 것이다. 그러기 위해서는 끊임없는 노력이 필요하겠다.

둘. 누구에게나 친절한 직원이 되겠다. 농협은 타 금융업계와 다르게 비영리단체이고 농업인조합원을 위한 최대봉사를 그 목적으로 하는 단체이다. 개인적으로 이득이 될 이기적인 행동이 아니라, 상대방을 배려하는 업무를 수행해야만 하는 만큼 누구에게나 진심으로 친절을 베푸는 고객만족 서비스를 실천해야겠다. 상대방 입장에서 먼저 생각하고 개인의 손해를 따지기 보다는 상대방에게 손해를 끼치지 않는 입장에서 조합원과 고객중심의 업무를 수행하겠다, 또한 나의 위치에서 본분을 다하여 지역사회에 봉사하는 그런 사람이 되겠다.

셋. 나만의 개성을 갖춘 농협인이 되겠다. 농협직원중의 한사람으로 기억되기보다는 '저 농협에 가면 이런 직원이 있더라.'하는 말을 들을 수 있도록 사람관계와 업무 스킬을 다 잘할 수 있는 칭찬받는 직원이 되겠다. 아울러 나만의 색깔을 다진 개성 있는 직원이 되도록 하겠다. 누구나 똑같이 해주는 상품 상담이나 사무처리가 아닌 고객의 필요와 욕구를 잘 파악하여 충족시킬 수 있는 능력을 갖출 것이고, 나만의 특기를 개발하여 상담전문가가 되겠다. 직장생활이란 1년을 하루같이 같은 생활을 반복하는 것이라고 말하는 사람도 많다. 하지만 오늘날 다른 내일을 준비하는 자에게만 발전이 있는 것처럼 변화의 시대에 걸 맞는 새로운 지식습득과 정보탐색으로 항상 도전하는 자가 될 것이다. 똑같은 일상이 반복되기 쉬운 삶에서 나만의 색깔을 갖추고 자신감 넘치는 직원, 이것이 내가 꿈꾸는 모습이고, 농협에서도 가장 필요한 직원의 모습일 것이다.

32. 나의 다짐(최미라)

하나. 나는 미래를 향해 발전지향적인 사람이 되겠다. 매사에 적당히 타협하고 우물 안 개구리처럼 현실에 안주하는 사람이 아닌 먼 미래를 생각하며 공부하고 노력하는 유비무환의 정신을 가진 그런 사람이 되겠다. 항상 더 넓은 내일을 보기 위해 쉼 없이 높이뛰기를 하는 미래지향적인 인재 상에 제대로 부합한 그런 사람이 되겠다.

둘. 나는 대인관계를 중요시하며 언제나 상대방의 마음을 한 번 더 헤아려 보는 그런 사람이 되겠다. 일상생활을 하다보면, 상대방의 기분을 생각하지 않은 채 자기생각만 집중적으로 내뱉는 사람이 있다. 나 역시도 그렇게 종종 행동한 적이 있다. 그 결과 상대방에게 마음의 상처를 준적이 많다. 하지만 지금부터는 내가 한말에 대해서는 책임지는 마음가짐으로 상대방의 입장에서 역지사지는 마음으로 대할 것이다.

셋. 나는 웃음치료사와 행복전도사가 되기 위해 꾸준히 노력하는 사람이 되겠다. 잔뜩 짜증난 얼굴, 화가 난 얼굴, 무표정한 얼굴, 이런 얼굴을 가진 사람은 매사에 불만이 많고 부정적인일이 따라다닌다. 하지만 누구한테나 언제나 밝은 미소, 미소 짓는 얼굴로 대하면 나도 덩달아 행복해 질것이라 것을 확신한다. 친구에게도 가족에게도 무엇보다도 조합원과 고객에게 환하게 웃으며 저절로 미소를 머금을 수 있게 하는 긍정적이며 밝은 직원이 될 것이다.

넷. 나는 주어진 일에 최선을 다하며 맡은 바 업무에 책임과 의무를 지는 프로직원이 되겠다. 자신에게 주어진 일을 다른 사람에게 미루거나 다음 날 해야지 하는 식의 매너리즘에 빠진 사람이 아니라, 나에게 맡겨진 일에 대해서는 당일에 최선을 다해 마칠 것이다. 농협에서 업무를 추진할 때 도 상사의 업무지시를 소화함은 물론 창의적인 일을 찾아가며 스스로 해결하는 매사에 적극적인 사람이 되겠다.

Part 04

신입사원들의 합창

1. 박우영의 1%의 행운

: 열정을 다해 살아간다면 행운은 비켜 갈 수 없다.

이 책은 성공한 백만장자들이 각자의 삶과 역사를 담당한 어투로 고난과 역경, 굴하지 않는 역정을 이야기하고 있다.

이 책 초반 몇 편의 에피소드를 보았을 땐 각 주인공들은 어렵고 힘든 시기를 너무나 쉽고 간단히 극복해 버려서 괜한 짜증이 나면서 기존의 성공을 다룬 책들처럼 지루함을 느꼈다. 다만 우리현실과 다른 미국사회는 아주 다양한 성공의 방법이 있었고 성공의 기회는 자기 주변의 사소한 곳에서 시작된다는 점을 알 수 있었다.

며칠 간격을 두고 다시 책을 펼쳤을 때는 전과는 달리 성공한 이들에게서 몇가지 공통점을 발견 할 수 있었다. 가령, 캐롤 가드너의 '꼬리감춘 개 고개쳐든 개' 내용을 보면 가드너는 결혼파경을 하고 빚이 산더미처럼 쌓인 가운데 단 하나의 초라한 가족인 불독 젤다와 함께 동네 애완견 가게에서 실시하는 경영대회에 주저없이 참가하는 과정이 나에겐 놀라웠다, 아마도 대부분의 사람들은 단지 개 사료 40파운드를 얻기 위해 자신의 열정을 쏟아 부을 수 있을까하는 회의가 들기 때문이다.

지금까지 살아오면서 내 자신의 실패는 거의 빠짐없이 내 스스로가 내부적으로 실패의 낙인을 찍어주었던 내 삶과는 확연히 다른 무언가를 느끼지 않을 수 없었다. 어려운 시절이 왔을 때 성공한 사람들은 위기를 기회로 삼고 더욱더 열심히 일했을 뿐이고 실패한 사람들은 위기가 왔을 때 그 무게에 짓 눌러 주저앉았을 뿐이다.

이 책속에서 우리는 행운의 개념 정리가 필요하다. 어느 누구도 인정하겠지만 행운은 요행이 아니다. 부제에서도 내 인생에서 놓쳐서는 안 될 것이라고 한 것처럼 대수롭지 않게 생각해 넘기는 것들 중에 우리가 스스로 포기하는 기회들도 많다는 것이다. 또한, 세심하고 주의력 깊은 꼼꼼함과 신중함, 그리고 과감히 도전하는 정신이 이 시대 우리가 진정으로 필요한 덕목이 아닐까하는 생각을 해본다.

마지막으로 본문 중 애플 창업주 스티브 잡스가 남긴 말은 이글을 끝까지 읽을 동안 내 뇌리를 떠나지 않았다는 점을 밝힌다. '위대한 일을 하는 유일한 방법은 자신이 하는 일을 사랑하는 것이다.'

2. 정모은의 몰입

: 일에 미치지 말고 생각에 미쳐라. 인생을 바꾸는 자기 혁명 '몰입'. 생각하고 집중하고 몰입하라.

"천재는 1%의 영감과 99%의 땀으로 이루어진다"라는 토마스 에

디슨의 말은 누구나 한번쯤 들어봤을 것이다. 뿐 만 아니라 '집중해서 공부해야 성적이 오른다.'라는 말은 자주 들었을 것이다.

'몰입'이란 책을 읽으면서 이 진부하고 흔한 말들에 자기혁명의 방법이 담겨져 있다는 것을 깨닫게 되었다. 등산을 할 때 점점 몸이 힘들어 지면서 정상에 올라야 한다는 한 가지 생각만이 존재하게 되고 결국 정상에 오르면 성취감을 맛보게 된다. 이처럼 다른 생각 즉, 잡념을 버리고 한 가지 문제에 집중하게 되면 그 문제의 해결뿐만 아니라 다양하고 신선한 아이디어까지 얻게 된다. 나 또한 대학교를 다닐 때 기업아이디어 공모전을 참가하면서 그런 경험이 있었다. 참가주제는 남도문화와 기업을 연관시켜 기업홍보를 하는 것이었다, 먼저 남도의 다양한 문화와 기업에 대해서 따로 조사했다. 그리고 그것을 연관시키려고 고민하기 시작했다, 꼬리에 꼬리를 무는 생각 때문에 밤을 지세우기도 하고 며칠 간 생각만 하다 보니 자다가도 아이디어가 떠오르면 일어나서 적어 놓고 다음날 다시 정리해보았다. 결국 남도지방의 다양한 음식과 그에 따른 기업의 제품과의 연관성을 찾아내어 마케팅방법을 강구해 제출하게 되었다. 친구와 함께 밤을 새면서 작업하면서도 전혀 힘들지 않고 즐거웠다. 비록 상은 받지 못했지만 어느 과목의 과제로 제출하고 프리젠테이션을 통해 좋은 성적을 거두게 되었다, 이처럼 어느 한곳에 집중하고 몰입해서 미치는 것보다 더 좋은 것은 즐기는 것이 아닌가 싶다. 내가 그 작업을 즐기면서 함으로써 얻어지는 성취감은 단순히 최선을 다해서 얻어지는 성취감과는 차원이 다르다.

이 책을 읽으면서 그 때의 경험을 다시 생각하게 되었고, 앞으로 농협에서 일을 즐기면서 자기 혁명을 이루고자 몰입한다면 빌게이츠나 성공한 사람들처럼 훌륭하게 될 것이라는 자신감을 갖고 굳은 다짐을 했다.

3. 송민이의 힐러리처럼

: 힐러리처럼 꿈을 향해, 하지만 겸손한 마음으로...

이 책을 처음 폈을 때 '도도새'에 관한 이야기가 있었다. 도도새는 모리스섬에 살다가 멸종되었는데, 학자들은 이 새의 멸종원인을 유순하고 먹이가 풍부했고 적이 없었던 것으로 보았다. 저자는 수많은 여자들을 도도새에 비유하고 있었다.

미국 최초 여자대통령을 꿈꾸었던 힐러리 역시 도도새와 비슷한 10대를 보냈다. 하지만 대학을 입학하면서 독수리가 되기 위해 날개를 고르기 시작했다. 힐러리는 자신의 꿈을 이루기위해서 많은 것을 정말 치밀하게 계획하고 하나하나 실천해 나갔다. 다른 여자들처럼 현실에 안주하기 보다는 항상 하나뿐인 꿈을 실현하기 위해 노력하고 여러 가지 일을 수행하면서도 고도의 집중력을 발휘해 많은 분야에서 좋은 성과를 냈다.

힐러리에게 배울 점은 첫째, 계획성 있는 삶을 살아왔고 현재도 그 계획들을 실천하며 살고 있다는 것이다. 나는 평소 나름대로 계획을 세워 생활해 왔다고 생각했지만 힐러리에 비교하면 거의 계획성 없는 삶을 살아온 것이나 마찬가지였다.

둘째, 자신이 꿈을 이룰 수 있다고 진심을 다해 믿는 것이다. 항상 어떤 일을 하는 사람이 되고 싶다는 생각을 하면서도 그렇게 되기까지 너무 멀고 먼 길이 훤히 보여 포기하기를 반복하곤 했다. 하지만 힐러리는 다른 사람들이 모두들 전혀 가능성이 없다고 생각하는 일들을 마치 그 일이 이루어진 것처럼 행동하고 끝내는 주변사람들 마저 그 믿음에 전염되게 만든다.

셋째, 존 스튜어트 밀식 독서법이다. 고전철학을 많이 읽으며 신문을 읽을 때도 한가지 만 읽는 것이 아니라 여러 가지 견해를 달리 보이는 신문들을 거의 모두 읽어보고 자신의 생각을 정한다. 지금까지 나의 독서습관을 보면 철학은커녕 거의 소설책 위주였고 그 중에서도 거의 오락적인 내용들이 많았다. 철학은 너무 어렵다는 생각으로 거들떠보지도 않았지만 앞으로는 어렵더라도 자주 접해야겠다는 생각이 들었다. 어려워도 다시 읽고 또 읽고 저자의 말처럼 처음부터 이해가 되는 철학은 거의 없지만 자주 읽다보면 이해가 되기 시작하다는 점을 기억하고 피하지만 말고 노력을 해보아야겠다는 생각이 들었다.

이 책을 읽으면서 힐러리는 정말 대단한사람이고 배울 점이 정말 많은 여성이라는 생각이 들었지만 나의 멘토를 삼기엔 적합한 면보다 부적합한 면이 많다는 생각이 들었다. 우선 우리나라에서 힐러리처럼 거만하게 행동하면 매장당하기 딱이란 생각이 들었다. 힐러리는 자신감과 당당함이 너무 지나친 것이 우리나라 정서와 많이 맞지 않는 것 같다. 미국인들은 모두 힐러리의 카리스마에 압도되어 그녀의 사람이 되었지만 우리나라에서는 좀 더 겸손한 태도를 갖추어야 하지 않을까 싶다. 특히 농협인으로 봤을 때 불친절한 힐러리는 비판의 소지가 너무나 많았다. 세상에서 가장 강한 여자라는 이유로 무작정 힐러리처럼 이라고 말하며 행동하기 보다는 힐러리의 노력하고 꿈을 믿는 점은 본받되 좀 더 겸손한 태도로 타인을 배려하는 자세가 필요하다고 생각된다.

4. 이정철의 1%의 행운

: 1%의 행운이 전해주는 교훈과 시사점을 찾아서

제목처럼 저런 행운이 나처럼 평범하게 살아가는 이에게는 로또 맞는 것보다 어려운 확률이라는 생각이 들었다. 나는 성공하고 싶은 욕구보다는 어떤 사람들이기에 백만장자라는 행운을 얻었는지 그들의 면면을 구경하고 싶은 마음에 관조적인 시각에서 책을 읽게 됐다. 이야기 속의 주인공들의 공통점은 모두 삶을 회피하지 않고 달렸다는 것이다. 삶과 정면대결하고 깨지고 피 범벅된 자신의 삶을 거울을 통해 바로 그리고 또 열심히 달렸다는 것이다.

이 책은 운명 같은 하루를 만나 희망을 찾게 된 사람들의 인생과 성공 이야기를 담고 있다. '운명', '성공' 은 하늘로부터 내려오는 것은 아니다. 비즈니스맨들이 주인공이지만 신기술 개발도 없고 사업 아이템에 대한 시장 분석도 최고 경영자의 리더십도 조직운영에 대한 노하우도 없다. 이들의 성공담은 동화처럼 읽힌다. 대개의 성공담들이 긴장감을 조성하지만 이 책은 편안함을 준다. 치열한 경쟁과 부단한 승부의 순간 대신 이들이 무엇을 꿈꾸었는지 알 수 없는 운명이 어떻게 사랑했는지, 그들의 순수한 사람이 어떻게 사업의 성공으로 결실을 맺는지를 이야기한다.

누구나 백만장자를 꿈꾸지만 아무나 되는 게 아이라는 것은 누구나 알고 있는 사실이다. 이 책에서는 평범한 사람도 1%행운이 가져다주는 백만장자가 될 수 있다는 것을 말이다. 다만 99%의 노력을 한 사람에게 온다는 것이다.

5. 정병윤의 2030 제테크

: 부자로 미래를 맞이하자.

인간의 탄생순간부터 사적재산의 소유가 자유롭게 원하는 만큼 모든 이들에게 베풀어진 시기는 그다지 오래되지 않았다. 계급사회, 마르크스주의, 전쟁 등으로 개인의 소유가 외적 또는 내적으로 막혀져 있었으며 현재와 같이 자유주의, 자본주의가 우리나라에 만연해진 것은 채 60년 정도밖에 되지 않았다. 전 세계적으로 살펴보아도 자신이 일한만큼 정당한 보수와 재산을 축적하기조차 힘든 나라도 여러 나라 존재한다. 우리는 선택받은 행복한 사람이다.

'2030재테크 독하게 하라'라는 책은 축복받은 나라에 축복받은 사람이 축복받은 일을 할 수 있도록 길잡이를 해주는 책이다. 특히 20,30대를 중심으로 펀드/증권/재테크의 기본에서부터 투자방법/상품/부연설명 등 재테크의 초보자들도 이해할 수 있도록 쉽게 구성되어있다. 그동안 많이 망설였고 잘 알지 못하는 부분이 있어 많은 도움이 되었고 이전까지 내가 했었던 잘못된 투자에 대해 반성할 수 있는 기회가 되었다.

매슬로우는 인간의 욕망을 5단계로 나누었다. 그 중 최고의 욕망 단계는 자아실현이라 정의 내리고 있는데 자아실현을 위해서는 기본적인 욕구가 이루어져야 하는 데 그것은 경제적인 문제가 해결되어야 하는 선결의 조건이 있다. 자신의 정체적 자아실현의 문제와 욕구는 바로 경제력이 충분조건으로서 적용된다. 따라서 자유주의와 자본주의에서는 자본의 축적과 그로 인한 노력이 새로운 인간의 덕목으로서 인정받는 것이다. 누구나 부자를 꿈꾸고 부자가 되기 위해 힘들고 지친 하루를 열심히 살아가고 있다.

나는 인생을 살아가는데 있어 두 가지 종류가 있다고 생각한다. 하나는 정신적 행복을 가지는 부자이고 다른 하나는 금전적 만족을 가지는 사람이다. 정신적 행복을 가지는 부자는 기준이 다양해서 수치화 시킬 수 없다. 금전적 만족을 가진 부자는 다시 선천적 부자와 후천적 부자로 나누어진다. 선천적 부자는 부유한 부모로부터 좋은 교육환경과 친인척의 인맥을 통해 부를 쌓는 부자이고 하늘이 내려주신 운명적 부자이다.

하지만 후천적 부자는 부모가 물려준 재산 없이 하루하루 최선을 다하며 일찍 재테크에 눈을 떠 그것을 실현하는 사람이다. 이를 통해 부를 축적하고 부자가 되는 경우이다. 세계경제를 좌지우지하는 유태인들은 10대 때부터 자녀들에게 재테크에 대한 교육을 가정과 학교에서 시작하지만 우리는 가정이나 학교 어디에서도 그러한 교육과 경험을 전혀 시켜주지 않는다. 그로 인해 20대 중후반이나 돼서야 사회생활을 하면서 뒤늦게 재테크에 눈을 뜨는 것이다. 재테크와 공부와 실천은 인생을 성공적으로 살아가고 부자가 되기 위한 선택이 아니라 필수이다. 남들보다 빠르면 빠를수록 부자가 되는 것이고 늦으면 늦을수록 가난해 질 수 밖에 없는 것이 현실이다. 20,30세대의 이러한 것은 앞으로 다가오는 21세기 실버시대를 대비해 안락하고 편안한, 품위 있는 노후를 보낼 수 있는 부자가 되는 방법이고 지름길이다.

무엇보다도 이 책을 읽고 우리나라 20,30세대의 젊은이들이 진짜 독하게 재테크 공부를 시작하고 사전에 맞는 포트폴리오를 세워서 이를 실천해 모두가 부자로 멋지고 행복한 미래를 맞이했으면 한다.

6. 정진전의 몰입

: 일에 미치지 말고 생각에 미쳐라.

어려운듯하면서도 빨리 책을 읽어 책속의 해답을 풀고 싶은 자극을 주는 신선한 책이었다. 무엇보다도 나를 책속으로 이끌었던 것은 '일에 미치지 말고 생각에 미쳐라, 는 표지의 글귀였다.

나는 저자가 소개하는 몇 가지 실례들을 바탕으로 '몰입적 사고,의 중요성과 놀라움에 대해 서평을 내리고자 한다.

뉴턴은 "어떻게 만유인력의 법칙을 발견했느냐"는 질문에 "내내 그 생각만 하고 있었으니까"라고 간단하게 대답했다고 한다. 또한 세계적인 기업 마이크로소프트사의 빌 게이츠는 1년에 두 번 외딴 별장에서 "Think week"라는 생각하는 시간을 갖고 아무것도 하지 않고 1주일 내내 마이크로소프트사가 나아가야 할 길에 대해서 생각한다고 한다. 또 노벨상이 제정된1901년부터 2006까지 유대인노벨상 수상자는 무려 173명, 전체수상자의 23%를 차지했다고 한다. 이것은 우연의 일치가 아닌 유대인들의 몰입 적 사고를 실천하는 영재교육에 있었다.

그렇다면 몰입 적 사고가 무엇이며, 왜 중요하다는 것일까?

그것은 내가 이 책을 읽으면서 계속해서 생각했던 부분이다. 흔히, '몰입적사고'하면 단순한 '집중'으로만 생각하기 쉽다. 하지만 단순한 '집중'으로는 본인이 처한 환경. 지적능력 등 여러 가지의 제한사항으로 인해 포기할 수도 있고, 효율적인 일의 성취를 달성하기가 힘들다. 따라서 저자는 일의 달성과 성취를 극대화하기 위한 '몰입적사고'를 하기 위한 다섯 단계를 명확히 제시해 주었다.

1단계 : 생각하기 연습, 2단계 : 천천히 생각하기, 3단계 : 최상의 컨디션 유지, 4단계 : 두뇌 활동의 극대화, 5단계 : 가치관의 변화

저자는 이처럼 그만의 경험과 실례들을 바탕으로 효과적으로 몰입에 이르는 단계를 소개하고 있다. 즉 몰입이란 뚜렷한 목표의식 아래 꾸준한 연습과 훈련을 통해 완성된다는 것이다. 'Work Hard, 가 아니라'Think Hard'하라는 글귀의 해답이 풀리는 듯 했다. 생각 없이 일에만 몰두하는 것이 얼마나 비효율적인가.

우리가 가지고 있는 능력은 무한하고 얼마든지 발전할 수 있음을 인식하고 쉴 새 없이 노력하여야 한다. 우리가 본연의 자리에서 안주라고 자기계발을 게을리 한다면 우리는 그 만큼 경쟁사회에서 뒤처질 뿐만 아니라 더 발전할 수 있는 소중한 내 자신을 아래로 끌어내리는 결과를 초래하게 될 것이다. 그 동안 자기계발을 위해 노력

해야한다는 생각은 많이 해 왔다. 하지만 생각만으로 그쳤을 뿐 실천할 수 있는 동기가 없어서 머뭇거리고 있었다. '몰입'이라는 책으로 인해서 작은 것에서부터 목표를 설정하고 보다 발전적인 문제해결 능력과 자기계발을 할 수 있을 내가 되었으면 한다.

진정한 사회인으로서 첫발을 내딛으며 몰입할 수 있는 뚜렷한 목표가 생겼다는 것이 무엇보다 기쁘고 단순히 열심히 일하는 사람이 아니라 생각하고 실천하는 참 농협인으로 성장해 나가야겠다고 다짐해 본다.

7. 강동희의 몰입

: 몰입, 삶의 고차원적 진화를 위한 과정

나이가 들면서 순수한 집중력을 잃어가는 이유는 어떤 대상이나 프로젝트에 완벽하게 자신을 헌신할 수 있는 마음의 여유가 점차 증발되기 때문이다. 무언가를 향한 감성의 물음표, 호기심이란 단어가 내면에서 점점 사라져 가면서 우리는 조금씩 세상에서 멀어져 결국엔 내 자신에 대한 흥미조차 결핍되는 현상이 일어나고 만다.

'몰입'은 과중한 일상의 무게에 짓눌려 우울과 불안을 양옆구리에 끼고 사는 직장인들을 위한 일종의 치유에세이다. 저자는 수학적인 사고력으로 근무태만의 뇌를 끊임없이 자극해 몰입의 절실함을 강조하는데 무에서 유를 창조하는 작업인, 연구직에 종사하는 사람들이라면 그가 제안하는 몰입의 효용성이 남다르겠지만 서비스업이나 빡빡한 일정에 치여 기계적인 업무만을 반복하는 평범한 직장인들에게 이 책은 어느 정도 한계를 가지고 있다. '몰입'이란 단어는 더없이 매혹적이고 우리 삶의 절실한 순간들을 깨워 존재의 소중함을 각인시켜 주지만 저자가 강조하는 몰입의 정의는 어디까지나 물리적이며 범인들이 다가서기엔 딱딱한 감이 없잖아 있다.

몰입이란 단순히 육체적인 뇌를 자극하는 차원을 넘어서 내 안에 숨겨진 다른 나를 찾아가는 여정의 동반자다. 몰입이란 단어가 어쩐지 생소하고 생각하는 것이 자신과 맞지 않는 행동이라고 여겨 왔던 사람들이라면 그냥 한 가지 생각에 집중하라. 그것은 집을 나간 강아지라도 좋고, 오랜만에 만난 친구라도 좋고, 뽀송한 린넨 이불 속의 온기라도 좋으니. 몰입은 다른 대상에 나 자신을 투영시키는 것이 아니라 바로 나 자신을 찾는 행위다. 나 자신을 향한 길을 똑바로 걷는 것이다. 눈앞의 이익에 급급해서 또는 팍팍한 일상에 지쳐 생각하는 법을 잃어버렸다고 말하는 사람들에게 나는 이 책을 건네주고 싶다.

저자의 화려한 경력이나 과학적 통계자료에 기죽지 말고 사소한 일상의 순간을 호흡하는 법을 배워 보자. 그리하여 삶의 활력을 불어넣기 위한 노력을 지속적으로 하여 더 다양한 시각에서 세상을 바라볼 수 있는 창을 만들어 보자. 저마다의 삶을 자신만의 독특한 색깔을 꾸밀 수 있다면 당신, 그리고 나, 아니 우리 세상이 좀 더 멋져지지 않겠냐고 말하고 싶다.

8. 박근정의 이기는 습관

: 이기는 것도 습관이다.

'이기는 것도 습관이다.' 이 책은 이렇게 충격적인 말로 시작한다. 그러나 2등은 쉽게 기억하지 않는 현실에서 이는 꼭 명심해야 할 말이다. 이 책은 마케팅 도서이기도 하고 자기계발 도서이기도 하다. 현장에서 이루어지는 실례들을 중심으로 성품과 역량을 갖추는 방법에 대해서 불을 밝혀 준다.

'현장경험(경영)'과 '고객중심' 이라는 화두로 모든 기업이 움직여야 하는 시점에서 승리의 맥을 잡고 싶은 사람들을 위해 고객과 현장의 흐름을 놓치지 않으면서 '이기는 습관' 22가지를 알려 준다. 무엇보다도 작가가 실전에서 겪었던 여러 가지 노하우를 배울 수 있는 부분이 가장 와 닿았다. '이럴 때는 이런 방법으로 이렇게 해봤다,' 라는 식이라서 더 이해하기도 쉽고 내 것으로 바꿀 수 있는 예를 많이 들어줬다, 즉, 결과도 중요하지만 그 과정에 이르기까지 필자가 겪었던 사례들을 통해 가장 적합한 길을 제시하고 그것이 바로 습관을 통해 이뤄진다는 실행위주의 내용을 통해 좀 더 현실적으로 다가갈 수 있었다.

본문 중에서 특히 지속적으로 성공하는 사람과 조직이 되는 방법으로 동사형 습관이 가장 인상 깊고, 기억에 남는다. 고객과 현장의 흐름을 놓치지 않고 공유된 비전과 인식하에 전 구성원이 일사분란하고 총알같이 움직이는 '동사형조직'. 자신의 목적지에 무엇을 해야 할지 뚜렷하게 인식하고 주도적으로, 실질적으로 행동하여 뚜렷한 성과를 가져오는 '동사형행동' 이 바로 이기는 습관인 것이다.

항상 자신이 원하는 것에 대해 이기고 싶을 때는 이 책에서 제시한 많은 방법 중 하나하나 실천해 봐야겠다. 개인이건 직장이건 여러 가지 노하우를 접할 수 있을 것이다. 자신을 다지는 기초적인 목표세우기 부터 행동으로 옮겨야 하는 부분을 그리고 실전에서 부딪힐 때 이겨내야 하는 것 등 인생 그 자체를 배우는 기회가 됐다.

지금의 나는 과연 이기는 사람인가? 라는 물음을 던지게 만드는 책이었다. 아직은2% 부족한 느낌이 있다. 아니 20% 부족한 느낌이 있다. 도태되지 않고 항상 발전하고 이기는 사람이 되기 위해서 이 책의 내용을 그저 한 번 읽고 마는 것이 아닌 책의 내용을 내 것으로 만들 수 있도록 해야겠다.

9. 김수지의 힐러리처럼

: 꿈을 품은 모든 여자가 세상의 중심에 우뚝 서는 법

과거 어느날 TV에서 미국 대통령 오바마와 힐러리를 비교하는 프로그램을 해주었다. 책을 읽은 지 얼마 지나지 않은 후라 눈과 귀가 가는 것을 막을 수가 없었다. 힐러리라고 하면 남편인 클린턴이 대통령 시절이던 1988년 르윈스키사건에서 그 이름을 알게 된 것 같다. 워낙 정치에 관심이 없던 나이기에 대통령의 성 스캔들로 세인의 관심을 끌고 더불어 퍼스트레이디였던 힐러리의 강단 있는 대응이 많은 회자되었기에 달게 된 것이다.

남편의 정치경력에서 벗어나 사회에서 지지를 받아 얻어내고 있는 그녀의 마력은 무엇일까, 육십이 넘은 그녀에게도 벗어나고픈 어린 시절이 이었다. 부모님에게 공부가 힘들다고 투정도 부리고 남자들에게 인기도 없고 한번도 1등도 못해보고 지금의 그녀를 보노라면 상상도 할 수 없는 일이다. 우리에게 그녀는 항상 당당하고 멋진 모습에 자신의 의견을 피력하고 어떤 공격에도 무너지지 않고 유연하게 대처하는 이 시대의 강한 여성상을 가지고 있기 때문이다. 어린 시절의 울보고, 나약했던 그녀가 지금의 모습을 만들어 내는 데는 어머니의 교육이 주효했다. '그러니까 하던 일을 계속 합시다.' 가정이나 직장에서 위기 상황이 생기면 힐러리가 했던 말이다. 초대형 위기가 닥칠 때마다 어머니인 도로시하웰의 가르침대로 마음의 수평을 유지하고 겁먹거나 걱정하지 말고 의연하게 눈앞의 상황을 응시하며 장애물을 디딤돌로 활용할 수 있는 방법을 찾았다고 한다. 그리고 두 번째 가르침이 '공격하기'였다. 그녀가 자신의 야심을 드러내는 순가 수많은 언론인, 정치인, 수사관들이 미국의 남자들을 대표해 그녀를 공격하기 시작했지만 그녀는 누가 때리거든 더욱 세게 차라는 어머니의 가르침을 실천해 자신에게 공격하는 남자들을 모두 쓰러뜨렸다.

　이 책은 첫 장부터 마지막장까지 힐러리가 어떻게 지금의 자리에까지 오게 되었는지 설명되어 있다. 힐러리보다 더 유명하고 큰 자리를 지내온 그녀의 남편에 대해서는 거의 언급이 없는 책. 내가 다 말로 설명할 수는 없지만 주변의 친구들에게 정말 권하고 싶은 책이다.

　이제 그녀는 그녀가 준비한 대로 계획한대로 다 이루어왔다. 하지만 마지막 목표인 대통령이 되는 일에는 실패했다. 그녀의 욕망과

하고 싶은 일들은 결코 대통령이 안 되었다는 일만으로 끝나지는 않을 것 같다. 그 이후의 더 많은 일들과 봉사활동 그리고 그녀가 몸소 세상 사람들의 사고를 일깨워 주는 역할을 더 많이 해줄 수 있길 바란다.

10. 김정화의 시크릿

: 이 책은 끌어당김의 법칙을 말하고 있다. 좋은 생각만을 하여, 좋은 끌어당김만을 만들어 가자

제목과 표지부터 무언가 비밀스런 내용이 가득 담겨 있을 것 같다. 수세기 동안 단1%만이 알았던 부와 성공의 비밀이란 문구에 관심이 갔다.

이 책에서 말하는 비밀은 바로 끌어당김의 법칙이다. 인생에서 일어나는 모든 현상과 일들이 끌어당김의 법칙에 의해서 일어난다는 것이다.

여기에 '구하라, 믿어라, 받아라.' 라는 3가지 중요한 단계가 언급된다. 바라는 일이 있다면 무조건 된다고 믿으라고 한다. 안 좋은 일이 자기에게 일어난다면 자기가 그런 생각을 했기 때문이라는 말은 어느 정도 공감이 가면서도 좀 억지란 생각이 들었다. 사람의 인생이라는 것이 항상 좋은 생각만 할 수 없는 것 아닌가, 무조건 좋은 생각만 하라는 것이나 안 좋은 일이 일어나는 것은 자기가 그렇게 생각했기 때문이라는 것은 너무 억지스럽고 남의 인생사를 너무 쉽게

평가 한다는 생각도 들었다. 너무 '믿음을 강요한다.' 라는 느낌도 지울 수 없었다. 하지만 바라는 것이 안 된다는 생각보다 된 다라는 생각을 가지고 임한다면 작은 기적 정도는 일어나지 않을까라는 기대감으로 살 수 있을 것 같다. 하지만 책에서 말한 바와 같이 질병을 내쫓고 건강과 행복을 이룰 수 있을지는 개인마다 다를 것 같다. 인생에는 답이나 미리보기가 없듯이 누구도 예견하거나 해답을 제세할 순 없다. 이 책 역시 마찬가지인 것 같다.

11. 시근영의 이기는 습관

  : 이기는 것도 습관이다.

  이기는 습관. 처음 이 제목을 접했을 때 과연 이기는 습관이란 어떤 것일까 생각해보았다. 하지만 무언가 거창한 것이 떠오르지 않았다. 저자 역시 이기는 습관은 사소하다고 쉽게 넘기는 것, 말하기는 쉬우나 실천을 그렇지 못한 것에 대해 이야기 하고 있다. 고기도 먹어 본 자가 되기 위해서는 이기는 방법을 알아야 한다.

  좋아함이 있어야 열정이 있다는 말을 들은 적이 있다. 이기는 조직은 열정의 온도가 다르다. 일을 축제로 만들어라. 성공이란 당신이 가장 즐기는 일을 당신이 감탄하고 존경하는 사람들 속에서 당신이 가장 원하는 방식으로 하는 것이다. 시간을 지배하는 자가 세상을 지배하는 자라고 한다. 어디다 시간을 쓰는지 제대로 영양가 있는 일에 시간을 사용하는지 파악해야 한다.

인생도 마케팅이다. 세상에 누가 내 몸값을 올려 주겠는가? 외모는 가장 기초적인 마케팅수단이다. 사람들은 무엇보다 먼저 외모로 사람을 판단하기 때문이다. 그렇기 때문에 프로는 걸음걸이 인사, 목소리, 복장 모든 것에 신경을 써야한다.

삼성전자CS파트에서는 '인,조,청,용,전'을 매우 중요시한다. 인사 조회 청소 용모 전화응대의 줄임말이다. 조직에는 일정한 규범과 예절이 필요하다. 이것이 없으면 조직의 힘과 열정이 모아지지 않는다. 성과도 기대하기 어렵다. 예의의 출발점이 인사이다.

이외에도 저자는 다양한 이기는 습관을 자신의 경험과 주위에서 실제로 일어났던 상황을 예로 들어가며 말하고 있다. 나는 그저 열심히 하는 것이 좋지 않을까 하고 막연히 생각했던 것이 이 책을 통해서 구체화되고 좀 더 명확한 목표를 세울 수 있게 되었다. 저자가 삼성전자라는 회사의 마케팅 신화라는 것 때문인지 주로 마케팅에 초점이 맞춰지긴 했지만 기본적으로 고객을 대하는 것에는 많은 차이가 없다고 생각한다. 이기는 습관을 정말 나의 습관으로 만들어 이길 수 있는 내가 되었으면 한다.

12. 장성종의 1%의 행운

: 모든 성공은 99%의 노력으로 이루어진다.

처음 "1% 행운"이라는 제목을 보았을 때 기대를 갖고 읽기 시작하였다. 총42명의 백만장자들의 이야기를 모두 담기에는 페이지의 양이 너무 부족한 듯하다.

각 주제별로 내용의 부실함이 다소 실망감을 안겨 주었지만 모든 성공자들이 성공을 향한 열정과 목표달성을 향한 노력이 성취를 이루었다. 항상 한쪽만을 바라보는 편협한 생각을 보다 폭넓고 다각적인 시각으로 동료들과의 협력 그리고 자기개발을 통하여 더 나은 목표를 향한 달려 나가는 것이 각 사례의 주인공들이 성공의 대열에 오를 수 있는 1%의 행운이 아니었나 싶다. 바로 옆에서 항상 함께 하며 중요성을 인식하지 못하고 살아가는 삶속에서 친구, 동료, 부모형제 그리고 매순간 만나는 모든 사람들과의 협력과 상호연대를 통하여 성공을 향해 한걸음씩 다가가며 더 높은 목표와 자기개발을 통해 현재의 삶에 안주하지 않고 도전하는 농협인이 되기를 기대하며 오늘부터 한 걸음씩 나아가고자 노력하는 삶을 살아가겠습니다.

13. 홍무성의 몰입

: 삶을 위한 진화 과정, 생각에 미쳐라.

처음 몰입이라는 책을 보았을 때 나에게 모자란 부분을 채워줄 수 있는 지식을 줄 것이라 생각해 읽어 보게 되었다. 난 어느 하나에 몰두해 모든 것을 신경 쓰지 않고 일하는 사람들을 보고 나도 한 번은 해보고 싶다는 생각을 많이 했었기 에 이 책이 나에게 삶의 방법을 가르쳐 줄 것이라 생각하며 읽었는데 이 책은 몰입에 이르는 단계부터 차근차근 나에게 몰입을 할 수 있도록 도와주었다.

처음에 생각하기 연습, 다음 천천히 생각하기. 최상의 컨디션유지하기, 두뇌 활동의 극대화, 가치관의 변화 등을 함으로서 몰입의 방법을 가르쳐 주었고 그 몰입의 의미까지 하나하나 설명해 주었다.

또한 보다 가치 있는 일에 집중함으로서 얻을 수 있는 이점과 그것을 얼마나 집중력 있게 해 내는 가도 매우 중요한 요소라는 것을 알려 주었다. 그리고 변화하고 개혁을 하라고 이 책은 말하고 있다. 누구나 습관과 규칙의 노예가 되기 쉽고, 새로운 지식의 학습이나 도전을 회피하는 성향이 있는데, 이를 극복하자는 것이다.

이처럼 이 책은 나에게 한 가지에 집중하여 극복을 살 수 있다는 것을 가르쳐 주고 있다.

14. 김선화의 1%의 행운

: 내 인생의 1%의 행운을 위하여

1%의 행운. 어쩌면 우리가 지금 이 순간에도 그냥 흘려 넘겨 버리고 있을지 모를 사소한 것들이 사실은 인생전체를 뒤바꿔 버리고 있을지 모르는 1%의 행운일지도 모른다. 이 책에서는 1%의 행운을 통해 운명의 하루를 만난 백만장자들의 가슴 뭉클하고 가치를 가늠할 수 없는 체험들을 따스하게 살아 숨 쉬고 있다.

이 책의 역자 고도원의 말처럼 42명의 백만장자가 좌절, 두려움, 시련을 극복하고 희망을 얻는 과정을 통해 그들의 번뜩이는 아이디어와 풍부한 영감, 누구든 삶의 지표로 삼을 수 있 소중한 지혜들을 만날 수 있는 기회를 선물한다. 다시 말하면, '책을 읽는 독자들에게 이렇게 하면 성공할 수 있다,' 라는 자신감 가득한 법칙보다는 그저 성공이라는 결과물로만 보여 졌던 주인공들의 성공 뒤에 가려져 보이지 않았던 속내를 드러내며 독자들에게 가르치기보다 주인공들이 어떻게 난관을 딛고 역경을 이겨냈는지를 가슴에 닿게 해줌으로써 마음 깊은 곳에서부터 가슴을 두드리는 무언가가 느껴질 수 있도록 하고 있다.

　새해가 될 때마다 혹은 무언가를 새로 시작할 때마다 무엇인가를 해 보고자 하는 노력보다는 막연한 행운을 기다렸던 내 자신이 있다. 이 책을 읽으면 나는 문득 그 동안 수많은1%의 행운을 놓쳐 버리지는 않았는지 하는 생각이 들었다. 그저 아무 것도 아니라고 생각하고 사소하게 흘려보냈던 작은 일들이 내 인생을 바꿔 줄 아주 중요한1%의 행운이었을지 모른다. 나에게 그 행운이 찾아오기를 기다리기보다 내 손으로 그 행운을 만들어 줄 수 있는 사람이 되도록 스쳐 지나가는 사소함에도 주의를 기울이고 조금 더 내 삶을 소중히 살아야겠다.

15. 신진영의 1%의 행운

　: 운명의 하루를 만난 42명

　1%의 행운 책 제목처럼 저런 정도의 행운이 나처럼 평범하게 살아가는 사람에게 로또 맞은 것보다 더 어려운 확률이라는 생각을 가

지고 나는 성공하고 싶다는 욕구보다는 어떤 사람들이기에 백만장자라는 행운을 얻었다. 그들의 삶을 구경하고 싶은 마음에 그냥 제3자의 입장으로 책을 열게 되었다. 언뜻 보면 이 책의 사람들은 우연히 찾아온 기회에서 성공의 행운을 갖게 됐을 거라고 생각하기 쉽다. 나 역시 그런 마음으로 책을 넘겼으니까 그러나 여기에서는 원래 성공가도를 달리고 있었던 사람부터 아예 돈 한 푼도 없었던 사람까지 공통적으로 백만장자의 출발점은 나보다 더 못한 절망적인 환경 이였다는 것이다. 삶과 정면 대결하고 깨지고 피범벅이 된 자신의 삶을 거울을 통해 바로 보고 그리고 또 열심히 달렸다는 것이다. 결국 백만장자의 키워드는 노력이었다. 42명의 이야기를 마주하고 나면 삶은 솔 노력이라는 느낌이 확 오게 된다. 한쪽 문이 닫히면 또 다른 문이 열린다고 하는 작가의 말이 감명 깊었다. 내용을 줄이더라도 스토리 하나하나 좀 더 자세하게 기술 되었으면 좋을 텐데 하는 아쉬움이 남는다.

이 책에는 절망과 고난의 상황에 처해서도 희망을 놓치지 않고 끝까지 노력한 끝에 성공을 잡는 운명을 바꾼 1%사람들의 에피소드로 가득하다 처음에는 크나큰 성공을 거둔 사람들이 부러웠을 뿐이지만 그들의 바닥까지 추락해서도 끝까지 노력을 아끼지 않고 희망을 놓지 않았기에 기회를 붙잡을 수 있었던 대단한 사람들이었다. 나도 그럴 수 있을까 의문 이였지만 노력과 희망을 놓지 않아야겠다는 다짐을 하게 해주었다.

16. 안명기의 힐러리처럼

: 우리가 주목해야할 독서법

우리는 인생을 살아가면서 많은 책들을 접하게 된다. 내가 어렸을 때 가장 감명 깊게 읽은 책이 '처칠의 위인전'이었다. 어렸을 때는 저능아였지만 어느 순간 갑자기 천재적인 정치인으로 등장하여 영국의 수상까지 지낸다. 그때는 몰랐는데 생각해보면 정말 이상한 부분이 있었다. 저능아였던 윈스턴 처칠이 갑자기 천재로 바뀔 수 있는 거지 하는 의구심 말이다. 그런데 우연치 않게도 소가 뒷걸음을 치다가 쥐 잡는 것처럼 이 구례 교육원에 주어진 이 책을 읽으며 그 이유를 알수가 있었다. 나도 어렸을 때만 해도 책을 꽤나 읽는다는 독서광 소리를 들었다. 나이가 들어감에 따라 점점 멀어져 갔지만 말이다.

그런데 이 책에선 놀라운 독서법을 소개하고 있다. 사실 책서두부분이나 본문에 계속해서 힐러리의 위대성을 이것저것 얘기하고 있지만 결국 힐러리라는 여성을 만든 것에 기초는 다른 것이 아닌 이 독서법 이였던 것이다. 작가 이지성이 소개하고 있는 이 독서법은 '존 스튜어 밀'식 독서법으로써 어렸을 때부터 플라톤, 아리스토텔레스, 데카르트 같은 천재 사상가들의 저작을 열심히 읽고 소화해내며 그들의 위대한 사고방식을 자신의 것으로 만드는 독서법인 것이다.

가장 중요한 것은 처음에 읽고 어렵다고 포기하지 말고 꾸준히 읽으며 같이 책을 읽은 사람과 꼭 토론함으로써 독서의 효과를 배가시키라는 것이다. 그렇게 존경했던 처칠이 이러한 방법으로 독서를 했다니 눈이 번쩍 뜨이지 않겠는가, 그래서 집으로 돌아가는 즉지

이 방법을 시행해 볼 생각이다. 안 그래도 토론에 약하고 매일 TV만 보는 내 자신에게 미안해서 라도 말이다. 나는 미국 역사상 가장 똑똑하고 영향력 있는 여성 정치인으로 이름난 힐러리는 부럽지 않다. 진짜 부러운 것은 그 속에 그러한 힐러리를 만들어준 독서법이 부러울 뿐이다.

17. 체험현장 르포(임명균)

: 퇴비와 복합비료 밤나무 근처로 운반(퇴비 밤나무 1m 반경 시비)

처음 출발할 시점에서는 오늘도 그냥 하루시간 보내고 오면 되겠구나 하는 어리석은 생각으로 가벼운 마음으로 출발했다. 그러나 막상 현장에 도착하고 노부부께서 맞이해주시는데 잠깐 당황한 기색이 역력해 보였다. 나중에 안 사실이지만 우리와 같이 현장체험이 아닌 실제로 일을 해주러온 작업 인부들이 오는 줄 알고 계셨다고 말씀하셨는데 미안한 마음이 들어 그에 못지않게 열심히 일을 열심히 한다고는 했지만 아무래도 워낙 경사가 심한 밤나무 밭을 오르내리기란 그리 쉽지 않았고 종아리가 심하게 당기고 몇 번의 오르내림으로 이미 우리는 녹초가 되어버렸고 금새 쉬는 시간만 늘어만 갔다. 그래도 조금도 짜증내지 않으시고 오히려 우리를 걱정해 주시는 노부부가 너무 고마웠고 한편으로는 죄송스런 마음이 들었다. 이 넓은 밤나무 밭을 두 분이 경작하시는데 너무 많은 손이 가고 정성을 기울여야 한다는 사실에 새삼 놀라고 안타까워 한 번 더 먼 산을 바라보게 되었다. 어느덧 시간이 되어 교육원으로 복귀할 시간이 되니 조금 더 해드리지 못하고 가는 우리들이 죄송스럽고 미안한 마음에 발걸음이 무거웠다.

농사체험 후 농업에서 농협의 역할을 생각해 본다면,

지금의 농촌현장에는 어제 오늘일이 아니지만 젊은 사람들이라고 는 손에 꼽을 정도로 수가 적어 대부분의 농지를 노인들이 경작하고 있는데 가장 필요한 것은 일손이며 워낙 소농이 많아서 자금 면에서 도 많이 힘이 드는 게 현실인 것 같다. 이에 농협에서나 어렵겠지만 많은 인력지원과 저금리 농자금 대출, 퇴비, 비료 보조 등을 통해서 조금이나마 보탬이 되고 농민과 농협이 함께 상생의 길을 걸어가는 것이라 생각한다.

18. 체험현장 르포(박성범)

농협 경제사업장 구례교육원을 출발해 광주에 있는 농산물 유통 센터에 방문했다. 이곳의 규모는 수원에 위치한 농협유통과 규모는 비슷한 크기로 매일 경매가 이루어져 중도매상에 의해 여기저기로 팔려 나가는 직판장이다. 옆 건물 청과와 화훼공판장, 생산도 중요 하지만 유통의 중요함을 느낄 수 있는 곳들이었다. 다음은 연매출 22억의 육묘 재배지에 가서 접목을 볼 수 있었고 작은 종자의 중요 성을 느낄 수 있었다. 그 후 남평농협 파머스마켓, 파프리카 농장 RPC 친환경자재 왕겨숯공장과 퇴비 만드는 공장을 방문했다.

견학 조합 중 가장 중요하다고 생각되는 사업과 그 이유는,

견학 조합 중 가장 중요하다고 생각되는 곳은 파프리카를 재배, 수확하고 농협이 판매해주는 도곡농협이었다. 파프리카는 1년에 1번 심고 4개월에 한 번씩 수확하는 작물로 수출이 60% 내수 40%를 차지한다고 한다. 생산하기 위해 많은 노동력과 정성이 필요하지만 무엇보다도 유통이 중요하다. 일괄적으로 농협이 판매하기 때문에 농민의 걱정은 좀 줄어들 수 있다. 또한 일본으로 수출을 통해 대외적으로 한국 농업의 경쟁력을 강화할 수 있고 농민들 또한 우리 농산물에 대한 자부심과 고소득에 만족할 수 있게 될 것이다.

견학 후 조합과 중앙회의 관계에 대해 생각해 보며,

내가 알기로는 중앙회는 지점을 관할하는 지사 격이고 지역농협은 지점으로 크게는 제1금융권과 제2금융권으로 나뉘고 있다. 지역농협의 경우에는 조합원의 교육, 지원 사업, 경제사업, 신용사업 등 각종 사업을 경영하여 중앙회는 각 지역농협을 회원으로 만든 단체이다. 중요한 것은 그 근본 뿌리는 공동이익증진과 건전한 발전을 도모해 서로 상생해야 한다는 것을 잊지 말아야 한다. 뿐만 아니라 서로 누가 상위 개념인지 다투지 말아야 하며 조합원을 위해 봉사의 마음을 가지고 서로 협력해야 한다고 생각한다.

#. 내가 만일 조합 경제사업장장이라면 사업장 경영에 대한 의견,

내가 만일 조합 경제사업장장이라면 무엇보다도 농민, 조합원의 고소득을 창출할 수 있도록 경영을 할 것이다. 이로 인해 만일 적자가 난다면 신용사업의 흑자로 농협의 이익을 낮추더라도 농업인, 조합원을 위해 협조할 것이다. 모든 작물 즉, 농민이 생산하는 모든 작물을 농협이 비싸게 구매하고 시가로 팔거나 조금 싸게 팔아 봉사 경영을 통해 농업인의 소득 증대 후 여유자금을 농협에 투자 그것을 운용해 농협의 수익증대 서로 상생하는 경영전략을 세울 것이다.

19. 체험현장 르포(윤형철)

광주 매월동 농산물 공판장, 화훼공판장, 산포농협(육묘사업장), 남평농협(파머스마켓, 영농프라자, RPC, 친환경 왕겨숯퇴비공장), 도곡농협 APC, 파프리카 농장을 다녀왔다.

#. 견학 조합 중 가장 중요하다고 생각되는 사업과 그 이유는,
남평농협에서 운영하는 친환경 왕겨숯퇴비공장이었던 것 같다. 요즘 우리나라 농업의 경쟁력을 갖추는데 친환경의 중요성이 대두되는 시점에서 화학비료의 의존도를 낮추고 친환경 농산물을 재배하는데 크게 일조할 수 있을 것 같다.

#. 견학 후 조합과 중앙회의 관계에 대하여 생각해 보며,
견학 도중 조합과 중앙회와의 관계에 대해 느낄 기회는 찾기 어려웠다. 하지만 3년 정도 근무하면서 느꼈던 조합과 중앙회와의 관계는 상호보완적이지 못하고 대립하고 마찰하는 어떤 면에서는 경쟁사 이상의 적대감을 드러내는 경우가 적지 않았던 거 같다. 조합과 중앙회의 원래 설립취지에 맞게 서로 돕고 지원하며 지내는 것만이 요즘의 금융시장에서 살아남을 길이라 생각하고 경쟁력을 키워 상생할 수 있을 것이라 생각한다.

#. 내가 만일 조합 경제사업장장이라면 사업장 경영에 대한 의견은,

최근 우리 조합에 하나로마트를 개설하였는데 남평농협의 파머스마켓을 보고 느끼는 바가 많았다. 요즘 생기는 초대형 파머스마켓에 비해 규모는 작았으나 결코 작지 않은 마트로 보였다. 그 이유는 한마디로 '알찬 마트'였기 때문으로 보인다. 신선한 농산물은 물론 요목조목 빠짐없이 구색을 갖춘 생필품까지, 무조건 규모로 승부하는 무리수보다는 내실있고 알차보였던 남평농협의 파머스마켓을 벤치마킹하여 경쟁력 있는 마트를 운영해보고 싶었다.

20. 체험현장 르포(전은주)

: 밤나무밭 비료 운반 및 시비(토지 외곡리 기촌)

광활한 밤나무 밭이 산을 한가득 뒤덮고 있던 기촌에서 산에 나무라고는 밤나무밖에 보이지 않아 어떤 나무가 밤나무인지 모르는 나는 밤나무에게 퇴비를 듬뿍 뿌려주는 일을 했다.

퇴비랑 비료가 무엇인지 구분도 못하던 나는 퇴비를 밤나무에게 주는 작업을 했다. 20kg인 퇴비를 남자들은 나르고 여자들은 뜯어서 나무 하나하나에게 주는 작업은 어르신 부부 두 분이 하기에는 벅차 보였다.

처음에는 냄새가 역겨워 굉장히 힘들었지만 나중에는 적응이 되어서 그런지 냄새보다는 산꼭대기까지 산을 오르고 퇴비를 뿌리는 작업이 더 어려웠다. 나무 바로 밑에 퇴비를 뿌리면 쥐가 와서 파먹기 때문에 나무 주변 30cm 주위로 뿌려야 한다는 새로운 사실을 알게 되어 기뻤다.

#. 농사 체험 후 농업에서 농협의 역할을 생각해 본다면,

농사체험을 하면서 농협이 농업인들에게 든든한 힘이 되어준다는 것을 어르신들의 말씀을 통해 들었다. 아주 작은 마을에도 농협이 있다는 것에 농민들은 감사하게 생각하고 있었다. 농협에서 경제 사업을 하는 것은 적자이지만 농민들에게는 큰 힘이 된다는 것을 알았고 비료나 퇴비에 공급원이 농협이라는 것을 보고 농민과 농협은 어쩌면 '악어와 악어새' 관계가 아닐까 생각했다.

21. 체험현장 르포(공수진)

구례 원좌마을에서 이장님의 지시에 따라 농민들에게 고사리 비료를 지정된 수량을 분배해 드리고 직접 들거나 경운기를 이용하여 고사리를 심을 농토에 비료를 옮겨 드렸다. 평소에는 어려웠던 교수님과 함께 농가를 도우며 이야기도 나누고 같이 땀 흘리며 더욱 가까워질 수 있었고 일하는 중간 중간에 고맙다며 새참을 준비해 오시던 농민들과 함께 농촌의 어려운 현실과 농협에 대해 어떻게 생각하는지 담소도 나누었으며 우리의 땀 흘리는 모습을 카메라에 담아주시려고 여수 MBC에서 촬영을 나와 더욱더 특별한 하루가 되었다.

#. 체험 후 느낀 점

우리 신규직원이 농가의 일손을 돕는 내내 옆에서 '고맙다, 괜찮냐?'는 말을 셀 수 없이 하시면서 농촌의 일손 부족을 걱정하시는 고령의 우리 농민들을 보며 우리나라의 더욱더 어두운 농촌의 현실을 체감할 수 있었다. 20kg 비료를 밭으로 옮기기 위해서는 자식들이 휴가를 내고 오는 날까지 비료를 대부분 마을에 방치해두기 때문에 비료의 냄새가 마을 전체에 퍼져 그 냄새 때문에 더욱 힘들다는 얘기를 한 어르신이 하실 때 너무나 가슴이 아팠다. 우리 부모님도 농사를 짓는데 나는 가끔 가서 한 번씩 도와주면서 힘들어 죽겠다고 불평하던 내 모습이 떠올라 더욱더 미안했고 갈수록 어려워지는 농촌의 현실과 농업의 편리화를 위해 노력하는 한 직원이 되리라 마음먹었다.

#. 농사체험 후 농업에서 농협의 역할을 생각해 본다면,

농사체험 후 우선 무엇보다 일손 부족과 갈수록 고령화되는 농촌의 현실이 제일 심각한 우리나라 농촌의 문제점이라 생각되었다. 농업과 농촌 그리고 농민과 함께하는 농협에서 빨리 문제점을 인식하고 농업발전에 한발 더 앞장서야 된다는 생각이 들었다. 구체적으로 농협의 역할에 대해 생각해 보았는데 일단 지역의 특산물을 이용하여 저농약 농산물이나 유기농 농산물처럼 요즘 고객들의 트랜드인 '웰빙시대'에 맞추어 품질과 고급화와 브랜드화를 하여 농가수익창출에 앞장 서야 할 것이고 보성녹차밭이나 함평나비축제처럼 지역의 특성을 살려 '그린투어리즘 체제'로 나아가 농촌과 지역 경제가 함께 발전해 나갈 수 있도록 농협이 제 역할을 다해야 할 것이라고 생각한다.

22. 체험현장 르포(유성현)

전날 C조에 편성되어 구례 외곡리 기촌에 위치한 밤나무 야산을 찾았다. 처음 해보는 비료와 거름주기 작업이었다. 처음에 비료와 거름주기가 쉬운 줄 알았지만 작업 장소의 경사가 70°가 넘는 산비탈이었고 갑자기 추워진 날씨 탓인지 쉬운 일이 아니란 걸 알았다. 또한 거름과 비료는 그냥 뿌리면 되는 것이 아니라 요령과 기술이 필요한 작업이었다.

#. 체험 후 느낀 점

처음 경험해본 농사체험으로 정말 농사일이 손도 많이 가고 힘든 일이란 것을 알게 되었다. 작업을 하면서 힘도 들고 어려운 조건이라 짜증도 살짝 나기도 했지만 매일 고생하시는 그 분들을 생각하니 더욱 열심히 작업을 했던 것 같다. 또한 바쁘신 와중에도 우리들의 새참을 준비해 주셨던 어머니의 손길에서 따뜻한 정을 느꼈다. 일을 마치고 처음 도착한 곳으로 내려가는 동안 밤나무 야산을 바라보니 뿌듯하고 기분이 좋았다.

#. 농사체험 후 농업에서 농협의 역할을 생각해 본다면,

농사체험을 통해 농협의 역할이 얼마나 중요한지 깨달았다. 그렇게 힘들게 농사지은 상품을 소비자에게 유통공급해주는 역할이 단순 역할이 아니라 농민들의 수고에 대한 적절한 보상을 해 준다고 생각하니 중추적인 역할이라고 생각한다. 또한 비료의 공급과 판매 등 농사의 시작과 끝에서 농협이 함께하는 것 같다는 생각이 든다.

23. 체험현장 르포(윤형수)

밤나무 퇴비주기. 지리산 자락의 작은 시골마을 야산치고는 너무나 가파른 경사와 바위로 둘러싸인 험한 산이었다. 퇴비를 나무마다 나누어주고 한 해 수확의 기쁨을 더하기 위해 우리는 열심히 밤나무에게 거름을 주었다. 중턱까지는 길이 나있어 듬성듬성 퇴비가 이미 운반되어 있었지만 위쪽은 길이 없어 비료를 어깨에 메고 날라야 했다. 경사가 매우 가파라서 지리산 등반 때만큼이나 매우 힘든 작업이었다. 이런 작업을 70세가 넘은 할머니 할아버지가 해 왔다는 게 믿기지 않을 따름이었다.

#. 체험 후 느낀 점

다른 지역 모두의 상황을 알 수는 없지만 이번 체험을 통해 느낀 점을 말하자면, 구례군의 경우 우리 지역보다 친환경농업에 많은 보조를 하고 있고 농민들 또한 노력하고 있는 것으로 생각하지만 오늘 밤나무에 주고온 퇴비는 그 질과 효능에 매우 심각한 문제가 있다는 생각이 들었다. 보조금 지급 후 자부담금이 포당 400원이라지만 미생물처리를 통한 완숙 상태가 형편없어 과연 올해 밤나무 과실에 제대로 영양을 공급할 수 있을지 의심스러울 지경이었다.

농민들의 자부담을 줄여주려는 지자체의 노력은 환영하지만 농민들이 진정으로 원하는 것이 무엇이며 또한 이런 전시행정을 통해 얻어지는 것이 과연 지속 가능한 효과가 있을지도 의심스럽다. 또한 농촌의 고령화에도 노동력을 줄일 수 있는 방법 모색에 우리 모두가 너무 소홀하지 않나 하는 생각이 들었고, 농촌인구의 고령화 속도보다 더욱 정부에서 노력하고 지자체, 농협, 영농 자재회사의 노동력의 효율적 이용을 통한 농사기법, 자재 등 기반 조성에 더욱 노력해야 한다는 생각이 절실하게 느껴졌다.

#. 농사체험 후 농업에서 농협의 역할을 생각해 본다면,

위에서 언급한 바와 같이 농협을 전시행정보다 농촌의 고령화에 맞는 지도사업과 정부, 지자체의 효율적인 보조금 사용을 효과적으로 이용할 수 있도록 노력, 협동해야 할 것으로 본다. 또한 영농자재 하나를 공급하더라도 질과 효능, 인건비, 노동력 등을 고려하여 자재 선택에 신중을 기해야 할 것으로 생각된다.

24. 체험현장 르포(장해식)

: 외곡리 기촌마을 밤나무 야산에 비료 및 퇴비 시비하기

#. 체험 후 느낀 점

농촌의 인구가 감소하고 그나마 남아계신 분들의 고령화 속도는 갈수록 심해지고 있다. 우리가 일일체험을 한 곳의 경우도 70세가 넘으신 노부부가 살고계신 곳으로 전형적인 현 농촌의 한 모습이었다.

일손을 구하지 못하셨는지 비료와 퇴비는 그대로 방치되어 있었다. 그 넓은 야산을 노부부가 시비한다면 몇 달은 족히 걸릴 듯한 작업량이었다. 비록 그날 우리의 힘으로 일은 마쳤지만 그일 말고도 산적해 있는 현 농촌의 단면을 알게 되어 돌아오는 발걸음이 무거웠다.

#. 농사체험 후 농업에서 농협의 역할을 생각해 본다면,

지금까지 농촌경제에서 농협이 하는 일은 농민들이 농산물을 제값 받고 팔 수 있도록 도와주는 일에 편중되어 있다. 이렇게 비용 부담을 감수하고 경제사업을 하는 것도 한계가 있다. 밤나무는 어디를

가나 쉽게 볼 수 있는 것, 공급이 많은 만큼 그 가치는 떨어진다. 고창의 복분자처럼 이제는 남들이 하지 않는 특화사업을 해야만 고소득을 창출할 수 있는 시대이다. 하지만 농민들은 특화사업에 대한 비용부담과 정보력 부족의 문제점을 안고 있다. 그러므로 농협이 앞장서 농촌이 나아가야 할 방향과 경제적 지원을 아낌없이 해야 한다고 생각한다.

25. 체험현장 르포(원동민)

　광주공판장, 광주화훼공판장, 육묘사업장, 남평농협(파머스마켓, 영농자재프라자, 미곡종합처리장, 퇴비왕겨숯공장), 화순군 연합 RPC, 도곡농협 농산물간이집하장, 파프리카 농장, 화순군 농산물산지유통센터들을 다녀왔다.

　#. 견학 조합 중 가장 중요하다고 생각되는 사업과 그 이유는,

　견학한 여러 사업장 중에서 화순군 농산물산지유통센터와 같은 사업장이 우리나라 농업현실에 비추어 볼 때 가장 중요한 사업장이란 생각이 든다. 현재 많은 영세 소규모 농가는 영세한 시설과 소규모 출하물량으로 인해 시장 교섭력 확보에 실패함은 물론 시장에서의 농산물 부가가치 극대화에 실패하고 있다. 하지만 산지에서의 공동출하, 공동선별, 공동판매를 바탕으로 하는 산지유통시설은 영세농들이 가지고 있는 이러한 한계를 극복하게 할 수 있다. 공동의 집하, 선별과 예냉, 저온저장, 냉장수송 등의 저온 유통 기반을 구축하여 부가가치가 큰 상품성 있는 농산물을 유통·공급함으로써 시장가치가 큰 신선한 농산물을 소비자에게 공급할 수 있다. 또한 산지에서의 출하물량 규모화를 통한 시장교섭력 강화로 소규모 영농이 갖고 있는 한계를 극복하게 할 수 있고, 일관시설을 모두 갖추고 있는 산지거점 시설을 통해 물류이동의 최소화와 규모화로 유통비용 절감을 실현시킬 수 있는 장점을 가지게 된다.

#. 견학 후 조합과 중앙회의 관계에 대하여 생각해 보며,

광주공판장을 견학하면서 중앙회의 역할에 대해 다시 한 번 생각해 볼 수 있는 계기가 되었다. 현재 전국적으로 12개의 중앙회 공판장이 있다고 한다. 최연식 광주공판장장님의 말씀처럼 공판장 업무는 적자는 나지만 손해나면서도 해야 할 일이라는 말에 깊은 감명을 받았다.

만약 자금력 있는 사기업체가 우리나라 공판장의 대부분을 소유, 경영하게 된다면 시장 원리에 의해 지나친 이윤 추구에 몰두하게 될 것이고, 이윤이 나지 않는 분야의 농산물 유통은 쇠락의 길을 가게 될 것이다. 하지만 현재처럼 자금력 있는 중앙회가 공익적 차원에서 직접 공판장을 개설·운영하고, 소규모 조합이 할 수 없는 선도적 역할을 수행함으로써 수급조절과 공정한 가격결정, 상품성 제고 및 불법거래 견제를 통해서 농업인의 실익을 극대화 시킬 수 있을 것이다.

#. 내가 만일 조합 경제사업장장이라면 사업장 경영에 대한 의견은,

교육원에 입교하기 전 나는 농협의 사업 중 경제 사업은 애물단지라는 편견을 가지고 있었다. 신용사업으로 낸 수익을 경제 사업으로 잃는 구조라고 생각했던 것이다. 하지만 교육원에서 경제 사업이 가지는 의의를 배우고, 남평농협을 견학하면서 나는 내 생각이 졸렬했음을 인정하지 않을 수 없었다. 전국 최우수 조합으로 선정된 남평농협을 방문하며 받은 첫인상은 조합장님과 전 직원의 표정이 참 밝다는 것이었다. 밝은 미소를 띤 직원이 안내하는 깨끗하고 잘 정돈된 파머스마켓과 영농자재프라자, 생산적인 퇴비왕겨숯공장은 훌륭한 조합의 이상적인 모범답안을 보는 듯 했다.

나는 나의 짧은 생각을 자책하게 되었고, 남평농협 경제사업장이 지금이 되기까지의 원동력이 무엇인지 고민하게 되었다. 나의 결론은 바로 '혁신적인 아이디어, 새로운 도전정신!'이었다. '경제 사업은 수익을 낼 수 없는 구색만 갖춘 사업이다'라는 선입견을 버리고 남들이 생각할 수 없었던 직거래 장터 운영과 부산물인 왕겨숯을 재활용한 퇴비 생산과 같은 진취적이고 혁신적인 자세야말로 경제 사업을 담당하는 직원들이 가져야할 경영마인드일 것이다.

26. 체험현장 르포(이영선)

처음으로 축사를 찾아가 가축들의 필요한 부분에 참여하게 되었다. 먹이로 쓰이는 짚더미를 저장시키고 가축들의 분뇨를 치우는 작업을 하게 되었다. 주기적으로 분뇨를 치우는 이 작업을 통해 가축들의 질병을 예방하고 질 높은 축산물을 생산하게 된다. 다음으로 가축들에게 직접 먹이를 줌으로써 농민들의 생활을 간접적으로 체험할 수 있었다.

오후에는 야생화 재배단지를 찾아가 파종 작업을 관찰하게 되었고, 상품 출하를 위해 포장작업을 하게 되었다. 이 작업은 상품가치를 분류해서 달라지기 때문에 어려운 작업 중에 하나였다.

#. 체험 후 느낀 점

부모님께서 벼농사를 지으시기 때문에 별 어려움이 없을 거라 생각했었다. 하지만 이번에 겪은 농사체험을 지금까지 경험해보지 못한 분야라서 많은 어려움을 느꼈다. 오전에 축사를 치우는 작업은 강도 높은 노동력이 필요한 부분인데 현실은 대체로 고령의 농민들이 부족한 일손으로 작업을 하고 있다는 생각에 안타까운 현실을 느끼게 되었다. 오후에 야생화 재배단지에서 일할 때는 책임자로부터 최초 재배를 시작했던 1996년에 파랭이가 1500원선에서 거래되던 가격대가 현재는 점차적으로 공급이 늘어나면서 600원대까지 하락하였다는 이야기를 들었다. 이윤이 남는다는 농산품목에 대해서는 공급증가로 인해 가격 하락이 나타나게 된다. 이런 부분에 대해서 농협이 우리 농민들을 지도해 나가야 할 부분이라고 생각된다. 너무나 큰 범위인 농촌에서 우리 농협이 맡아야 할 책임은 크게만 느껴지지만 반드시 해내야만 할 것이다.

#. 농사체험 후 농업에서 농협의 역할을 생각해 본다면,

농사체험을 하면서 우리 농민의 미래는 광작, 기술 재배라는 생각을 갖게 되었다. 지금까지의 소작으로 하다가는 국가 간 FTA로 인해 버티지 못할 것이다. 이런 시점에서 농협의 역할은 농민들을 이

끌고 방향 제시를 해야 할 것이다. 벼를 제외한 여러 작물에서는 해외에서까지 기술을 도입하고 자재 또한 수입한다고 한다. 우리나라 농민들이 스스로 자립할 수 있도록 협력해야 할 것이다. 또한 FTA로 인해 고통 받는 농민들이 늘어가고 있는 시점에서 함께 보듬고 나갈 방안도 강구해야 한다. 우리 농협은 협동조합으로써 본질을 잊지 말고 모든 농민들이 어려운 시대를 함께 헤쳐 나갈 수 있는 든든한 버팀목이 되어야 할 것이다.

Part 05

자소서 연습

1. 자소서 A

#. 성격의 장단점

저의 장점은 주도적인 자세와 대인관계 능력이고 단점은 솔직하고 정이 많은 성격입니다.

#. 생활신조

carpe diem. 지금 살고 있는 현재 이 순간에 충실 하라는 뜻으로 제가 추구하는 생활신조입니다.

#. 취미 · 특기

저의 취미는 5년 동안 꾸준히 해온 경제신문 읽기이며, 특기는 축구와 맞춤형 대화입니다.

#. 자신이 소중하게 생각하는 3가지

저에게는 가족을 포함한 사람, 좋아하는 일 그리고 웃음이 가장 소중합니다.

#. 지금까지 이룬 가장 큰 성취 3가지

대학에 입학하여 학부수석, 창업동아리 창설, 공모전 수상이라는 성과를 거두었습니다.

#. 농협은행에 지원한 동기 및 지원하기 위해 본인은 어떠한 노력과 준비를 했는지 구체적으로 기술하세요.

국내 은행 중 가장 많은 점포 보유, 사회공헌 1위, 유일한 순수 민족자본은행 등 농협은행만이 가진 강점과 저의 능력을 더하여 많은 사람에게 금융혜택을 주면서 동시에 사회적 의미도 달성하고 싶어 농협은행에 지원하였습니다.

농협은행의 일원이 되기 위해 철저한 준비를 하였습니다.

학부시절 경영학과 회계학에 대한 수업을 100학점 넘게 수강하였고, 금융자격증도 다수 취득하였습니다. 이렇게 형성된 지식은 데이터를 분석하고 금융시장을 이해하는데 도움이 되었습니다.

또한 학부수석 2회, 매경TEST 상위 1%, 마케팅 대회 입상, 공모전 입상, 동아리 창립 등 참여한 대부분의 일에 성과를 냈습니다.

저의 역량을 바탕으로 지점의 목표 달성에 기여하는 신입행원이 되겠습니다.

#. 농협은행의 직원으로서 타인과 구별되는 본인만의 경쟁력(능력 또는 장점)은 무엇입니까?

주도적인 자세를 바탕으로 은행 지점마케팅에 기여하였습니다.

은행에서 인턴근무를 할 때, 고객 분들께 좀 더 나은 서비스를 제공하고자 타행 지점 6곳을 방문하여 아이디어를 수집하였습니다. 내용을 정리하여 CS 향상 방안에 대한 보고서를 작성하였습니다. 그리고 '불만족하기 어려운 서비스를 제공하라'라는 주제로 발표하였습니다. 저의 제안대로 고객 대기 공간을 변경하였고, 고객 분들이 만족해 하셨습니다. 또한 오정동 산업단지 구석구석을 돌아다니며 업종 파악을 하였고 아파트 단지, 재래시장 등을 방문하였습니다. 점주권을 4가지로 세분화하였고 각각의 특징 및 마케팅 전략을 정리하였습니다. 농협은행에 입행 후에도 저의 강점을 활용하여 고객이 필요로 하는 금융상품 및 서비스를 끊임없이 고민하는 행원이 되겠습니다.

#. 학교생활, 봉사활동 등의 경험에서 이룬 가장 큰 성과(결과)는 무엇이며, 본인은 어떠한 역할을 했는지 구체적으로 기술하세요.

소통을 기반으로 리더십을 발휘하였습니다.

창업동아리 회장일 때, 동아리가 창업에 열정이 있는 친구들과 취업에 관심이 많은 친구들로 나뉘어 융화가 되지 않았습니다. 특히 대학생들은 취업이 우선이었기 때문에 창업에 대한 회의적인 시각을 가지고 있는 사람도 많았습니다. 그래서 각각의 모임에 찾아가서 한 조직에 한 가지 정체성만이 존재할 필요가 없다는 논지로 설득하였습니다. 자연스러운 대화를 유도하기 위해 술자리를 활용하였고, 양측의 입장을 최대한 들어주었습니다. 또한 정기적인 모임과 MT를 기획하여 다 같이 어울릴 수 있는 시간을 늘렸습니다. 이런 노력의 결과, 창업 팀과 공모전 팀으로 동아리가 운영됨과 동시에 전체 회의를 통해 서로의 지식을 공유하는 조직으로 탈바꿈하였습니다.

#. 지금까지 경험한 가장 큰 좌절(실패 또는 실수)은 무엇이며, 그 경험을 통해 얻은 교훈은 무엇인지 구체적으로 기술하세요.

한국소프트뱅크가 후원한 마케팅 대회에 4명을 이끌고 팀장으로 참여했습니다. 많은 일들이 회원수 늘리기, 오프라인 프로모션 등 단순한 일이었습니다. 그래서 팀원들의 참여가 저조했고 그런 팀원들에게 팀장 회의의 내용과 저의 생각을 공유하지 않았습니다. 또한 가끔씩 팀 회의에 참석하는 사람들의 아이디어는 팀 전략에 반영하지 않았습니다. 그 결과 개인 입상은 했지만, 팀별 입상은 하지 못했습니다. 이 경험을 통해 제 자신이 주도적이긴 하지만, 리더십에 문제가 있다는 생각을 하게 되었습니다. 그래서 이후의 활동에서는 저의 생각을 공유하며, 개인이 아니라 전체를 생각하게 되었고 더 큰 목표를 기억하며 함께 가기 위해 노력하였습니다.

#. 위 자기소개서 내용 외에 추가적으로 본인을 소개할 내용을 기술하세요.

관계 지향적인 성격 때문에 다양한 사람을 만날 수 있었고 이런 경험들은 한번 본 사람도 기억하는 습관을 가지게 해주었습니다. 은행에서 인턴으로 근무할 때, 에너지 펀드로 손실이 큰 고객이 계셨습니다. 은행 업무를 보시기 전에 저에게 관련 펀드에 대해 하소연을 하셨습니다. 그 고객께서 2주 후에 다시 은행에 방문하셨습니다. 밝은 표정으로 인사를 드리고, 펀드 관련 이야기를 먼저 꺼냈습니다. 최근에 읽은 태양광 산업에 대한 기사를 토대로 설명을 드렸습니다. 고객 분께서 그걸 다 기억하냐며 고맙다는 말과 함께 은행원이 되면 꼭 고객이 되겠다고 하셨습니다. 사람은 자신에게 관심을 가져주는 사람에게 편안함을 느낍니다. 고객의 작은 관심사도 기억하여, 진정성 있는 관계를 형성하는 행원이 되겠습니다.

2. 자소서 B

#. 성격의 장단점

성격의 장점은 내가 생각한 것을 실천하는 추진력이 있습니다. 하지만 가끔 다른 사람의 입장을 생각하느라 제 자신이 피곤할 때가 있습니다.

#. 생활신조

Better late than never, '아무리 늦어도 안하는 것보다는 낫다.' 라는 말이 있습니다. 생각만으로는 바뀌는 것은 없다고 생각합니다.

#. 취미, 특기

취미는 시간 날 때 마다 경천에 있는 밭에 가서 심어놓은 채소를 가꾸며 옆에 사시는 아저씨께 말씀 듣는 것이고 특기는 수영입니다.

#. 자신이 소중하게 생각하는 3가지

가족, 내 도움이 필요로 하는 사람, 긍정적인 생각 이 3가지를 소중하게 여깁니다.

#. 지금까지 이룬 가장 큰 성취 3가지

전주시에서 주관한 사회적 기업 프로젝트에 참가해 조팀장을 맡고 베스트 아이디어 상을 받은 것, 방황하던 사춘기에 부모님따라 밭일하며 마음잡고 농업 관련 대학 학과에 온 것, 아버지 심장 문제가 걱정되어 배우기 시작한 심폐소생술 부분에서 강사 자격증을 딴 것입니다.

#. 자신만의 경쟁력

고객 한분 한분께 진심을 다해 대해드릴 수 있습니다.

지인이 옷가게를 하십니다. 외진 곳이라 아르바이트라기보다 점포를 봐준다는 생각으로 갔지만 막상 가니 내 첫 직장이라는 생각이 들며 기운이 넘쳤습니다. 손님들 중에선 한 번에 많은 옷을 구입하시는 손님이 있는 반면, 저렴한 옷만을 보시고 그냥 가시는 분들도 계셨습니다. 그때마다 그분들을 가볍게 여기지 않고 말씀해주시는 취향을 듣고 맞는 옷을 추천해 드리며 정성을 다하였습니다. 그 결과, 옷의 디자인보다는 점원의 서비스 때문에 오셨다는 시골 어르신들의 말씀에 1년 가까이 옷가게의 일을 도와드린 적이 있습니다. 이처럼 저는 고객 한분 한분을 소중히 여기는 마음자세가 되어있습니다.

#. 학교생활, 봉사활동 등의 경험에서 이룬 가장 큰 성과는 무엇이며 본인은 어떠한 역할을 했는가.

전주시 주관 사회적 기업 프로젝트에서 전주 한옥마을 개발에 관해 고민해 본 적이 있습니다. 단체로 참가한 사람들도 있고 개인적으로 참가한 사람들도 있었는데 전 그 중 개인적으로 참여한 5~6 명의 팀에 팀장으로 있었습니다. 팀원분들이 나이가 있으셔서 어떤 분은 직장 때문에, 어떤분은 육아문제로 조별과제에 참여하지 못하는 경우가 있었습니다. 이 팀이 흐지부지되지 않도록 전 팀장으로서의 책임감을 발휘해 항상 연락하여 팀원 하나하나가 조별과제에 얹혀가는 것이 아닌 참여하여 기여 할 수 있도록 하였습니다. 마지막 보고서 발표 때는 비록 수상하지 못했지만 유일하게 모든 팀원이 참여한 팀이 되었습니다.

#. 지금까지 경험한 가장 큰 좌절

택배아르바이트를 4개월 정도 한 적이 있었습니다. 대부분 사람들이 택배아르바이트는 단기적으로 왔다 가기 때문에 작업반장의 눈에 익숙한 제가 아르바이트생들에게 잔 작업을 알려주는데 그날따라 정말 가벼운 속옷박스 일을 맡게 되었습니다. 송장을 붙이고 트럭에 잘 쌓아놓기만 하면 되었는데, 너무 일을 쉽게 봐서 송장을 제대로 확인 안하고 쌓아버린 것입니다. 결국 3시간이면 끝났을 일을 5시간이 넘도록 한 기억이 있습니다. 같이 일한 사람들에게 너무 미안하고 단순작업이지만 돈 버는 일이 절대로 쉬운 일이 아니라는 것을 그때 몸소 깨달았습니다. 모든 일에는 항상 약간의 긴장을 하며 정신을 바짝 차려야 된다는 것을 깨달았습니다.

#. 지원한 동기 및 어떠한 노력을 했는지

농협이 전국 최대의 네트워크를 구성하고 있고, 지역사회에 많은 공헌을 한다는 것은 많은 사람들이 다들 알고 있는 사실일 것입니다. 하지만 저는 기업 내부 분위기에 더욱 매력을 느껴 지원하게 되었습니다. 농협에 근무하는 친척누나에게 닥친 큰일에 제 식구마냥 식장에 와서 저희 식구와 비슷하게 자리를 지켜주며 일을 도와주는 직장동료들의 모습을 보고 농협은 다른 사기업, 은행에 비해 사람과 사람이 연결되어있다는 이미지가 강하게 기억에 남았습니다. 그 후로 조합원 가입, 농협 서포터즈는 못하지만 구두로써 주위 사람들에게 농협이미지 어필 등을 하며 진심 어린 홍보를 했습니다.

#. 추가적으로 할 말

사춘기 시절, 저의 방황을 막아준 농촌 농업에 저는 많은 고마움을 느낍니다. 그런 농촌에 어김없이 있는 농협의 벼를 의미하는 노란 '협(ㅎ)' 마크를 보고 있으면 든든한 동반자의 모습이 떠오르며 마음이 편안해 집니다.

비록 다른 사람보다 경제지식이 떨어진다고 해도 더욱 보완하여 저에게 가족같은 농협의 일원이 되어 고객도 가족처럼 생각하며 도움이 될 수 있는 최선을 다하는 행원이 되겠습니다.

3. 자소서 C

#. 사명

저의 인생의 사명은 후회 없이 사명을 이루어 내는 것입니다. 저에게 주어진 일과 목표 비전을 목숨이 있는 동안 죽을 때 후회하지 않고 가치 있게 이루는 것입니다. 내 자신과 가족 그리고 이웃과 나라를 위해 어떠한 일과 목표 비전을 통해 유익을 끼치도록 하는 것입니다.

#. 성장과정

저는 부모님과 2남1녀 중 장남으로 자랐습니다. 3살과 6살 차이가 있는 동생들의 어린 모습을 지켜보면서 책임감과 아우르는 성격도 조금 배우게 되었습니다. 초등학교 때에는 시지역의 태권도 겨루기 시합을 나가는 등 재미로 운동을 하며 지냈고 고등학교 때에는 반장과 동아리 기장활동을 하였습니다. 수가 적었던 동아리를 친구와 수를 늘리려고 돌아다녀서 동아리를 활성화 하게 되었던 경험도 있습니다. 대학교 때에는 교회 활동 중에서 리더,초등학교 교사 역할을 통해 인간관계를 쌓는 경험을 얻었습니다.

#. 성격의 단점과 장점

저의 성격의 장점은 마음을 정한 일에 상황적인 어려움과 불편함이 와도 꾸준히 하려는 점이 있습니다. 그래서 몸이 피곤하고 다른 사람은 쉬고 있지만 그 기간 안에 일을 마무리해야 할 때는 꼭 완성하는 경우가 있었습니다. 하지만 이와 반대로 융통성 부분이 부족하여 예상외의 문제 발생 시 대처가 느린 점도 있지만 한 가지 분야에 꾸준히 일할 때 생기는 지혜로 극복 할 수 있다고 봅니다.

#. 입사 후 포부 경영이념과 창업정신

모든 일에 시작부터 잘 하는 사람은 없다고 생각합니다. 입사 후 관련 업무에 대해서 꾸준하고 철저히 준비하면 그 업무를 능숙하게 할 수 있습니다. 교내 학업 성적점수향상을 위해 꾸준히 노력해왔습니다만 특별한 자격증은 준비하지 못했습니다. 그렇지만 군대에서 분대장 과 군종병으로써 병사들과 상담을 해준 경험이 있었습니다. 또한 7-8년 동안 정리되지 않은 창고를 간부, 병사들과 거의 완벽하게 재물조사 정리하였습니다. 물건을 정리하다 싶으면 타부대가 해체되어 그 부대 대부분의 물건이 창고로 들어왔고 좀 지나서 다른 타 부대에서 많은 양의 물량도 들어 왔습니다. 창고가 꽉 차다보니 물건을 놀 곳이 없어 2개의 천막 안으로 물건을 쌓아두었다가 다시 재물조사 하여 타 부대로 보내는 힘든 경험을 통해 많은 병사들과 함께하는 협력과 포기하지 않는 꾸준함의 중요성을 배웠습니다. 이러한 어려움을 극복해낸 경험을 통해서 위기에도 포기하지 않는 꾸준함과 뿌리면 언젠간 거두게 된다는 가치는 입사 후 저와 회사에 큰 도움이 됩니다. 지금까지 경험한 책임감과 사람들을 대하는 반장, 교사, 기장, 분대장, 군종병, 리더 경험을 통해 고객을 상대할 때 고객중심적인 입장을 취할 수 있고 고객과의 지속적인 관계를 유지하는 일에 활력을 일으킬 수 있습니다. 꾸준한 정신력! 고객중심과 회사중심의 마인드 로 기업에 유익을 반드시 창출해내는 인재가 되겠습니다.

4. 자소서 D

#. 성장과정

부모님과는 친구이자 인생의 선후배 사이고 자매들끼리 초, 중, 고등학교를 같이 나오면서 같은 또래친구처럼 도우미처럼 지내는 사이로, 다른 가족보다 가족이라는 부분이 두텁다고 거리낌 없이 말할 수 있습니다. 가족애를 중시하는 가정 속에서 자랐기 때문에 저의 어렸을 때의 추억은 자매들이 대부분을 차지합니다. 특히 초, 중, 고등학교를 세자매가 같이 다녀서 더 많은 추억이 쌓였습니다. 중학교 때는 세자매가 등하교를 매번 같이 하다보니 선도부 학생들과 선생님들이 삼공주라고 별명이 붙여줄 정도였습니다.

하지만 줄곧 분신이라고 할 수 있는 쌍둥이동생과 마음 더 맞아서 같이 다니다 보니 그 사이에 다른 친구들이 끼여들기 많이 힘들어했고 친구를 사귀는 사회적 활동도 적극적이지 못했던 점이 있었습니다. 그렇게 친구보다는 바로 옆에 있는 쌍둥이동생과 같이 초, 중, 고등학교 다니다가 대학교를 서로 다른 곳으로 진학했을 때 제일 처음 어색했던 부분은 친구사귀기와 같은 대인관계였습니다. 가족과 친구는 아무리 비슷하다고 해도 친구는 정말 '남'이기 때문에 가족과 친구사이의 차이점을 적응하는 것이 우선과제였습니다. 더군다나 처음으로 가족과 떨어져 기숙사생활을 했기 때문에 대학 첫 학년은 이래저래 적응의 연속이었습니다. 하지만 점차 다른 유형의 사람들을 만나고 사람과의 관계 시작과 유지방법을 배워나가면서 새로운 관계를 형성하고 새로운 관계 속에서의 즐거움을 알 수 있었습니다.

#. 성격 장단점 및 생활신조

저의 성격은 한마디로 이성적이라고 볼 수 있습니다. 어떤 일을 계획하고 시행할 때 조금 더 효율적이고 효과적이게 할 수 있도록 합니다. 이런 저의 성격은 문제를 해결할 때는 좋지만 사람간의 관계를 형성할 때에는 부적합합니다. 그래서 사람들을 대할 때는 조심하지만 이런 조심하는 부분이 과할 때는 사람관계가 진전되지 못하는 경우도 있습니다.

또한 자기 전에 그날 있었던 일을 생각하면서 잘못 처신했거나 부족했던 점을 되돌려봅니다. 눈을 감고 회상해보면 그 순간에 어떻게 행동해야 될지 반성하게 되서 다음 비슷한 상황에 같은 일을 반복하지 않을 수 있습니다. 이렇게 조금씩 문제점을 해결하다보면 점차 앞으로 나아갈 수 있다고 생각합니다.

#. 대학생활 중 가장 보람 있었던 일(업적) 그에 대한노력

대학생활 중 가장 보람 있었던 일은 창업동아리활동과 저술활동입니다. 1학년 때에는 정보가 많이 부족했기 때문에 좋은 성적에만 매진했지만 학년이 오르면서 다른 대학생활을 즐기고 싶었습니다. 그래서 시작하게 된 것이 창업동아리와 책 저술활동입니다. 저술활동은 전공과 유사한 주제를 잡아 저술할 정보도 모으고 전공공부도 되는 일석이조의 활동이었습니다. 저술팀원들과 새로운 관계도 쌓을 수 있었고 직접 쓴 글이 책으로 완성된다는 사실이 무척 보람 있었습니다. 그렇게 저술활동을 하면서 『사찰로 가는 즐거움』등을 남길 수 있었습니다.

또 다른 활동은 창업동아리활동으로 창업동아리를 결성하여 학생이 직접 생각한 창업아이템을 제작해보고 창업해 보는 활동입니다. 총 네 명의 학생이 모여 창업동아리를 결성해 약 넉달 동안 시작품을 제작해보았습니다. 당시 동아리팀장으로 활동하여 각종 서류작성과 제작소와의 연계 등을 하면서 마음고생도 했지만 한편으로 한 구성원의 장(匠)으로서 전체적인 요소를 두루 알고 계획해나가는 재미도 있었습니다. 혼자서 하기 힘들었을 때는 지도교수님과 선배에게 조언을 구했고 팀원들과 공유하면서 고비를 넘어갔습니다.

창업동아리와 저술 두 활동은 제 모든 대학생활 중 여러 사람들과 함께 해 나가고 뜻깊은 결과물을 남긴 가장 보람 있었던 일입니다.

5. 자소서 E

#. 본인 성격의 장·단점

크게 사람의 성격을 내향적 외향적으로 구분한다면 나는 외향적인 사람에 속한다. 내 성격의 장점은 사리 분별하여 말할 수 있는 상황이라면 나의 생각을 곧이곧대로 말하고자 한다. 어중간한 상황을 싫어하며, 한번 내린 결정을 쉽게 철회하지 않는다. 단점은 자기중심적 경향이 약간 있다. 친밀감이 형성된 사람들에게는 나를 희생하는데 거리낌이 없으나 반대의 경우에는 나를 우선시하는 경향이 있다.

#. 해당지원 분야 및 관심 직업

일반분야 지원, 관심 있는 직업으로는 창구나 고객 상담 업무를 맡게 되는 직종이 되길 기대한다. 그 이유는 많은 사람들과 교류해 보고 싶기 때문이다. 나는 사람들과 만나는 것을 좋아하나 새로운 만남에는 부담을 가지고 있다. 새로운 만남에 부담을 가지는 것을 업무를 수행함과 동시에 문제점을 해소할 수 있지 않을까 생각한다. 거기에 나아가 적은 교류 시간을 통해 나와 응대한 사람이 어떤 사람인지 큰 그림을 알 수 있는 통찰력까지 기르고자 한다.

#. 취미 및 특기

운동을 즐겨한다 특히 지금은 농구에 빠져있다. 그 외에도 다양한 구기 종목들에도 흥미를 가지고 있으며, 검도, 수영도 배운 적이 있다. 어렸을 때부터 꾸준히 운동을 즐겨 했으며 앞으로도 그럴 것이다. 농구는 취미로 하고 있지만 검도 같은 경우는 초등학교 고학년과 중학교 2학년까지 약 4년 반 가량 배우면서 선수들과의 대련, 여러 번 대회를 나간 경험이 있다. 그 과정을 준비하면서 선수들과 같이 훈련 양을 소화했고 힘들어도 끝까지 버티는 뚝심을 키울 수 있는 시간이 되었다.

#. 가장 소중하게 여기는 가치 세 가지

먼저 가족을 포함하여 내가 아끼는 사람들의 행복이 내가 살아가면서 추구하는 가치 첫 번째다. 사람은 살아가면서 행복하기를 원한다. 나도 마찬가지이며 혼자의 행복보다는 주위 사람과 함께 행복해

지는 것을 원한다. 그리고 내가 조금 희생하여 주위 사람의 행복이 더 커진다면 그것을 감수해낼 의지가 있다.

두 번째 가치는 정신적 이상추구 이다. 이 또한 첫 번째 행복추구와 연관 있는 내용인데

자신이 추구하는 이상, 철학이 없다면 그것은 맹목적인 삶이라 생각한다. 맹목적 삶을 살지 않기 위해서 정신적 이상이 필요하다. 이는 자신이 사는 이유와 행동의 이유를 부여받게 된다. 자신의 행동에 정신적 동기가 있는 사람들은 거친 환경 에도 불평불만 하지 않고 역경을 해쳐나갈 힘이 있으며, 자신이 이루고자하는 이상에 도달했을 때 행복을 맛볼 수 있다 생각한다. 세 번째 가치는 조화다. 세상이 돌아가는데 조화만큼 중요한 것이 없을 것이다. 어느 한 부분에서 부조화, 불평등이 발생하게 되면 분명 문제가 발생한다. 문제가 발생하면 누군가 어떤 존재는 고통을 받을 것이다. 누구나 행복을 추구할 권리가 있고 모두가 잘 살기 위해서 조화로운 삶의 질서가 필요하다 생각한다.

#. 지금까지 이룬 성취 세 가지

첫째, 가족이다. 누구에게나 가족은 있다. 그래서 가족이란 특별한 성취라 생각하기 어렵다. 하지만 나에게는 가족과 함께 라는 사실이 너무 큰 의미가 있다. 나의 가족은 90년대 후반 부산에서 가죽공장을 운영하고 있었다. 하지만 IMF때 아버지 회사가 채권회수를 하지 못하여 정말 길바닥에 나앉았다. 집에 누군가 찾아와서 행패를 부리고 손에 쥔 것 하나 없이 절망을 맛보았다. 어린나이였지만 나는 그 상황에서 절망하지 않고 가정을 지키기 위해 부모님이 일하러 나가

시면 집안일을 내가 다 했다. 친구들과 놀고 싶은 것 참고 동생을 돌보고, 부모님 고생을 덜어드리려 애썼다. 다행이 우리 가정은 재기를 잘하여 현재 평범한 가정을 꾸리고 살고 있다. 가족의 위기를 가족과 다함께 넘기고 현재 유지하고 있는 상황은 어릴 적 내가 노력한 작은 성취다.

둘째, 위에서 얘기한 운동을 제외하고 내 학창시절 중 이룬 성취 중 하나를 말하자면, 중학교 3학년 때 친구 몇 명과 함께 전국 로봇 올림피아드 본선진출을 한 경험이 있다. 대회는 여름방학 기간에 치러졌는데 준비하는 과정에서 여름방학을 온전히 올림피아드 대회에 쏟아 부었다. 나와 친구들은 총 3팀을 꾸려 대회에 나갔는데 전북대회 예선은 우리 세 팀이 나란히 1,2,3 등을 차지하면 본선에 진출 하였다. 학교의 지원은 로봇 세대와 노트북 세대 뿐 이었지만,본선진출을 하며 학교에게 당당히 지원금을 요구하였고 본선 서울 대회를 치룰 때는 교통비와 숙식비 까지 학교에서 지원받아가며 준비 하였다. 비록 본선에서는 괄목할만한 성과를 이루지 못하였다. 하지만 친한 친구들과 여름 기간 동안 목표를 이루기 위해 아침부터 저녁까지 함께 연습하고 고민했던 경험은 지금까지도 좋은 기억으로 남아있다.

셋째, 개인적인 성과로는 성격의 개선이 있다. 나 스스로 사춘기를 심하게 겪었다고 생각하는데, 그 후유증으로 내 생각만 이야기하고 남들과 대화하는 것을 회피하게 되었다. 불과 몇 년 전까지도 그 영향에서 벗어나질 못했다고 생각한다. 하지만 대학을 몇년 다니다 보니 사회생활과 사람들을 대하는 것에 대해 중요성을 느꼈고 나 스스로 변화해야겠다고 생각했다. 물론 처음에는 어색했다. 하지만 스스로 노력하고 사람들을 만나려 노력하니 점차 대화가 이어져 갔고 이제는 남들과의 대화가 좋기만 하다. 하지만 아직 부족한 부분, 남의 입장에서 생각해보는 부분, 이 조금 부족하다는 걸 느끼고 있고 의식적으로 그렇게 하려고 애를 쓰고 있다.

#. 농협은행에 지원하게 된 동기 및 지원하기 위해 어떤 노력을 했는지(자격증 제외) 구체적으로 기술 하시오.

먼저 농협은행에 지원하게 된 계기를 몇 가지 말하자면, 먼저 고등학교 시절부터 농협은행에 대해 좋은 이미지가 있었다. 고등학생 때부터 체크카드를 사용하였는데 그때 마다 항상 느낀 것이 농협은행 창구가 다른 은행보다 항상 찾기 쉽다는 것이었다. 그렇게 좋은 이미지를 쌓았으며 또 다른 이유는 아버지가 겸업농을 하고 계시며 농협의 조합원이기 때문에 농협에 들어가길 희망하고 있다. 다음으로 농협은행에 입사하기 위해 준비하고 있는 것을 말하자면, 현재 전북대학교에서 융복합과정으로 진행하고 있는 금융정보경제학 과정을 이수 하고 있다. 경제학과 보다 금융 쪽에 초점을 두고 만든 과정이기 때문에 보다 은행, 보험회사, 신탁 회사에 특화되었다 볼 수 있다. 스스로 그 과정을 하고 있는 것에 자부심을 가지고 있으며 조금 어려운 길이지만 계속 해나갈 생각이다.

#. 농협은행의 직원으로써 타인과 구별되는 본인만의 경쟁력(능력 또는 장점)은 무엇인지 작성하시오.

첫인상이 좋다. 특히 어르신들이 좋게 봐주신다. 은행 업무는 사람들과 대면하며 거래가 이루어지는 경우가 많기 때문에 첫인상이 큰 역할을 한다고 생각한다. 따라서 내가 가진 좋은 첫인상은 큰 무기가 될 수 있다고 생각한다. 최근 3년 이내 단체 팀 활동을 통해 얻은 가장 큰 성과 자신의 역할, 단체 이름, 소속기간 대학기간동안 농구 동아리 활동을 꾸준히 했다. 많은 대회를 나갔지만 제일 큰 성과는 전국 문화관광부장관기 생활체육 대회 3위를 한 것이다. 먼저 각도에서 대표 한 팀씩을 뽑는다. 내가 속한 전북대학교 농구동아리 돌풍이 대학부 전북대표로 선정 되었다. 우리 팀 모두 운동능력이 좋은 장점을 이용하고, 함께 목표를 이루기 위해 협동하면서 전국에서 온 각 도, 광역시 대표들과 경쟁하여 3위라는 조금은 아쉽지만 큰 성과를 이루었다. 거기서 나는 주전멤버 포워드로 경기에 임하였으며 2010년부터 현재까지 계속 활동하고 있다.

#. 지금까지 경험한 가장 큰 실수 또는 실패, 그리고 그 경험을 통해 얻은 교훈

실수라기 보단 어렸을 때 잘못을 한 것이 있는데 그것으로 인해 아직도 마음속에 진하게 남아있는 기억이 있다. 어렸을 때 동물을 엄청 좋아했다. 어머니가 동물 털 알러지가 약하게 있었지만 나는 용돈이 모이면 이런저런 동물들을 많이 키웠다. 강아지, 토끼, 거북이, 십자매, 햄스터, 등등 보이는 대로 집으로 들였다. 하지만 어린 나에게 그 동물들은 그저 장난감이었다.

지금 생각해보면 그것들도 생명이었는데. 결국 그들 모두를 난 끝까지 키우지 못하였다. 그 때의 나를 반성하며 나는 '책임지지 못할 결정은 하지 않겠다.'라는 결심을 했다. 다시 역설하면 책임을 지기로 결정하면 끝까지 책임을 지겠다. 라고 말할 수 있다.

6. 자소서 F

#. 나의 사명

안도현님의 시집에 '너에게 묻는다.'라는 제목의 시가 있습니다. '연탄재 함부로 발로 차지마라 너는 누구에게 한 번이라도 뜨거운 사람이었느냐.'라는 시인데 어떻게 보면 꽤나 뜨겁게 살아왔다고 생각했었던 제 삶이 속내 한 겹만 더 들어가서 다시 물어보면 스스로 뜨거웠던 것이 아니라 뜨거운 사우나 속의 몸뚱어리가 그 습기의 뜨거움을 자신의 뜨거움으로 착각하듯이 삶 스스로의 뜨거움을 자신의 뜨거움으로 오인하지는 않았는지, 자신의 내면도 모른 채 다른 것들을 걷어 차버리진 않았는지 많은 반성을 하게 됐습니다. 봄을 맞이하여 이젠 사회에 첫발을 내디뎌야 할 준비를 해야 하는데 매우 설레면서도 한편으론 두렵기도 합니다. "한번 선택한 직장은 평생직장이고 제2의 가정" 이기에 누구보다도 신중하게 직장과 직업을 선택하고 싶습니다.

#. 성격의 장단점

모든 일들은 나쁜 쪽으로 생각하기 보다는 언제나 긍정적으로 생각하려 노력하고 언제나 밝게 생활 하고 있습니다. 하지만 조금은 우유부단하다는 점도 있어서 이런 부분은 고치려 노력 중입니다. 또 저에게 맡겨진 일은 성실하고 조용하게 최선을 다하며 제가 생각하기에 옳은 일은 소신 있게 처리할 수 있는 성격입니다. 하지만, 많은 사람 앞에서 말하는 것에서 자신감이 부족하다는 것이 단점이라고 할 수 있는데 이러한 점을 고치기 위해 여러 가지 팀 발표수업을 통해 자신감을 키우기 위해 노력하고 배우려 했습니다. 현재는 여러 사람 앞에서 말하는 것이 긴장은 되지만 전보다 많이 안정감 있게 발표할 수 있게 되었고, 이제는 더욱더 조리 있게 말하기 위해 노력하고 있습니다.

#. 포부

사회인이 가장 걸림돌로 여겨야 할 것은 자기 자신에 대한 포기와 실망이라고 생각합니다. 저는 경제가 어렵고 발전가능성이 적다고 해도 자신감을 가지고 도전하고 싶습니다. 첫 술에 배부르지 않다는 것은 당연한 이치이듯이 한 분야에서 꾸준히 노력하면 제가 설정한 목표에 도달할 수 있을 것이라고 믿고 있습니다. 만약 회사에서 원하는 수준의 인재에서 제가 조금 모자란다 할지라도 노력하는 모습으로 충분히 그 필요를 만족시켜 드릴 수 있다고 생각합니다. 제 목표는 저에 대한 타인의 시선을 의식하지 않고 제가 하고 싶은 일을 끝까지 하는 것 입니다. 그러한 제가 일할 수 있는 곳이 제가 지원하는 이 회사였으면 좋겠습니다.

7. 자소서 G

#. 농협은행에 지원한 동기 및 지원하기 위해 본인은 어떠한 노력과 준비를 했는지 구체적으로 기술하세요.

<꿈을 현실로 만들 절호의 기회>

친척들이 종사하고 있는 농협에 자주 방문하면서 농협에서 제공

하는 다양한 금융서비스를 이용해왔습니다. 특히, 협동조합론을 공부하면서 농협은 농업인과 지역주민이 100% 출자하고 이용하는 공익성이 큰 협동조합으로 정부가 직접 담당하기 어려운 기능을 보완하면서 민간기업과의 공정한 경쟁을 통해 농업과 농촌발전에 기여하고 있다는 것을 배웠습니다. 이를 통해 사회적 약자인 농민들에게 도움이 되고 싶어 농협입사에 대한 확고한 꿈을 갖게 되었습니다. 이에 따라, 자연스럽게 농업분야와 관련된 과에 입학하게 되었고, 이곳에서 여러 가지 농업전공과목을 이수하였습니다. 또한, 경제신문이나 농민신문사를 통해 농업에 대한 지식도 쌓고 있습니다.

#. 농협은행의 직원으로서 타인과 구별되는 본인만의 경쟁력(능력 또는 장점)은 무엇입니까?

<귀를 기울여 행하라>

말보다는 먼저 귀로 고객들의 needs에 대해 파악할 수 있습니다.

이야기를 할 때, 상대방에게 말하는 것보다는 상대방의 이야기를 듣는 것을 좋아하고, 이로써 상대방의 요구사항이나 원하는 점에 대해 잘 파악합니다. 동네의 양로원에서 봉사활동을 한 적이 있는데, 적적해하시는 어르신들의 이야기에 경청하면서 그 분들이 무엇을 좋아하시는지, 어디가 아프신지 등에 대해 파악하게 되었습니다. 그래서 몸이 편찮으신 분들께는 아픈 곳을 자주 주물러드리기도 하고 김밥을 좋아하시는 분께는 직접 김밥도 싸드렸습니다. 이처럼 농협을 방문하시는 고객들도 제 가족처럼 여기고, 그들의 needs에 항상 귀 기울이고 파악하여 최상의 서비스를 제공하겠습니다.

#. 학교생활, 봉사활동 등의 경험에서 이룬 가장 큰 성과(결과)는 무엇이며, 본인은 어떠한 역할을 했는지 구체적으로 기술하세요.

< 책임감이 낳은 결과>

농수산물유통공사에서 주최하는 공모전에 '농수산식품의 수출 증대방안'의 주제로 참가한 적이 있습니다. 단체와 개인으로 나누어서 참가할 수 있었는데, 마침 같은 과의 선배들도 이 공모전에 관심이 있어서 같은 팀이 되어 함께하게 되었습니다. 선배들의 추천으로 조장으로 뽑히게 되었고, 조장이라는 책임감을 짊어지고 그 임무를 다하기 위해 자주 자리를 만들어서 주제에 대한 서로의 생각을 공유하게끔 유도했습니다. 비록 수상은 하지 못했지만, 무엇보다도 저희 임원들은 의견충돌도 있었지만 자주 서로의 의견을 나누고 맞춰갔기 때문에 한명도 빠짐없이 모두 공모전에 참가했다는 점에 대해 큰 성취감을 얻었습니다.

#. 지금까지 경험한 가장 큰 좌절(실패 또는 실수)은 무엇이며, 그 경험을 통해 얻은 교훈은 무엇인지 구체적으로 기술하세요

<급할수록 돌아가라>

패밀리 레스토랑 아르바이트를 할 당시, 한창 사람들이 붐빌 시간대에 마음만 급해져 음식을 한 번에 옮겨야되겠다는 생각만으로 욕심껏 음식을 챙겨 나르던 중, 한 손님에게 음식을 흘리는 실수를 범하게 된 적이 있습니다.

다행히 그 손님께서는 너그러운 마음으로 이해해주셨지만, 사장님께 큰 꾸중을 들었습니다. 이 사건을 통해 처음 해보는 일인만큼,

더욱더 침착하게 행동했어야 했다는 것을 깨달았고, '급할수록 돌아가라'는 옛말처럼, 신속히 처리해야 할 일들에 있어 너무 조급해하지 말고 신중하게 대응해 나가다보면 분명 실수없이 일을 완벽히 해결할 수 있을 것이라고 생각했습니다.

#. 위 자기소개서 내용 외에 추가적으로 본인을 소개할 내용을 기술하세요.

<농협과 하나 되어 나아가겠습니다.>

첫째, 농협에 어울릴만한 행원이 되기 위해 금융3종 자격증을 취득했으며, 금융 분야의 이슈들 또한 신문기사로 자주 접하고 있습니다. 꾸준한 자기계발을 통해 농협인으로서의 기본적 소양을 쌓았고, 이러한 역량을 바탕으로 고객들에게 다양한 금융상품 및 금융혜택을 제공하는, 능력 있는 행원으로 거듭나겠습니다.

둘째, 항상 먼저 계획을 세워놓고 실천을 하는 습관이 있어서 일처리를 정확하고 효율적으로 하는 편입니다. 학교과제로 문서작업을 할 때에도 대략적인 틀을 구상하고 그것에 맞추어 진행하기 때문에 큰 실수 없이 일을 마칩니다. 농협에 입사해서도 신속하지만 정확하게 일처리를 하여 믿음직한 행원이 되겠습니다.

8. 자소서 H

#. 자기소개

어렸을 때부터 그림 그리는 것과 식물들을 좋아했었습니다. 처음 그림을 그리게 된 건 유치원 때 부터였습니다. 그림 그리는 것을 좋아하는데 많은 이유가 있겠지만, 특히 주변에 있는 자연 풍경과 머릿속에 있는 상상속의 세계를 내 손으로 종이에 옮길 수 있어서였습니다. 그림을 그릴 때 검은 연필로 연하게 스케치를 하고 그 위에 다양한 색과 다양한 재질을 가진 재료들을 통해 완성된 작품을 만들 때 마다 보람을 느끼기도 했습니다. 하지만 학년이 올라갈수록 그림을 그릴 기회는 줄어들었습니다. 부모님께서 원하시던 직업은 선생님이셨기 때문에 그에 맞춰 그림보다는 학업에 더 열중했기 때문입니다. 하지만 그림 그리는 것이 여전히 좋았고, 식물들을 돌보는 것이 좋았기 때문에 동시에 할 수 있는 직업을 찾게 되었습니다. 찾아보니 조경이라는 분야가 설계를 통해서 식물들을 배식하고 관리를 하기 때문에 적합하다고 생각하였습니다. 그래서 환경조경디자인학과에 입학하게 되었습니다.

#. 장단점

모두들 한결같은 성격이 좋다고 하지만, 저는 한결같은 사람보다는 유동적인 사람 좋다고 생각합니다. 한결 같은 사람이 나쁘나는 것은 아니지만, 항상 똑같이 오랜 시간을 지속하는 것 보다, 다양한 시도를 해보는 것이 더 좋다고 생각하기 때문입니다. 그렇기 때문에 저의 유동적인 성격이 장점이라고 생각합니다. 전 제가 원하는 목표를 이루기 위해서 다양한 관점과 방법을 통해 성취해내고자 합니다. 조별 수업의 경우, 여러 가지 새로운 아이디어를 피력하고자 노력합니다. 다양한 관점에서 나온 아이디어를 통해 창의적인 조별작품이 나오기도 하지만 가끔은 조원들의 동의를 받지 못해 의견 충돌이 있기도 합니다. 그럴 때는 조원들의 의견을 경청하고 저의 의견과 절충점을 찾고자 노력합니다. 저는 조원들과 의견충돌도 창의적인 결과물이 나오기 위한 중간 과정이라고 생각합니다. 흔히들 실패는 성공의 어머니라고 합니다. 지금까지 위대한 업적을 남긴 위인들은 수많은 실패를 통해 성공을 맛보았습니다. 저 역시 그렇게 생각합니다. 다양한 시도를 함으로서 실패의 쓴맛을 많이 맛보겠지만 그 뒤에 따라오는 성공이라는 단맛은 그 무엇보다 달 것이라고 생각합니다. 그렇게 생각하기 때문에 조원들과 의견충돌을 하여도 나를 위한 공부라고 생각하고, 조원들의 의견을 이해하고자 노력합니다.

#. 학교생활 및 사회활동

제가 다니는 대학교에는 GLP라는 좋은 프로그램이 있습니다. GLP는 대학교와 자매결연을 한 외국 대학교에 교환학생을 파견하는 프로그램입니다. 2학년 겨울방학 때 GLP를 통해 영국에 교환학생으로 갔다 왔습니다. 제가 갔던 당시 학교에서 처음으로 영국으로 교환학생을 보내는 것이라 주어진 정보가 많이 없었습니다. 제가 많은 나라들 중에 영국을 선택한 이유는, 영국은 조경의 나라라고 불릴 정도로 조경이 발달된 나라였기 때문입니다. 영국에 있는 동안 저는 다양한 조경작품들과 미술작품들을 감상했습니다. 조경은 종합과학예술이라고도 하는데, 그 이유는 미학, 철학, 건축학 등 다양한 분야들의 상호작용으로 이루어진 분야이기 때문입니다. 영국에 있으면서 책에서만 보던 미술, 조경작품들을 실제로 보면서 견문을 넓혔고 저의 꿈을 구체적으로 생각할 수 있는 기회를 주었습니다. 또한 완벽한 영어회화를 구사하지 못했지만 길거리에 나가 영국인들과 대면하면서 영어에 대한 자신감을 높이고 낯선 사람에게 소극적인 면을 고쳐나갈 수 있었습니다.

9. 자소서 I

#. 성장과정

저는 1남 1녀 중 장녀로 태어났습니다. 저희 부모님께서는 자상하고 개방적인 사고를 가지신 분으로 자유로운 분위기에서 성장할 수 있었습니다. 또한, 가족들 간에도 언제든지 원활한 의사소통을 통해서 서로의 감정을 공유하고, 가족문제가 있을 때 항상 지속적인 대화를 통해 문제를 해결해 나가곤 했습니다. 이러한 환경 속에서 저는 기쁜 일이든 슬픈 일이든 대화를 통해 서로의 의견을 나누는 것에 익숙해졌습니다. 그 결과 친구관계나 타인과의 관계에 있어서도 항상 대화로서 타협하고, 소통하며 공감하는 능력을 자연스럽게 배울 수 있었습니다.

특히, 부모님께서는 제가 어렸을 적부터 거의 하루도 쉬는 날이 없을 정도로 성실하게 일을 하시고 항상 열심히 살아오셔서 저희 남매도 부모님의 근면성실함을 배울 수 있었습니다.

무엇보다, 부모님께서는 자신이 원하는 일이나 목표를 스스로 노력해 성취해야 한다는 점과 그 과정에서 피나는 노력과 강한 의지가 중요하다는 것을 항상 강조하셨습니다. 그래서 부모님께서는 제가 목표를 두고 어떤 일을 할 때는 스스로 좋은 결과를 얻을 수 있도록 항상 응원하고 격려해주시며, 저를 믿어 주셨고, 아낌없이 지원해주셨습니다.

#. 성격의 장단점

장점으로는 저에게 주어진 일에 있어서는 책임감이 강합니다. 기한 안에 과제가 주어지면 항상 기한을 맞추어 과제를 제출하고, 맡은 일은 책임을 다해 해결하는 편입니다. 또한, 다른 사람과의 약속을 중요시하는 성격이기 때문에 약속시간 같은 경우에는 항상 늦지 않게 먼저 나와 있는 편이고, 사정이 생기면 꼭 그 전에 미리 알려 대처합니다. 단점으로는 한 가지 일에 집중하게 되면, 동시에 다른 일을 살피지 못합니다. 그래서 학업에 집중하게 되면 다른 취미활동이나 대외활동은 못하게 되고, 취미활동을 하게 되면 학업에 소홀해지곤 합니다. 그래서 우선순위를 정하여 철저한 계획을 수립해 일을 한 가지씩 해결해 나가려고 노력합니다.

#. 취미·특기

저는 음악 감상하는 것을 좋아하고, 여행하는 것을 좋아합니다. 힘든 일이 있거나 생각이 많아 집중이 잘 안될 때 좋아하는 음악을 들으며 마음을 정리하곤 합니다. 또 여행을 통해서 새로운 것들을 보고 느끼고 다양한 감정을 경험함으로써 힐링이 되고, 거기서 에너지를 얻는 다고 생각합니다. 그래서 항상 여행은 저에게 사소한 것이라도 깨달음이 되고 큰 힘을 줍니다.

#. 가치관(생활신조)

저는 노력한 만큼 성장할 수 있고, 만족한 삶을 가꿀 수 있다고 생각합니다. 스스로가 진정으로 원하는 목표가 있고 꿈이 있다면 최선을 다해서 그 목표에 도달하기 위한 노력이 필요하다고 생각합니다. 어떠한 노력도 없이 대가를 바라는 것은 욕심이며 가질 수 없는 이상일 뿐입니다. 진정한 노력은 스스로를 배반하지 않습니다. 저희 아버지께서도 제가 어릴 적부터 항상 해주시던 말씀이었습니다. 그 말을 저는 믿었고 제가 살아오면서 경험을 통해 느낄 수 있었습니다. 지금도 그 믿음으로 제 스스로를 성장시키기 위해 노력하고 있습니다.

또한, 노력을 통해 얻을 수 없는 것은 없다고 생각합니다. 따라서 어떤 일을 추진할 때에도 스스로를 믿고, 노력하는 자세는 중요합니다. 쉽게 포기해 버리거나 목표도달을 위해 힘쓰지 않는다면 바라는 것을 얻을 수 없습니다. 그래서 저는 노력 없는 대가를 바라지 않고, 제가 성취하려는 일에 있어서 항상 온 힘을 다해 노력하여 제 스스로에게도 부끄럽지 않는 만족스러운 삶을 가꾸려고 합니다.

#. 앞으로의 포부

저는 아직 부족한 점이 많습니다. 하지만 노력하는 마음가짐으로 부족한 점들을 하나씩 채워나가려고 합니다. 제가 가진 장점은 더 잘 가꾸어서 제 좋은 이미지로 활용할 것입니다. 또한 끊임없는 자기개발을 통해 앞으로 이 치열한 사회에 뛰어들 수 있는 강한 경쟁력을 갖추어서 당당한 여성이 될 것입니다.

10. 자소서 J

#. 성격의 장·단점

꼼꼼한 성격을 제 성격의 장점으로 들 수 있겠습니다. 덤벙거리지 않고 꼼꼼한 성격이기 때문에 돈 관리도 잘 할 것 같다고 하여 과 총무를 맡아서 운영을 하기도 했었고 과의 모임 안에서도 총무는 저의 역할이었습니다. 과의 모임이 있던 어느 날, 고기로 맛있게 저녁 식사를 마치고 계산할 때의 일이었습니다. 20만원의 큰 오차가 나서 생각보다 많이 나온 금액에 놀랐지만 이내 사람들이 주문할 때마다 체크했던 저의 메모를 보여줬고 주인아주머니와 대화를 통해 중간 금액에서 합의를 봤던 일도 있었습니다. 저희 쪽의 입장에서는 그러한 금액도 손해지만 메모해두지 않았다면 20만원을 그냥 냈을 생각을 하니 더 아찔하기만 했습니다. 그리고 조별과제를 하는 경우에도 꼼꼼하게 하나하나 잘 정리하기 때문에 기획을 하거나 보고서 작성하는 일을 많이 맡아서 하게 되었고 마무리 작업을 하면서 오타를 찾아내어 고치고 검사하는 것도 제 몫이나 다름없었습니다. 또한 '백문이 불여일견' 이라는 말에 공감합니다. 백 번 듣는 것보다 내가 직접 한 번 보는 것이 낫고 많은 경험을 통해 직접 배우고 느끼는 것을 좋아합니다. 그렇기 때문에 욕심도 많아서 일을 한꺼번에 여러 가지를 추진하게 되는 경우도 생기게 됩니다. 하지만 똑같은 시간 내에 하고 싶은 것들을 다 하려면 좀 더 부지런하게 살 수 밖에 없다는 마음가짐으로 계획적으로 살고자 노력하고 있습니다.

#. 나의 비전

첫째, 부지런한 사람이 될 것입니다. 평소에 이것저것 직접 다 경험해보며 배워보고 싶고 젊을 때 아니면 하고 싶어도 하지 못할 일들이 많다는 생각으로 열정을 갖고 모든 일을 다 해내려고 하는 욕심 많은 성격 탓에 바쁜 경우가 있었습니다. 그만큼 일들이 겹쳐 촉박한 마음을 갖고 해야 하는 경우가 있었는데 평소에 잠을 조금 줄여서라도 해야 하는 일들은 미리미리 하는 습관을 들여 부지런한 사람으로 살아갈 것입니다.

둘째, 독립적인 사람이 될 것입니다. 혼자 생활해야 할 때는 혼자서 하긴 하지만 아직도 그런 것에 대한 두려운 마음이 남아있긴 합니다. 앞으로는 자신감도 더 키우고 의존적인 모습은 버리며 독립적인 사람으로 당차게 살아갈 수 있도록 노력할 것입니다.

#. 교내 외 활동사항

평소에 봉사활동 회원이신 어머니의 영향을 받고 자라 저도 봉사하는 것을 좋아하며 다른 사람들에게 도움 주는 것에 행복을 느끼게 되었습니다. 그래서 주변 사람들에게 도움을 줄줄 아는 사람, 나를 필요로 하는 사람이 되겠다는 가치관도 갖게 되었습니다. 일산에서 열렸던 '대한민국 교육기부 박람회'에 자원봉사자로 참가하여 봉사자: 참가자 1:1 진로 설정 및 상담활동도 했었고 '카페베네 청년봉사단 4기'로서 봉사활동을 직접 기획하고 봉사 기관과 연락도 하며 봉사활동 이외에도 기획이나 사람들 사이의 커뮤니케이션 능력을 키우는 데에도 많은 것들을 배울 수 있었습니다. 저의 제2의 고향인 전주에서 열리는 '전주 세계 소리축제'에도 도움이 되고 싶어 무대진행을 담당하며 열심히 발로 뛰었던 경험도 있습니다. 작년에는 대전에서 열린 '2013 세계 태권도 한마당'에 자원봉사자로 참가하여 외국인 선수들 안내를 돕기도 하였고 점수기록 관리를 하였습니다. 외국 꼬마아이들부터 어른들까지 흰 태권도복을 입고 맨발로 돌아다니는 사람들마다 미소를 지어보이며 더 친절한 느낌을 주고자 했던 것도 기억에 남습니다. 태권도 종주국인 대한민국이라는 것에 한국인 이라는 자부심이 크게 느껴졌고 봉사활동을 하면 할수록 봉사란 참 뿌듯하고 내가 행복하게 살 수 있는 방법 중에 하나라는 것도 느끼게 되었습니다. 또한 국내에서 봉사활동을 해보았으니 해외 봉사도 해보고 싶은 마음과 더 넓은 세상을 보고 싶은 마음으로 '전북대학교 동계 해외봉사단'으로 작년 겨울에는 중국 해외봉사를 나가 한국어교육도 가르치고 한국의 문화를 알리면서 비록 언어가 통하진 않지만 사람은 마음과 마음으로 통한다는 것을 가장 크게 느끼고 돌아오게 되었습니다. 또한 봉사활동 뿐만 아니라 더 다양하고 많은 활동을 통해 배우고 싶다는 욕구가 컸습니다. 그리고 항상 새로운 것을 도전하고 경험하는 것을 무서워하지 않고 즐기는 성격입니다. 그렇기에 '카페베네 홍보대사 5기'와 '2015 광주 하계유니버시아드 대회 제4기 대학생 홍보대사'를 통해서도 더 많은 사람들을 만나며 소통하는 법을 배우고 기획하고 아이디어 내는 활동들을 통해 저 또한 한층 성숙해질 수 있었습니다.

　이러한 활동을 통해 배운 배려하는 마음, 의사소통 능력 등으로 앞으로 사람들에게 배려하며 먼저 다가가고 후회되지 않는 인생을 살 수 있도록 노력할 것입니다.

11. 자소서 K

#. 가치관 - '혼자가 아닌' 나를 위해 살자.

저에게 바르게 산다는 것은 열심히, 즐기면서, 정직하게 사는 것입니다. 저는 저를 위해 반평생을 헌신하신 두 분을 알고 있습니다. 그분들의 노고를 위해 열심히 살아야 합니다. 저는 저만을 바라보며 남은 평생을 보낼 한 여인이 있음을 알고 있습니다. 그 사람의 미소를 위해 즐겁게 살아야 합니다. 저는 저를 존경하며 작은 것 하나까지 닮으려고 하는 아이들이 생길 것을 알고 있습니다. 저는 그들의 미래를 위해 정직하게 살아야 합니다. 이렇게 '내'가 아닌 '나를 위하는 사람들'을 위해 사는 것이 제가 바르게 사는 길입니다.

#. 직업관 - 내가 기쁘고, 내 가족이 기쁘고, 사회가 기쁠 수 있는 일.

저는 사람과 부대끼는 일을 좋아합니다. 힘들 때는 기대고, 있을 때는 나눌 수 있는 일을 하고 싶습니다. 가족을 위해서는 저의 직업을 통해 가족의 안정적 생활이 유지되어야 합니다. 마지막으로 제가 즐겁게 일하며, 가족의 안정적 삶이 유지된다면, 사회를 빛나게 하는 일을 하고 싶습니다. 저는 저를 올바르게 살게 할 회사를 위해 열심히, 즐겁게, 정직하게 헌신하겠습니다. 저는 언제나 곧고 정직하게 책임을 다 합니다. 목표를 향한 가장 빠른 길은 직선이라고 배우며 자랐습니다. 불평을 하는 순간 실패라고 생각합니다. 나태와 떠넘김의 유혹을 뿌리치고 정도를 걷겠습니다. 창의성은 하늘에서 선물처럼 떨어지는 것이 아니라 장인의 끊임없는 노력에 의해 태어난다고 합니다. 꾸준한 자기 계발과 전문지식 습득을 통해 영업의 전문가가 되어 회사의 이익에 기여하고 고객의 감동을 이끌어 내겠습니다. 상대방의 이야기를 경청하고 공감함으로써 친구들의 상담자 역할을 하곤 합니다. 선배들에게 겸손하게 배우고, 후배들을 어질게 이끌면서 Teamwork을 완성하고 '일할 맛' 나는 직장으로 만들기 위해 배려와 인내의 미덕을 실천하겠습니다.

#. 성격 및 생활신조

제 성격의 가장 큰 장점은 대화상대의 이야기를 잘 들어준다는 것입니다. 저와 대화할 때 사람들은 '이야기할 맛이 난다'고 합니다. 또는 저를 '리액션의 제왕'이라고도 불러줍니다. 상대가 어떤 주제로 어떤 이야기를 하든지 즐겁게 들어주기 때문입니다. 제 성격의 단점은 일을 맡았을 때, 가시적인 성과를 빨리 보고 싶어하는 것입니다. 그래서 저는 자격증공부나 외국어공부 등 장기적인 과제를 할 때, 단기간의 미션으로 구분해서 차근차근 해결하려고 시도합니다. 이러한 방법은 끝까지 질리지 않고 진득하게 노력하는 태도를 갖게 해 주었습니다. '실력 없는 자신감은 자만이고, 실력 없는 겸손함은 비굴이다'라는 말을 생활신조로 삼고 있습니다. 그래서 항상 자신을 실력 있는 사람으로 만들고자 노력합니다. 항상 준비돼있는 사람으로 성장하겠습니다.

12. 자소서 L

#. 성격의 장단점

장점은 누구나 쉽게 다가와서 친해질 수 있는 친화력이고, 단점은 그 때문에 상대방이 잘못된 행동을 했을 때 직설적으로 말하지 못한다는 점입니다.

#. 생활신조

"밥값을 해야 밥을 먹지" 해외에 있을 때 학원선생님의 신조였는데 우스꽝스럽고 장난스럽게 보이지만 사회생활을 하기 위한 가장 좋은 내용인거 같아서 정했습니다. 인간이 인간답게 살기위해선 밥값을 해야 하기 때문입니다.

#. 취미 및 특기

취미는 탁구, 축구, 장기, 그리고 생일인 지인에게 문자보내기이며 특기는 만나는 사람의 이름과 나이를 정확히 기억해주는 것입니다.

#. 지금까지 이룬 가장 큰 성취 3가지

첫째는 군복무중 우울증에 걸린 병사를 상담을 통해 회복시킨 일입니다.

둘째는 해외에 있을 때 한국을 홍보한 일입니다.

셋째는 암에 걸리신 아버지를 정성을 다해 보살펴드려서 많이 호전 시킨 일입니다.

#. 귀하가 가장 소중하게 생각하는 것 세 가지

첫째는 가족입니다. 저를 있게 해준 원동력이기 때문입니다.

둘째는 일할 수 있는 건강입니다. 사람은 평생 일을 하면서 살아야 합니다. 계속 놀기만 하면 처음에는 좋을 것 같지만 삶에 대한 의지도 사라지고 우울증도 걸릴 수 있습니다. 그래서 사람은 평생 일을 해야 하는데 그러기 위해선 건강이 최우선입니다.

셋째는 저의 성격입니다. 주관도 뚜렷하지 않고 결단력도 없지만 그러한 면 때문에 많은 친구를 만들고 어울릴 수 있었습니다.

#. NH농협은행에 지원한 동기 및 지원하기 위해 본인은 어떠한 노력과 준비를 했는지 구체적으로 기술하세요.

농업인의 든든한 벗 농협. 1960년대부터 지금까지 50년간 한국의 농업을 지켜내고 대한민국 정부아래 최대 조직이 된 농협을 어렸을 때부터 지켜봐왔습니다. 조합원 한분 한분의 노력으로 큰 조직이 되었고 사장이나 회장이 주인이 아닌 구성원 모두가 주주이고 주인인 농협을 보면서 언젠간 저도 그 주주가 돼야겠다고 다짐을 했고 지원하게 됐습니다. 은행부분, 경제부분 어느 하나 뒤지지 않는, 또한 해외까지 한국을 알리고 뻗어나간 농협의 일원으로써 더욱더 성장시켜야겠다는 꿈을 꾸었습니다. 조합원 수 2,453,177명 점포수 1,166개 계열사 34개에 육박하는 거대한 조직에 들어가기 위해 몇 가지 노력을 했는데 첫째, 농협에 관련된 기사나 자료들을 꾸준히 봐왔습니다. 농협인이 되기 위해서는 농협을 잘 알아야 한다고 생각했습니다. 둘째, 농협을 홍보했습니다. 아는 지인이나 주변사람들을 만날 때면 농협에서 하는 유용한 정책들이나 활동들을 설명해 주었습니다. 셋째로는 책임감을 키웠습니다. 사람이 책임감이 없다면 맡은바 임무를 수행해 내지 못할 것 입니다. 사소한 일 하나가 주어지더라도 그것을 완벽히 마치기 위해서 최선의 노력을 다했습니다. 저는 저의 책임감을 가지고 농협을 위해 헌신할 준비가 되어있습니다.

#. 농협은행의 직원으로서 타인과 구별되는 자신만의 경쟁력은 무엇입니까,

저의 경쟁력은 바로 포용력입니다. 누구나 친해질 수 있는 포용력으로 그 누구보다도 조합원들과 단결해 나갈 것입니다. 한 달에도 많은 회사원들이 갈등을 겪고 어려움을 겪어 회사를 그만두곤 합니다. 그 이유 중 대부분은 인간관계 갈등입니다. 군복무 중에 상담병으로서 많은 병사들의 고민을 들어주고 해결하려 노력했습니다. 그리고 많은 병사들이 문제를 해결했습니다. 저는 이런 무기를 농협에서도 적극적으로 쓰고 싶습니다. 힘들고 갈등을 겪고 있는 동료가 있다면 서슴없이 다가가 들어주고 위로해주고 해결해주려 노력할 것입니다. 또한 고객들에게도 단순히 업무만 보는 은행원이 아닌 말동무가 되어줄 수 있는 그런 은행원으로 거듭나고 싶습니다.

#. 학교생활, 봉사활동 등의 경험에서 이룬 가장 큰 성과(결과)는 무엇이며, 본인은 어떠한 역할을 했는지 구체적으로 기술하세요.

2012년 겨울, 친구의 소개로 진안에서 멘토링 봉사활동을 했었습니다. 교육지원청에서 주관하는 것이었는데 저소득층 자녀들에게 학습지도 및 상담을 해주는 것이었습니다. 사실 전 그런 목적보다도 활동비를 많이 주기에 돈을 보고 신청했습니다. 제가 맡은 학생은 아버지가 일본인, 어머니가 한국인인 다문화가정 자녀였습니다. 중학교 3학년 신정우라는 학생이었는데 원래는 일본에서 살았지만 일본 쓰나미 사건 이후 어머니 고향 진안으로 이주하게 됐습니다. 처음에는 대충하고 가야지라는 생각을 가졌지만 그 친구와 이야기를 하면서 오히려 제가 많은 것을 배우고 깨닫게 되었습니다. 소심했지만 부모님을 지극히 생각하고 자기 맡은 바 일을 묵묵히 했던 정우는 저에게 많은 교훈을 주었습니다. 저도 이제는 돈이 중요한 것이 아니라 사람을 버는 일을 하고 싶어서 정우에게 많은 이야기를 해주고 들어주며 소심했던 성격을 변화시켰습니다. 이제는 멘토와 멘티가 아닌 친구로서 만나고 대화하고 정말 즐거운 시간을 보냈습니다. 비록 일주일에 두 번씩 한 달 밖에 못 만났지만 서로 많은걸 공유하고 힘든 일들을 나눴습니다. 멘토링이 끝난 후 정우 어머니께서 저에게 전화를 하셔서 정우가 성격이 활발해졌다고 고맙다고 말씀해 주셨습니다. 전 그때의 뿌듯함을 아직도 잊을 수가 없습니다. 6개월 후 다시 일본으로 돌아가게 되어 지금은 연락이 안 되지만 정우하고 함께한 멘토링은 잊을 수 없는 좋은 경험이었습니다.

#. 지금까지 경험한 가장 큰 좌절은 무엇이며, 그 경험을 통해 얻은 교훈은 무엇인지 구체적으로 기술하세요.

대학교 1학년 때 친구와 해남 땅끝 마을까지 자전거 여행을 한 적이 있었습니다. 총 8박9일 700km가 넘는 긴 여정이었는데 20살 패기로 아무 준비도 없이 텐트하나 실은 채로 전주를 떠났습니다. 처음에는 기분 좋게 출발했는데 여름이라 덥고 비도 많이 오고 점점 짜증나기 시작했습니다. 정말 아무 준비 없이 갔기 때문에 비오면 비도 맞고 햇빛이 강하면 살이 타기도 했습니다. 또한 국도로 가다 보니 산을 넘을 일이 엄청 많았는데 그때 당시 군대도 안 갔다온 저희로써는 너무 힘든 여정이었습니다. 하루 이틀이 지나고 5일이 넘어가자 친구와 저는 점점 의견도 충돌하고 서로 토라지게 됐습니다. 결국 저희는 9일째 되는날 순천에서 자전거를 버스에 싣고 전주로 돌아왔습니다. 비록 해남 땅끝마을까지 가긴 했지만 그 이후 친구와 싸워 즐거운 여행이 되지는 못했습니다. 저는 거기서 계획의 중요성을 깨달았습니다. 그리고 또한 인간관계에 대해서도 많은 것을 느꼈습니다. 좀 더 구체적인 계획을 세우고 갔으면 얼마나 좋았을까, 또한 내 의견을 양보하고 친구의 의견을 존중해줬으면 어땠을까 라는 생각이 많이 들었습니다. 인생도 마치 자전거 여행 같습니다. 때로는 가기 좋은 평지이지만 때로는 비오기도 하고 덥기도 하고 경사가 큰 오르막이 다가올 때도 있습니다. 그러한 것들을 얼마나 계획해서 헤쳐 나가는가, 또한 어떻게 하면 동반자와 같이 협력해서 갈 수 있을까 라는 교훈을 얻게 되었습니다.

#. NH농협은행의 강점은 무엇이며 NH농협은행이 지속성 장하기 위하여 필요하다고 생각하는 부분을 구체적으로 기술하시오.

농협은행의 가장 큰 장점은 접근성과 신뢰입니다. 국내 최고 많은 점포를 가지고 있고 또한 오랜 역사를 가진 안전한 기업으로써 사람들의 신뢰를 받아오고 있습니다. 제가 주변 지인들에게 농협에 대해 물어보면 대다수는 친숙하고 신뢰가 간다고 대답을 합니다. 그만큼 고객들에게 인지도가 있다는 증거입니다. 요즘같이 부실기업이 많아지고 있는 가운데 농협은 고객의 돈을 지켜줄 가장 신뢰 있는 보완업체입니다. 지속 성장하기위한 방법으로는 SWOT분석을 주기적으로 해야 한다는 것입니다. 약점을 강점으로 보완하고 위기를 기회로 만드는 것이야 말로 농협은행이 적극적으로 해나가야 할 일입니다. 예전 상도라는 드라마를 보면서 장사란 이런 것 이구나를 많이 배웠습니다. 임상옥이라는 조선최고의 거부의 일대기를 그린 내용이었는데 그가 말하기를 장사는 돈을 버는 것이 아니라 사람을 버는 것이라고 했습니다. 또한 돈을 버는 것이 아니라 신용을 버는 것이라고 했습니다. 사람과 신용보다 더 중요한 자산은 없습니다. 특히 은행이라면 더더욱 중요합니다. 단지 돈을 벌기위해 고객을 유혹하는 것이 아닌 정말 사람을 벌기위한 마음으로 운영을 합니다. 고객 서비스를 위한 센터를 늘리고 어떻게 하면 고객을 위한 은행이 될지 고민하고 설문조사를 하면 좋을 것 같습니다. 또한 많은 이벤트를 통해 고객과 소통하는 문화를 만들면 좋을 것 같습니다. 이러한 것을 실천한다면 세계적으로 큰 기업이 되리라 믿습니다.

#. 위 자기소개서 내용 외에 추가적으로 본인을 소개할 내용을 기술하세요.

어학연수 시절 전 자신감이 너무 없었습니다. 앞에 나가서 발표도 잘 못했고 외국인들과 친해지는 것도 두려웠습니다. 대화도 안통해서 외로웠고 힘들었습니다. 약 한 달간 고민 끝에 저는 결론을 찾았습니다. 문제는 바로 저한테 있었습니다. 한 달 동안 저는 어학연수의 힘든 점을 외부로만 찾으려고 했습니다. 환경이 안 좋아서, 또 친구들이 안 좋아서 라고 변명을 했었습니다. 하지만 어학연수가 재미 없고 힘든 이유는 바로 저의 부정적인 태도 때문이었습니다. 저에게 도 충고해주고 조언해주는 친구가 있습니다. 어학연수 기간 동안에 그 친구와 상담을 했었는데 좀 더 긍정적이고 넓은 마음으로 보라고 조언 받았습니다. 저는 제 자신이 먼저 변화해야겠다고 생각했습니 다. 새로운 친구를 사귀면 먼저 말 걸고 다가가고, 날씨가 더우면 추 운 것 보다는 낫지 라는 생각으로 공부에 임했습니다. 그 결과 1년 의 어학연수 기간 동안 셀 수 없는 인간관계를 쌓았고 많은 여행들 도 주도해서 갔습니다. 수동적인 자세가 아니라 능동적인 자세로 많 은 계획들을 준비하고 이끌어 나갔습니다. 많은 사람들은 저에게 리 더송이라고 칭찬해주셨습니다. 저는 농협은행에서도 리더송이 되고 싶습니다. 다가가기 어려운 은행원이 아닌 친숙한 동네 아저씨 같은 이미지로 고객들에게 다가가고 싶습니다. 사실 창업동아리와 공모 전, 인턴 등을 많이 해서 경험을 쌓고 싶었지만 여건이 좋지 않아 그 러지 못했습니다. 하지만 하고 싶은 열정을 농협에 쏟고 싶습니다. 저의 20대의 열정과 패기를 가지고 맡은바 소임을 다하는 사람과 신용을 버는 농협은행의 일원이 되고 싶습니다.

13. 자소서 M

#. 성장과정

나는 어렸을 때 굉장히 나가서 노는 것을 좋아 했다. 항상 친구들과 아파트 놀이터에서 배고파서 배가 쓰릴 때까지 놀이터에서 놀다가 집에 가곤 했다. 나가서 놀아 봤자 항상 똑같은 놀이를 했었는데도 너무 재미있었다. 그러고 중학교 때엔 정말 힘들었다. 공부하기는 싫고 그렇다고 뭐 하고 싶은 것이 있는 것 도 아니고 부모님한테 늘 혼이 났었다. 그리고 고등학생이 되었는데 어머니가 너무 속상해 하시는걸 보고 생각이 바뀌었다. 우선 공부를 정말 열심히 했다. 중학교 졸업 땐 거의 꼴등 이었는데 중간이상으로 가니, 부모님들이 굉장히 좋아하셨다. 하지만 고3때도 친구들이 축구하자고 하면 나가서 축구할 정도로 운동을 좋아했다. 군대에 가서도 쉬는 시간이나 주말엔 항상 운동을 했다.

#. 장단점 및 특기

나의 장점은 상대방의 얘기에 귀를 잘 기울이고 관심을 많이 보여 상대방의 사소한 것도 잘 기억하는 것 이다. 그래서 그런지 친구들이나 동생들이 고민상담도 많이 할 수 있고, 이것저것 얘기하기 편한 스타일 이다. 또한 맡은 일엔 항상 책임감이 굉장히 강하다. 내가 맡은 일이 뭔가 잘 못 되면 혼자 자존심이 상한 적이 굉장히 많다. 애슐리에서 아르바이트를 했을 때도 음식이 뭔가 잘 못 되면 굉장히 자존심 상해서 혼자 연구 했었던 기억이 있다. 나의 단점은 우유부단한 점이다. 나는 사람들이 말하는 거에 혼자 혹해서 내가 하려했던 것과 다르게 결정해서 일을 그르치기도 하고, 내가 이걸 해야지, 하다가도 친구들 몇 마디에 넘어가곤 했다. 이걸 고치기 위해 나는 하지 말 것 리스트를 지금도 일기장에 쓰고 있다.

#. 장래희망 및 포부

나의 장래희망은 부끄럽지만 아직까지 없다. 없다 기 보단 되고 싶은 건 많다. 하지만 대학교 3학년이 되면서 그것이 되기 위해서는 좀 더 예전부터 준비를 했어야 하는구나. 라는 생각이 들면서 '좀 더 정보가 있었다면'이라는 생각이 많이 든다. 나의 포부는 우선 자격증을 따는 것 이다. 지금은 한국사 1급을 공부중인데 주민등록증, 학생증 이후에 증이 없는데 지갑에 증 하나 넣고 다니고 싶다. 또한 내가 역사를 좋아해서 욕심이 나는 것이 사실이다.

#. 자기 사명서

나는 아래와 같은 사람이 되고 싶다

첫째 나는 자유로운 사람이 되고 싶다. 남의 시선이나 생각을 신경 쓰는 것 보단 내 스스로의 주관을 가지고 내가 하고자 했던 일은 할 수 있는 사람이 되고 싶다.

둘째 나는 성실한 사람이 되고 싶다. 언제나 움직이고 연구하면 나 자신에 투자를 하고 사람들에게 인정받는 사람이 되고 싶다.

셋째 나는 책임감 있는 사람이 되고 싶다. 나는 내가 맡은 일에 대해서는 프로의식을 가지고 책임감 있게 일을 끝내고, 내가 속해 있는 단체에 항상 애정을 가지고 있는 사람이 되고 싶다.

넷째 나는 친절한 사람이 되고 싶다. 나는 누구에게나 편견을 가지지 않고 친절한 사람이 되고 싶다.

다섯째 나는 센스 있는 사람이 되고 싶다. 나는 일을 하는데 있어서 고지식한 사람보다는 융통성을 발휘하는 지혜로운 사람이 되겠다.

Part 06

멋진 인생,
멋진 출발

1. NQ를 올려라

세상이 너무나 빠른 속도로 변화되어가고 있습니다. 예전에는 IQ (지능지수)가 인생 전체를 지배하는 사회로 전개되다가 그 다음에는 EQ(감성지수)가 환영받는 사회로 접어든 후, 이제는 NQ(공존지수)가 생존전략으로 자리잡고 있습니다. NQ(Network Quotient)라 함은 한마디로 주변사람들과 네트워크를 얼마나 잘 만들고 잘 꾸려 나가는가를 나타내는 척도입니다. 앞으로 성공하고 싶다면 주변사람들에게 먼저 베풀고, 먼저 관심을 보이고, 먼저 말을 걸고, 먼저 도움을 나누시기 바랍니다. 다음의 'NQ 15계명'을 실천하여 성공적인 삶과 보람된 직장생활을 하시기 바랍니다.

1) 꺼진 불도 다시 보자

지금 힘이 없는 사람이라고 우습게 보지마라. 나중에 큰 코 다칠 수 있다.

2) 평소에 잘해라

평소에 쌓아둔 공덕은 위기 때 빛을 발한다.

3) 네 밥값은 네가 내고 남의 밥값도 네가 내라

기본적으로 자기 밥값은 자기가 내는 것이다. 남이 내주는 것을 당연하다고 생각하지 마라

4) 고마우면 '고맙다'고 미안하면 '미안하다'고 큰소리로 말해라

입은 말하라고 있는 것이다. 마음으로 고맙다고 생각하는 것은 인사가 아니다. 남이 네 마음속까지 읽을 만큼 한가하지 않다.

5) 남을 도와줄 때는 화끈하게 도와줘라

처음에 도와주다가 뒤에 미적미적하거나, 도와주는데 조건을 달지 마라. 괜히 품만 팔고 욕먹는다.

6) 남의 험담을 하지 마라. 그럴 시간 있으면 팔굽혀펴기나 해라

7) 회사 바깥 사람들도 많이 사귀어라

자기 회사 사람들하고만 놀다가는 우물 안 개구리가 된다. 그리고 회사가 너를 버리면 너는 고아가 된다.

8) 불필요한 논쟁을 하지마라

회사는 학교가 아니다.

9) 회사 돈이라고 함부로 쓰지 마라

사실은 모두가 다 보고 있다. 네가 잘 나갈 때는 그냥 두지만 결정적인 순간에는 그걸로 잘린다.

10) 남의 기획을 비판하지 마라

너나 잘해라

11) 가능한 한 옷을 잘 입어라

외모는 생각보다 훨씬 중요하다. 할인점 가서 열 벌 살돈으로 좋은 옷 한 벌 사 입어라.

12) 조의금을 많이 내라

부모를 잃은 사람은 이 세상에서 가장 가엾은 사람이다. 사람이 슬프면 조그만 일에도 예민해진다. 2, 3만원 아끼지 마라. 나중에 다 돌아온다

13) 수입의 1퍼센트 이상은 기부해라

마음이 넉넉해지고 얼굴이 확 핀다.

14) 경비아저씨, 청소부 여사님에게 잘해라

정보의 발신지이자, 소문의 근원일뿐더러, 네 부모의 다른 모습이다.

15) 옛 친구들을 챙겨라

새로운 네트워크를 만드느라 지금 가지고 있는 최고의 재산을 소홀히 하지 마라. 정말 힘들 때 누구에게 가서 울겠는가?

2. 실력 있는 농협인이 되자

어려운 시기 잘 보내고 계시는지요? 여러분과 함께했던 시간들이 주마등처럼 떠오릅니다. 특히 사진을 분류하고 동영상을 편집하면서 그리움이 더하네요. 저한테는 20여년 전의 신규직원의 아련한 추억은 있지만, 사진은 남아있는 게 없답니다. 그렇지만 신규 연수생활은 생생하게 오래 기억되고 있습니다.

연수생활의 즐거움을 함께 하고 교육의 효과와 초심의 자세를 영원히 지속시킬 방법을 고민하였습니다. 신기술이 접목된 창의적인 방안을 무엇일까 고민하다가 연수생활 DVD를 제작하였습니다. 너무 큰 기대는 하지마시고 보시면 좋겠습니다.

아울러 몇 가지 당부말씀을 드릴까 합니다. 먼저, 적은 것에 감사하면 좋은 일이 더 많이 생기고 마음도 편안해집니다. 신규직원연수를 마치고 교육을 잘 받았다는 감사의 말이 많을 기수일 때 보람이 생기고 더 애정이 간답니다. 제가 '성공적인 농협인'인가에 대하여 고민을 해봅니다. '그렇다.' 라고 자신 있게 말할 수 없어 충고라기보다는 제 생각을 몇 자 적어 봅니다.

야간지도교수를 담당하면서 날씨가 나빠 혹은 전날의 힘든 훈련으로 아침 조례행사를 생략했으면 할 때도 어김없이 조례행사를 실시하여 야속하다는 소리를 듣곤 했습니다. 하지만 원칙이 무너지면 안 되기 때문에 예외를 두지 않았습니다.

경제사업을 강의하면서 많은 분량을 아무런 힌트 없이 평가를 치르게 한 것은 현업보다는 교육원에서 하나라도 더 익히게 하겠다는 의욕이었습니다.

최근 50대 초반에 은행지점장을 명예퇴직하고 83%가 식당을 개업하고 그중 80%가 사업에 실패한다고 합니다. 우리는 취직과 동시에 책을 멀리하는 경향이 있습니다.

자기개발은 끊임없이 지속되어야 합니다. 근래 농협 퇴직선배님이 등산이나 바둑으로 소일하지 않고, 외부 대학의 학장으로 취임한 것을 보고 많은 걸 느꼈습니다. 항상 말뿐이 아닌 실력을 가꾸도록 노력해야합니다. 명하 속에서의 내가 아니라, 어떤 분야의 전문가가 되어 외부에 팔릴 수 있는 역량을 갖추어야 합니다. 여러분의 건투를 빕니다.

3. 자신의 이미지부터 확 바꿔라

정확한 통계는 내봐야 알겠지만, 신규직원중 대체로 10%정도가 1년 이내에 퇴직을 하는 것 같다. 또한 몇 년 전 한 취업사이트가 실시한 설문에서 '직장인의 70%이상이 상사와 갈등 때문에 이직을 심각하게 고민해 본적 있다'는 결과가 나온 것을 본적이 있다. 실제로 퇴직을 하는 사람들의 속사정을 들어보면 겉으로는 '적성에 맞지 않다'는 등의 이유를 대지만 실제로는 상사와의 마찰이나 갈등으로 인한 경우가 많다.

하지만 현재의 처우수준, 동료와의 관계, 향후 성장기회 등 제반 사항을 다양하게 고려하지 않고, 오로지 상사와의 갈등 때문에 이직을 결심하는 것은 그다지 바람직하지 않다. 운이 나쁜 경우 자신과 더 맞지 않은 상사를 만날 수도 있다.

그러므로 상사와의 불편한 관계로 인해 직장생활이 힘들 경우, 이직을 고려하기에 앞서 관계를 개선할 여지가 없는지를 꼼꼼히 따져봐야 한다. 상사도 문제가 있는 경우도 있지만, 그 상사가 보기에는 내 문제인 사례도 적지 않을 것이다.

부하직원이 상사와의 관계개선을 위해 사용할 수 있는 방법에는 여러 가지가 있지만, 가장 효과적이고 쉬운 것은 인식관리(Impression Management)라고 할 수 있다. 인식관리란 상대가 자신에 대해 가지고 있는 기존 이미지나 인상을 변화시키기 위한 모든 노력을 의미한다. 즉 자신에 대한 부정적 이미지를 긍정적인 이미지로 바꾸어가는 것으로 '비호감'을 '호감'으로 바꾸는 작업이라고 할 수 있다. 인식관리를 잘한 직원은 업무성과가 저조했을 때도 '실력이나 태도'를 탓하기보다는 외부요인 때문 '이라는 평가를 받는 경우다. 하지만 이런 인식관리는 단시간에 이루어지는 것은 아니다. 2~3개월 이상의 오랜 시간을 들여 꾸준히 노력해야 변화가 가능하다. 구체적인 내용은 다음과 같다.

#. 나쁜 이미지부터 없애라

상사에게 부정적인 감정을 불러일으킬 수 있는 것을 없애라는 것이다. 이를 위해 다음 세 가지 사항을 유념해야 한다.

첫째, 상사가 싫어하는 행동을 절제하라.

부정적인 이미지를 제거, 약화하려면 무엇보다 상사가 싫어하는 행동을 절제하는 노력이 필요하다. 예를 들어 상사가 회의 중에 전화 받는 것을 기분 나빠한다면, 철저히 피해야 한다. '내가 싫어하는 것을 알면서도 한단 말이지'라는 괘씸죄까지 추가 될 수가 있다. 상사가 싫어하는 행동을 절제하려면 먼저 문제가 되는 행동이 무엇인지 명확히 알아야 한다. 상사에게 직접 물어보는 수도 있겠지만, 상사와 가까운 사람에게 물어보는 것이 좋다. 상사가 못마땅하게 여기는 행동을 파악하고 나면 자신이 바꿀 수 있는 것과 바꿀 수 없는 것을 구분해야 한다. 상사가 싫어하는 행동이라고 무턱대고 자신의 행동을 고칠 수는 없다. 상사가 틀린 생각을 가지고 있는 경우도 있고 고치기 위해서 지난 친 스트레스를 받아야 하는 경우도 있기 때문이다. 실행에 옮길 수 있는 범위 내에서 선택을 하는 것이 좋다. 2~3가지를 집중해서 변화하려고 노력하는 것이 바람직하다.

둘째, 자신을 돌아보라. 자신을 객관적으로 평가하는 것이 가장 기본적인 출발점이다. 특히 업무태도 및 대인관계를 차분히 돌아보는 것이 좋다. 실력이나 업무역량보다는 업무태도와 인간관계의 중요성이 상대적으로 높을 수 있다. 기억하라. 정리해고를 단행한 기업의 경우 보통 업무성과보다는 평소 업무태도를 기준으로 '부적격자'를 가려내는 성향이 강했다.

자신이 기본적인 예의를 잘 지키고 있는지도 살펴봐야 한다. 성의 없는 보고자세, 상사의 지적에 예의 없이 대들어 권위에 상처를 내는 태도 등은 많은 관리자들이 공통적으로 지적하는 불쾌한 경험이다. 평소 상사가 인상을 찌뿌릴 때의 행동을 후배가 자신에게 한다고 생각해보라. 만약 기분이 나쁘다면 상사도 그렇게 느끼고 있다는 말이다.

셋째, 감정을 조절하라. 순간적인 분노를 통제하지 못해 상사와 공개적인 언쟁을 벌이지 않도록 조심해야 한다. 누구나 무언가 마음에 들지 않는 일이 생길 때 순간적으로 욱하는 기분이 들기도 한다.

하지만 '상사 알기를 우습게 안다. 조직생활의 기본이 안 되어 있다'는 인식을 조직전체에 확인해 줄 뿐이다.

스트레스를 받더라도 조용히 푸는 것이 좋다. 물론 신뢰할 수 있는 동료나 선배가 있다면 고충을 이야기하면서 푸는 것도 좋은 방법이지만 가급적이면 조용히 푸는 방법을 추천하고 싶다. 잘못 꺼낸 말 한마디가 큰 문제를 야기하는 경우도 있다. 차라리 그 시간에 자기개발이나 취미생활을 하는 것이 낫다. 운동이나 등산, 독서 등을 통해 스트레스도 해소하고 자기 자신의 만족감을 높이는 것도 자연스러운 해소방법이 된다.

#. 긍정적인 이미지를 만들어라

상사와 관계를 개선하려면 부정적인 이미지를 약화시키는 것만으로는 충분치 않다. 좋은 이미지를 위한 적극적인 노력이 필요하다.

첫째, 업무스타일을 맞춰라. 상사마다 좋아하는 업무스타일이 있다. 업무를 하다보면 크게 중요하지 않다고 생각하는 것을 상사가 지적하는 경우가 있다. 그럴 경우에는 상사가 좋아하는 방식으로 맞춰주는 것이 좋다, 왜냐면 중요한 것이 아닐뿐더러 그렇게 맞춰주는 것이 그리 어려운 것이 아니기 때문이다. '내 입맛에 맞게 일을 해주는 꼭 필요한 부하'로 인정받을 수 있다.

둘째, 주변사람과 잘 사귀는 것도 필요하다. 유유상종이란 말이 있다. 사람들은 남을 평가할 때 어떤 사람과 친한지를 중요시한다. 상사는 평소 부하들이 어떤 사람과 친한지 살펴본다. 그는 자신이 좋아하는 사람들, 혹은 높게 평가하는 사람들과 지내는 부하에게는 호감을 갖지만 자신이 싫어하거나 경계하는 사람들과 친하게 지내는 부하에게는 심한 경우 적대감을 갖기도 한다.

셋째, 외모관리에도 신경 써라. 사소함 듯 보이지만 헤어스타일, 옷차림 등과 같은 외모를 잘 관리하는 것도 상사에게 긍정적인 이미지를 심어주는 데 크게 기여하다. 사람들은 사적인 것에 쉽게 영향을 받는다. 보수적인 조직에서는 자신만의 개성적인 복장을 마음껏 뽐내는 것은 삼가는 것이 바람직하다. 자칫하면 '조직분위기를 해치를 사람'으로 평가받을 수 있기 때문이다.

마지막으로 위에서 언급한 상사의 인식을 바꾸기 위해 노려하는 모든 과정에서 빠뜨리지 말아야 할 것이 진실성임을 말하고 싶다. 적당히 잘 보이기 위한 가식적인 행동은 오히려 이중적이거나 정치적인 사람으로 낙인찍히기 쉽다. 저렇게까지 하고 싶을까? '라는 측은지심이 곁들여진 평판까지 함께 들을 수 있다. 최소 8시간 이상 생활하는 직장에서 가식적인 모습으로 생활하는 것은 본인의 정신건강에도 전혀 도움이 되지 못한다. 진실 된 마음으로 상사와 잘 지내야겠다는 생각을 했다면 이를 위해서 작은 것 하나라도 실천해봤으면 한다. 신규직원들의 작은 행동 하나 하나가 상사들에게 나아가서는 우리 조직 전체에 큰 반향을 일으킬 수도 있다.

3. 30년 후 자신의 모습을 그려라

우리나라는 몇 번의 호황과 불황을 반복하면서도 지속적인 경제성장을 이루어 왔다. 기업들도 70년대의 고도 경제성장기에는 선진국들의 경영이나 조직체계를 벤치마킹하여 우리나라 실정에 맞게 한국형 기업조직을 완성해 발전 해왔다. 그런데 자금의 여유가 생겨 돈이 돈을 버는 실체가 없는 경제활동이 활발해지자 이른바 IMF 상태를 초래하고 말았다. 불과 5년 후 10년 후를 내다보지 못한 탓에 이후 10년간 우리는 냉혹한 구조조정, 고 실업률 등 엄청난 시련을 감수해야 했다.

비록 온 국민이 합심하여 IMF를 극복했지만 그 회복의 이면에는 저고용, 장기불황과 구조적 취업난이라는 고난이 남아있다. 이러한 고난 속에서도 취업을 한 여러분은 가히 뛰어난 인재라고 생각되어 자랑스러움을 느낀다.

이런 시장의 불확실성과 무한경쟁시대를 어떻게 대응해 가면 좋을까? '30년 후 자신의 모습을 그려라' 라고 말해주고 싶다. 30년 후 자신을 상상해보라. 그 모습 그대로 지금의 당신과 대화해보면 어떤 대화가 전개될까? 인생은 긴 여정이지만 뒤돌아보면 순식간이다. 그리고 '그렇게 했으면 좋았을 걸'이라든가 '이렇게 하지 않았더라면 좀더....'라든가 하고 후회하는 일도 많을 것이다.

인간의 소질에는 큰 차이가 없다. 실제로 머리가 좋고 나쁨은 다소 있을지도 모른다. 재주가 있고 없음이라는 차이도 있을 것이다. 하지만 머리 좋고 재주가 좋은 사람은 끈기가 부족할 수도 있다. 머리가 좋지 않고 재주가 없어도 끈기 하나로 인류가 된 사람도 많다.

즉, 출발 시점에서의 결의와 진행방향의 결정이 인생이라는 장기전에서의 승부를 좌우할 수가 있다.

여러분이 확고한 신념도 방향 설정도 없는 채로 신규직원부터 중견직원의 길을 걷는다 해도 그런대로 어떻게든 생활해 나갈 것이다. 하지만 나중에 후회하는 인생이 될지도 모른다.

인생 50선을 넘고 인생의 반을 지나 마지막이 보일 때 내모습의 매력은 얼마나 남아 있을까?

인생은 확실히 긴 여정이다. 그러나 그것은 오늘 내일의 하루하루를 쌓아올린 것이다. 매일을 충실하게 힘껏 살아가자.

그것을 실천할 수 있다면 인생 그자체도 꼭 후회 없는 충실한 것이 될 것이다.

30년 후 자신에게 부족한 것을 상상하고 지금부터 지식을 쌓고 익히는 노력을 한다면 시간은 충분하다.

가끔씩 장래 자신의 모습을 상상하며 스스로에게 이야기를 걸어 주기를 바란다.

5. 멋진 인생, 멋진 출발

취업이 너무 어렵다. '이태백', '삼팔선'이란 단어는 고사성어가 된지 오래다. 대학가에서는 '장미족'(장기간 미취업졸업생), '학점쇼핑족', 학점취득을 위해 '팀플'분위기를 헤치는 '커플'을 제거하는 'CCC(Campus Couple Cutter)'이란 신조어까지 등장했다. 이처럼 치열한 취업현장에서 당당히 승리하여 농협가족이 된 여러분에게 다시 한번 진심어린 축하를 드립니다. 사람의 첫 출생은 자신의 의지와 상관없이 부모님으로부터 태어나지만 구직은 스스로 인생에 대한 책임과 역할을 짊어지는 제2의 출생이라 할 수 있다. 이제 막 인생2막 출발선에 서있는 여러분에게 멋지고 성공적인 직장생활을 기대하면서 역사에 많은 종적을 남긴 수많은 위인들의 인생사와 연대기를 소개하고자 한다.

◇ 1세 누구나 비슷하게 생겼다

◇ 2세 될 놈은 약간 이상한 기색을 보인다.

◇ 3세 푸이, 중국황제가 되다. 정약용, '작은 산이 큰 산을 가리
니, 멀고 가까움이 다르기 때문일세' 라는 시를 짓다. 그러나
보통 나이 3세는 간단한 의사소통을 하는 나이

◇ 4세 마이클잭슨, 가수로 데뷔하다.

◇ 5세 달라이 라마, 티벳의 정신적 지도자가 되다

◇ 6세 이소룡, 연기를 시작하다

◇ 7세 베토벤, 무대에 서다

◇ 8세 편지를 쓸 수 있다.

◇ 9세 파워레인저 장난감에 싫증을 낸다.

◇ 10세 에디슨, 과학실험실을 만들다.

◇ 11세 할머니 보다 키가 커진다.

◇ 12세 로리타, 험버트를 만나다.

◇ 13세 안네, 일기를 쓰기 시작, 빌게이츠, 컴퓨터 프로그램을 시
작하다.

◇ 14세 줄리엣, 로미오와 연애를 시작하다.

◇ 15세, 펠레, 프로축구선수로 첫 골을 넣다.

◇ 16세 이몽룡, 성춘향과 연애를 시작하다. 아리스토텔레스, 대
학(아카데미)에 입학한다.

◇ 17세, 유행가에 자주 등장한다.

◇ 18세, 테레사 수녀, 인도에 가다. 알리, 올림픽에서 금메달을
따다. 김소월(창조)에 시를 발표하다.

◇ 19세 엘비스 프레슬리, 가수생활을 시작. 루소, 바랑부인과 동거를 시작하다

◇ 20세 다이애나, 찰스황태자와 결혼. 빌게이츠, 마이크로소프트사를 설립하다

◇ 21세 스티브잡스, 애플컴퓨터사를 설립. 보통 나이 21세는 사과 같은 얼굴을 갖기 위해 변장을 시작한다.

◇ 22세 알리, 세계 헤비급 챔피언이 되다. 정약용, 과거에 급제하다.

◇ 23세 주말이 갑자기 의미가 있어지기 시작한다.

◇ 24세 마를린 먼로, 배우생활을 시작하다.

◇ 25세 니체, 바젤 대학교수가 되다.

◇ 26세 제리 양, 야후를 설립, 월트 디즈니, '미키마우스' 발표하다. 이태백, 방랑생활을 시작하다.

◇ 27세 로빈슨 크루소, 해변에 도착하다

◇ 28세 윤동주, 후쿠오카 형무소에서 사망하다.

◇ 29세 펠레, 1000번째 골을 성공, 칼 마르크스, 공산당선언을 쓰다.

◇ 30세 베토벤, '월광 소나타'를 발표하다.

◇ 31세 아직 29살이라고 우길 수 있다.

◇ 32세 군대에 지원해도 받아 주지 않는다.

◇ 33세 예수, 십자가에서 돌아가시다. 숀 코네리, 처음으로 007 영화에 출연.

◇ 34세 정일권, 육군참모총장이 되다.

◇ 35세 석가모니, 도를 깨치다. 나폴레옹, 황제가 되다. 퀴리부인, 남편과 노벨물리학상을 수상하다.

◇ 36세 마가렛 미첼 여사, '바람과 함께 사라지다'를 발표하다. 마돈나, 첫아이의 엄마가 되다.

◇ 37세 가족을 위해서 캠코더를 산다.

◇ 38세 병으로 죽으면 엄청 약 오른다.

◇ 39세 걸리버, 여행을 시작하다.

◇ 40세 헨리포드, 포드사를 설립하다.

◇ 41세 이주일, 텔레비전에 첫 출연하다.

◇ 42세 아인슈타인, 노벨물리학상을 수상하다.

◇ 43세 퀴리부인, 노벨화학상을 수상하다.

◇ 44세 원효대사, 해골에 괸 물을 마시고 도를 깨달았다. 보통은 약수터의 약수도 믿지 못하는 나이다.

◇ 45세 히틀러, 독일의 지도자가 되다.

◇ 46세 간통죄에 많이 걸린다.

◇ 47세 이순신 장군, 옥포에서 승리를 거두었다. 대학을 졸업하고 몇 년이 지났는지는 계산해야 할 알 수 있다.

◇ 48세 통계학적으로 돈을 제일 많이 번다.

◇ 49세 '9'수라는 말이 절실히 느껴진다.

◇ 50세 히틀러, 2차 세계대전을 일으키다.

◇ 51세 태어난 지 반세기를 넘어선다.

◇ 52세 카드 한 벌과 수가 같다.

◇ 53세 숀 코네리, 마지막으로 007 시리즈에 출연하다.

◇ 54세 디즈니, 디즈니 왕국을 만들다. 보통은 꿈의 왕국을 꿈속에서나 본다.

◇ 55세 정년이 시작된다.

◇ 56세 손자가 자식보다 더 사랑스럽다.

◇ 57세 윌리엄 와일러 감독, 영화 <벤허>를 만들다.

◇ 58세 캐롤 요셉 워틸라 요한 바오르 2세, 교황이 되다.

◇ 59세 왕건, 후삼국을 통일하다. 보통은 나이 59세는 성골, 진골
이 아니면 아무 일도 안 된다고 생각한다.

◇ 60세 옐친, 러시아 초대 대통령이 되다.

◇ **61세 '경험'이라는 단어를 자주 사용한다.**

◇ 62세 피카소, 21살 프랑수아즈 질로를 만나 첫눈에 반하다.

◇ 63세 미국에 사는 여인 아셀리 키, 인공수정으로 출산에 성공
하다.

◇ 64세 자신의 후임자를 찾아야 한다.

◇ 65세 교수들의 강제 퇴직 파티가 열린다.

◇ 66세 아라파트, 팔레스타인 대통령이 되다.

◇ **67세 '이제 늙었어'라는 말을 하면 오히려 이상하게 들린다.**

◇ 68세 갈릴레이, 천동설을 뒤집어 지동설을 주장하다. 보통 나
이 68세는 생각이 뒤집어지면 민망해진다.

◇ 69세 테레사 수녀, 노벨평화상을 수상하다.

◇ 70세 클린트 이스트우드, 마지막으로 영화 출연하다.

◇ 71세 코코샤넬, 파리에 가게를 열고 다시 복귀하다. 보통 나이
71세는 스스로 전설을 쓰기 시작한다.

◇ 72세 부시 전 미국대통령, 스카이다이빙에 성공하다.

◇ 73세 로널드 레이건, 미국 대통령에 재선되다.

◇ 74세 김대중, 대한민국 대통령에 당선되다.

◇ 75세 넬슨 만델라, 남아공화국 대통령에 당선되다. 괴테, 자서
전 내다.

◇ 76세 기저귀를 차고 자야 맘이 편하다.

◇ 77세 윈스턴 처칠, 영국 수상에 재선되다.

◇ 78세 앞으로 1년씩이 인생의 보너스로 느껴진다.

◇ 79세 프랭크 시나트라, 마지막 리사이틀 가지다.

◇ 80세 어디를 가나 값을 깎아준다.

◇ **81세 '장수'라는 말이 어울리기 시작한다.**

◇ 82세 톨스토이, 가출하여 시골 역에서 사망하다.

◇ 83세 괴테 '파우스트' 완성하다.

◇ 84세 보청기 없이는 잘 들을 수 없다.

◇ 85세 프랑스에 사는 장 칼몽 할머니, 펜싱을 배우기 시작하다.

◇ 86세 짠 음식도 이제 신경 쓸 필요가 없다.

◇ 87세 텔레비전 연속극이 본방송인지 재방송인지 알 수 없다.

◇ 88세 사진첩에 있는 사람들 중 반은 기억할 수가 없다.

◇ 89세 파블로 피카소, 자화상을 완성하다.

◇ 90세 자식들 이름을 가끔씩 잊어버린다.

◇ 91세 샤갈, 마지막 작품을 완성하다.

◇ 92세 야생 버섯을 마음대로 먹어도 상관없다.

◇ 93세 피터 드러커, 경영학의 기둥을 세우다. 보통 나이 93세는 한국말도 통역이 필요해지는 나이가 된다.

◇ 94세 다른 사람이 음식을 먹여준다.

◇ 95세 앞에서 얼쩡거리는 사람들이 자식들일 것이라고 생각한다.

◇ 96세 혼자 화장실에 갔다가 되돌아 나올 수 없다.

◇ 97세 큰 아들이 정년을 맞는다.

◇ 98세 알츠하이머에 걸리기에도 너무 늦었다.

◇ 99세 고지가 바로 저기다.

◇ 100세 장 칼몽 할머니, 자전거 타기를 즐기다.

◇ 107세 일본 쌍둥이 할머니 자매 중 킨 할머니 사망하다.

◇ 120세 장 칼몽 할머니, 건강을 위해 담배를 끊다.

◇ 121세 장 칼몽 할머니, 노래를 CD로 발표하다.

지난 수년간 신규직원 교육을 담당해오면서 샤방샤방한 여러분의 모습들을 볼 때마다 '청춘'이는 듣기만 해도 가슴 설레는 말이다. "라는 글귀를 나도 모르게 읊조리게 되었답니다. 누가 뭐래도 여러분들은 부러움을 한껏 받을만한 때이다. 항상 보고픈 그대들의 모습들이 이곳 구례교육원에서 4주간 머물며 남긴 긴 여운 속에 투영되어 지금 이 순간도 내 마음을 설레게 합니다.

6. 산을 사랑한다는 것, 산을 오를 수 있다는 것!

오늘 아침 잠에서 일찍 깨었다. 잠을 조금 청해볼까, 아니면 공원에라도 가서 운동이나 해볼까, 하다가 모처럼 이른 산행을 해보기로 했다.

구례교육원으로 오기 전에는 평일에도 가끔씩 새벽 산행을 하기도 했으나 여간해서 산행 기회를 잡기가 어려웠다. 아마 출근을 핑계로 삼아 포기 했을지도 모른다. 가족들이 깨지 않도록 조용히 문을 열고 집을 나섰다. 비가 올 듯 말듯 하는 것이 꼭 내 의지를 시험하는 것 같았다. 뇌에서 두 가지 명령이 동시에 떨어진다. 비가 오니 산행을 포기해, '기왕에 마음먹었으니 산에 한번 올라가'이다.

결국 후자의 명령을 접수한 후 산행을 실천하기로 마음먹었다. 사소한 결정인데도 사람의 생각이 잠깐 동안에 수없이 바뀌는 대목이다. 고민 끝에 산행을 시작하니 마음이 평온해진다. 1시간정도 올라가니 봉화산 정상이다. 꽤 많은 사람이 여기저기서 운동을 하고 있는 모습이 보인다. 모두들 평화로운 모습들이다. 처음 보는 사람인데도 '안녕하세요', '반갑습니다'라는 인사가 오고 간다. 이런 것들이 세상사는 맛 아닐까, 하고 생각에 잠겨본다. 지금 이 시간 집에 있으면 신문이나 뉴스를 보고 있을 터인데,

나는 참 행복한 사람 같다. 내집(순천)과 근무지(구례)가 있는 곳 주변은 늘 변함없는 모습으로 나를 반겨주는 좋은 산들이 있기 때문이다. 구례의 지리산, 광양의 백운산, 순천의 조계산 등은 한국의 100대 명산이기도 하다. 울창한 숲과 계곡은 말로 표현할 수 없을 정도로 무아지경이다. 특히 가족과 함께 자주 찾아가는 조계산은 영원히 가슴에 품고 싶은 산이다.

잠시 생각을 뒤로 하고 봉화산 하산길로 접어든다. 이른 아침에 모처럼 산행을 하고나니 기분이 상쾌해진다. 몸이 무거우면 마음도 무거워진다는 말이 맞는 것 같다. 요 근래 운동을 제대로 안해서인지 몸이 많이 무거웠고 덩달아 마음도 축 늘어져 있었던 같다.

지금부터라도 규칙적으로 산행을 해야겠다는 다짐을 해본다. 내려오는 길에 제법 통통하고 귀엽게 생긴 산토끼와 마주쳤다. 나를 빤히 쳐다보기에 하도 신기해서 딸아이 버전으로 '토끼야 놀자' 했더니 여전히 계속 나를 바라고만 있었다. 딸아이에게 보여주기 위해 폰으로 촬영하려는 순간, 지나가던 등산객이 토끼를 발견하고 잡으려 하는 자세를 취하니 금새 저만치 사라져 버렸다. 아쉬운 마음에 여기저기 찾아보았지만, 헛수고였다, 영 뒤끝이 개운치 않았다.

토끼의 눈에도 자신을 위협하는 사람과 친근한 사람이 구분되어지는 것 같다. 자연을 그대로 사랑하고 있는 그대로 품어줬으면 한다. 토끼의 마음과 사람의 마음이 통할 때 비로소 자연을 우리에게 손짓을 할 것이다.

가는 빗줄기가 쏟아지는 날 산자락을 보노라면, 한달음에 달려가고 싶은 충동이 일어난다. 그냥 아무 이유 없이! 산을 사랑해서 일까, 아님 다른 무엇이 자리잡고 있어서일까, 지금도 수수께끼다. 하지만 확실한 건, 산을 사랑하는 자만이 사에 오르는 즐거움을 만끽할 수 있다는 것이다.

신규직원이여, 앞으로 여러분의 소원은 마음먹기에 달려있다. 미래는 하루하루를 쌓아올리는 일이다. 정신적인 성공은 물론 육체적인 성공을 원한다면 산에 올라보자. 거기서 성공의 답을 얻게 될 것이다. 오늘도 그 산에 가고 싶다.

7. 농협의 레인메이커[15](Rainmaker)가 되라

지난 4주동안 새로운 인연을 맺은 동기들과 함께 신입사원 교육을 받으면서 짜증, 불만, 인내, 희열, 기쁨 등 만감이 교차하였을 것입니다. 그러기에 이번 교육이 더욱 소중한 추억으로 남았으리라 봅니다. 늦게나마 신규직원 교육을 훌륭하게 마친 여러분에게 감사드

---

15) '레인메이커, 란 아메리카 인디언 부족의 비를 내리게 하는 주술사이다. 인디언 부족에게는 반드시 필요한 존재인 것이다. 마찬가지로 여러분도 농협에서 꼭 필요한 레인메이커가 되어야 한다.

리며, 더불어 수료를 진심으로 축하합니다.

여러분과 함께 했던 모든 활동이 생생하게 저의 기억에 남아있습니다. 추운날씨에도 아랑곳 하지 않고 극기력과 인내심을 배양하기 위해서 지리산 노고단으로 향한 협동훈련, 반별 협동심과 단결력 테스트에서 치열했던 반가 및 반구호 경연대회, 공포의 대상이었지만, 이를 악물고 이겨내야 했던 공수부대의 병영체험, 흙과 땀으로 얼룩진 농사체험, 봉사정신을 키우고 이웃사랑을 실천한 고아원과 양로원에서의 사회봉사활동 등은 저와 여러분에게 쉽게 잊혀지지 않는 소중한 추억으로 남을 것입니다.

이제 신규직원과정을 수료하고 각자 임지로 돌아가면 아마도 상사와 직장동료들이 여러분에게 거는 그대가 자못 클 것입니다. 그런 의미에서 여러분이 농협에서 유능한 레인메이커(Rainmaker)가 되기 위한 몇 가지 방법을 제안하고자 한다.

첫째, 업무능력을 기른다. 특히 보고와 전달은 정확하게 실시하고 시기를 놓치지 말아야 한다. 나쁜 보고일수록 빨리 한다. 상사가 기뻐할 보고는 빨리하지만 그 반대인 보고는 나중에 하고 싶은 게 사람의 마음이다. 그러나 보고 타이밍을 놓치면 돌이킬 수 없는 일을 초래하는 경우가 많다. 늦으면 늦을수록 해결이 어려워진다. 결론을 먼저 말하고 솔직하게 보고하는 것이 좋다. 실수는 자연스러운 것이라 인정하자. 실수하는 사람은 실수하지 않는 사람보다 더 빨리 더 깊게 배운다는 것을 알아야 한다. 또한 업무에 관련한 많은 정보를 수집하여 정보활용능력을 길러야 한다. 정보수집에는 많은 시간이 필요하므로 지금 현재 하는 일과 관련된 정보를 우선 수집하고 정리하여 활용해야한다.

둘째, 보는 각도를 바꿔본다. 투덜거리기보다는 기회를 기다린다. 일이 재미있고 없고는 자신에게 달린 문제이다. 인생은 두 번 다시 오지 않는다. 그러므로 일에 재미를 붙여보는 것이 이득일 것이다. 단순한 일만 시킨다. 수준에 맞지 않는 일만 잔뜩 시킨다. 내가 하고 싶은 업무가 아니다. 골치 아픈 일밖에 없어 나와 맞지 않는다. 그러나 그렇게 재미없고 골치 아픈 업무도 어떻게 하느냐에 따라 충분히 달라질 수 있다. 사물을 보는 시각을 달리하여 생각을 바꾸면 모든 것이 달라진다. 그러면 이미 성공한 것이나 다름없다. 투덜거리며 일하는 사람이 있는 반면, 기회를 기다리는 사람도 있다. 어느 쪽이 이득일까를 생각해보라.

셋째, 어차피 해야 될 일이라면 남보다 잘한다. 신입사원이 불가피하게 복사업무를 해야 한다면 거기에 맞춰 일을 잘할 수 있도록 궁리를 해보아야 할 것이다. 표지에 색지를 붙여 보기 쉽게 하거나 복사기의 성능과 조작방법 등을 모두 외우는 방법도 있을 것이다. 현재 맡은 업무에 익숙해지고 서서히 자기의 개성을 나타낼 수 있는 때까지의 직장생활은 매우 중요하다. 어려움을 이겨내고 주위로부터 인정을 받게 된다면 성공의 기틀을 마련한 것이나 다름없다.

넷째, 자기발전을 위한 꾸준한 자기계발에 투자한다. 이 말은 누구나 할 수 있는 것이다. 그러나 머릿속으로 색각만 말고 행동으로 옮김으로써 자기발전을 이루어 갈 수 있도록 해야 한다. '배우기를 그만 둔 사람은 20세든 80세든 늙은 것이다. 계속 배우는 사람은 20세든 80세든 젊은 것이다. 미국의 자동차회사 헨리포드 회장의 명언처럼 여러분은 항상 배우기를 게을리 해서는 안 될 것이다.

다섯째, 상사, 후배, 동료들과 좋은 인간관계를 유지한다. 먼저 상사와 대립하지 않는다. 후배를 격려해주고, 동료를 칭찬해주면 원활한 인간관계를 유지할 수 있다. 그러기 위해서는 성의와 남을 배려할 줄 아는 마음으로 사람을 대해야 한다. 이것은 많은 사람들이 일하는 조직에서 지켜야 할 최소한의 에티켓인 것이다.

Part 07

은빛 칼럼

1. 웰컴 투 농촌여행

농촌관광시스템의 선진조직화 필요

매년 농촌인구는 줄어들지만, 고학력자의 귀농은 증가하고 있다. 근래 농촌으로 이주하는 고학력자가 많아진 것은 농촌의 소득 여건이 여전히 도시에 비해 떨어지는 점에 비춰 경제적 이유보다는 자연과의 조화로운 삶을 위한 생태형 귀농이 많아졌다는 해석이 가능하다. 더불어 농촌지역도 교통여건이 많이 개선돼, 농촌에서 전원생활을 즐기면서 도시로 출·퇴근하려는 사람도 많아지고 있기 때문이다.

필자가 가봤던 농산어촌 중에 기억에 가장 많이 남는 마을로는 충남 태안 볏가리마을, 강원도 봉평 수림대마을, 충북 단양군 한드미마을, 강원도 삼척시 장호마을, 경남 산청군 남사마을, 강원도 평창군 도암면 차항리마을, 전북 남원시 인월면 달오름마을, 전북 고창군 청보리축제, 경남 고성군 거류면 봉림마을, 경남 남해군 다랭이마을들을 들 수 있다.

농촌관광 인구는 2001년 3천만 명에 불과하던 것이 2억 명 가까이 늘어났고 시장 규모도 수조 원대로 성장했다. 이는 우리 농촌의 체험관광산업이 지속적으로 성장, 발전됐기 때문이다. 반면, 최근 한국관광공사가 공표한 '5월 한국관광통계'에 의하면 4월 우리나라를 방문한 관광객은 97만7천889명이다. 전체 외국인 관광객 100만 명 아래로 줄어든 것은 메르스사태 이후 처음이라고 한다. 이 같은 감소세는 중국의 사드여파에 이어 다른 국가의 관광객들마저 감소한 탓이 크다. 그럼에도 해외로 빠져나간 국내 여행객은 점점 증가하고 있다. 모두투어·하나투어의 경우에 6월 해외여행 수요가 지난해 대비 두 자릿수 성장으로 크게 늘어났다. 물론 아직까지는 우리 농촌이 선진국에 비해 상대적으로 농촌관광에 대한 관심과 투자가 부족한 탓도 있다. 일본은 2000년 초 기존의 농업정책을 농업개발 정책으로 전환해 농촌관광 시스템을 조직화하는 등 농촌관광이 이미 양적 성장 단계로 진입한 상태다. 또한 유럽에서는 이보다 앞선 1990년대 초반부터 농촌개발 정책을 강화해 이제는 농촌관광이 고부가치산업으로 자리 잡아 질적 발전 단계에 접어들었다. 이처럼 농업선진국은 농촌의 공익적 기능을 농촌관광에 효율적으로 접목시키기 위해 다각적으로 노력하고 있다.

여름휴가, 농촌에서 휴촌(休村)여행을

우리 농촌이 맞춤형 농가소득체계를 구축하기 위해서는 농촌관광이라는 테마가 반드시 접목돼야 한다. 도시화가 더욱 진전될수록 농촌관광은 더욱 수요가 늘어 날 것이다. 이제 적극적인 농촌관광사업을 위해서 마을리더를 비롯한 주민들의 인식전환과 참여, 공감대 형성이 중요하다. 우리의 경우, 농촌 체험기반구조에 있어서 다양성과 차별성 부족이라는 경쟁력 한계에 직면해 있지만, 농촌 어메니티와 그린투어를 통해 농촌의 신동력원을 창출해내고 있는 사례들이 점차 늘고 있다. 그 이유는 우선 우리나라의 국토 자연조건이 국토 면적에 비해 다양한 생태계를 갖고 있기 때문이다. 이를테면 우리나라 국토가 삼면이 바다로 둘러져 있고 내륙지역은 산악과 평야로 이뤄져 있으며 자연공원, 철새 도래지, 갯벌, 천연보호림 등 생물종 서식 밀도가 높은 지역을 갖추고 있다. 경제조건은 우리나라의 경제여건이 생태관광지를 조성하고 운영에 소요되는 재정적 뒷받침이 가능한 수준까지 도달해 있고, 사회조건은 생태관광에 대한 관심과 이해가 어느 수준까지는 이뤄졌다고 판단된다. 또 최근 생태관광 활동이 활발히 이뤄지고 있으며 동호회도 활성화되고 있음을 볼 때 생태관광의 사회조건이 점점 자리 잡아가고 있음을 알 수 있다. 경기도의 경우, 올 여름 휴가철을 앞두고 아이들의 학교 수업과 연계한 농촌 교육 농장을 현재 120여 곳에서 200여 곳으로 늘려 다양한 체험의 장을 마련하고 있다.

이제 본격적인 휴가철이 시작된다. 보통의 경우 여름 휴가지로 시원한 바닷가를 생각하지만 오히려 시끌벅적한 관광지보다 조용한 곳을 찾아 명상을 즐기는 농촌관광지를 찾아 떠나보자.

2. 뜨고 있는 감성관광

명품 '섬'은 휴식과 힐링의 원동력

완도군이 명품섬과 해양자원을 활용한 500만 관광객 시대를 선포

했다. 감성적인 관광 마케팅을 통해 가고 싶은 섬으로 선정된 소안도와 생일도를 휴식과 힐링의 명품섬으로 관광 자원화한다고 한다. 또한 윤선도 원림의 옛길 복원은 물론, 많은 관광객들이 찾고 있는 청산도에 있는 범바위를 스토리텔링화해 개발하고, 슬로 걷기 축제를 생산적으로 운영한다는 생각이다.

남해군은 연평균 700만 명의 관광객이 찾을 '힐링아일랜드 21세기형 보물섬'을 조성한다. 바다를 끼고 있는 우수 자산인 반농반어촌의 특성을 관광테마로 결합해 해안 해양관광산업의 거점 기능을 최대한 활용한다는 방침이다.

하지만 단 한 번도 카리브해, 지중해처럼 해외 관광객을 싣고 대형 크루즈 유람선이 입항한 적은 없었다. 지금까지 부산, 목포, 인천 3대 축의 항구도시는 지역 상업도시 기능만 했고 주변 지역은 낙후된 바닷가 정도로, 여름 휴가철을 제외하고는 관광객들이 잘 찾지 않는다. 특히 수산자원보호구역, 군사보호구역이 법 테두리에서 벗어나지 못해 해안경관 등 관광 잠재력을 키우지 못하고 있다. 하드웨어 중심의 계획 수립으로 관광객이 흥미를 느낄 수 있는 관광 콘텐츠 개발 등과 같은 소프트웨어부문은 아예 엄두도 내지 못했다. 또한 관 주도형으로 정책이 반영되다 보니 인근 지자체 간의 연계와 협력 부족으로 지역발전을 견인하는 데 한계가 있었다.

해양관광이 한참 앞선 노르웨이와 스웨덴

우리보다 해양관광이 한참 앞선 노르웨이 국립관광도로와 디투어 프로젝트를 보면 우리와 큰 차이가 드러난다. 노르웨이는 수려한 경관을 갖춘 피오르드 지역의 18개 주요 경관도로를 국립관광도로로 지정했는데 거리만 1천800㎞에 달한다. 노르웨이정부는 2020년까지 국립관광도로 주변에 전망대, 미술관, 공원 및 쉼터, 호텔 등 200여 곳을 조성 중이다. 긴 거리 곳곳에 전망이 좋은 곳마다 기존 단순 전망대 건축에서 벗어나 친환경적인 설계와 혁신형 디자인을 가미한다는 주제로 꼭 달리고 싶은 도로 조성이 한창이다.

역시 스웨덴 말뫼의 조선소 역발상 재활용 사례도 돋보인다. '80년대 말 조선산업의 쇠퇴와 함께 위기를 맞은 말뫼시에서 폐조선소 부지를 매입 산업, 교육, 주거 복합지구로 재개발을 시행했다. 신재생 에너지와 IT, 바이오 등 신산업을 집중 육성한 결과, 조선소 본사를 리모델링한 창업 인큐베이터에 500여 개의 IT 스타트업 기업을 입주시켰다.

대학 부지에는 말뫼대학을 비롯, 말뫼종합병원 등 교육·의료 기관들이 들어서 의약연구지구로 구축됐다. 주거단지는 100% 신재생 에너지를 사용하도록 설계 유럽의 대표적인 1천 가구 에코빌리지가 꾸려졌다. 대형 크레인이 있던 자리에 들어선 주상복합건물 탄소제로화된 '터닝토르소'는 말뫼시의 랜드마크로서 새로운 관광 수요를 창출하고 있다. 특히 북유럽에서 가장 친환경적인 지구로 설정하여 코쿰스 조선소 자리는 국제도시로 변모시켜 관광객이 자연스럽게 찾도록 했다.

해양관광의 창출은 새로운 기회

해안도로에서 섬으로 이어진 마을마다 해양 생태계, 전통문화, 전통음식 등은 각각 독자적인 특성을 가지고 있다. 이를 힐링과 자연 그대로의 것들을 상품화해 일자리와 지역경제 활성화 등 인생이모

작까지 꿈꾸는 이들에게 새 희망을 갖게 하자. 지금 당장 시작하더라도 선진국보다 훨씬 늦은 출발이다. 하지만 우리 바다만의 해양자원과 산업역량, 인적자원의 특성이 반영된 사업 아이템은 우리만이할 수 있는 만큼 지금 당장 실천해야 한다. 삼면이 바다로 둘러싸인우리나라 해양은 저부가가치 산업이 아니다. 선진국처럼 감성시대에맞는 해양관광 창출을 위해 다양한 노력을 기울인다면 외국 관광객도 우리나라 바다로 눈을 돌릴 것이다.

3. 꿈꾸는 생태관광

'오늘 그리고 우리들' 중에서

사회가 더 복잡해지고, 매 시간 민감한 상황 속에 얽매어 사는 현대인들은 도심 속의 바쁜 생활에서 벗어난 안빈낙도를 꿈꾸게 된다.이는 '오늘 그리고 우리들'이라는 다음 글을 보면 욕구가 더 강해질것이다.

오늘날 우리는 더 높은 빌딩과 더 넓은 고속도로를 갖고 있지만,성질은 더 급해지고 시야는 더 좁아졌습니다. 돈은 더 쓰지만 즐거움은 줄었고, 집은 커졌지만, 식구는 줄어들었습니다. 일은 더 대충대충 넘겨도 시간은 늘 모자라고, 지식은 많아졌지만, 판단력은 줄어들었습니다. 약은 더 먹지만 건강은 더 나빠졌습니다. 가진 것은몇 배가 되었지만, 가치는 줄어들었습니다. 말은 많이 하지만 사랑은 적게 하고 미움은 너무 많이 합니다. 우리는 달에도 갔다 왔지만 이웃집에 가서 이웃을 만나기는 더 힘들어졌습니다. 외계를 정복했는지는 모르지만 우리 안의 세계는 잃어버렸습니다. 수입은 늘었지만 사기는 떨어졌고, 자유는 늘었지만 활기는 줄어들었고, 음식은 많지만 영양가는 적습니다. 호사스러운 결혼식이 많지만 더 비싼 대가를 치르는 이혼도 늘었습니다. 집은 훌륭해졌지만 더 많은 가정이 깨지고 있습니다.

그래서 오늘 우리가 제안하는 것입니다. 특별한 날을 이야기하지 마십시오. 매일 매일이 특별한 날이기 때문입니다. 진실을 찾고, 지식을 구하십시오. 있는 그대로 보십시오. 사람들과 보다 깊은 관계를 찾으세요. 이 모든 것은 어떤 것에 대한 집착도 요구하지 않고, 사회적 지위도, 자존심도, 돈이나 다른 무엇도 필요하지 않습니다.

가족들, 친구들과 좀 더 많은 시간을 보내십시오. 당신이 좋아하는 사람들과 좋아하는 음식을 즐기십시오. 당신이 좋아하는 곳을 방문하고 새롭고 신나는 곳을 찾아 가십시오.

인생이란 즐거움으로 이루어진 아름다운 순간들의 연속입니다. 인생은 결코 생존의 게임이지만은 않습니다. 내일 할 것이라고 아껴 두었던 무언가를 오늘 사용하도록 하십시오.

당신의 사전에서 앞으로 곧, 돈이 좀 생기면 같은 표현을 없애 버리십시오. 시간을 내서 해야 할 일의 목록을 만드십시오. 그리고 굳이 돈을 써야 할 필요가 없는 일을 먼저 하도록 하십시오. 그 친구는 요새 어떻게 지낼까 궁금해 하지 마십시오. 즉시 관계를 재개해 과연 그 친구가 어떤지 바로 알아보도록 하십시오. 우리 가족과 친구들에게 자주, 우리가 얼마나 고마워하는지 그리고 사랑하는지 말하십시오.

당신의 삶에 그리고 누군가의 삶에 웃음과 기쁨을 보태줄 수 있는 일을 미루지 마십시오. 매일, 매 시간, 매 순간이 특별합니다. 당신이 너무 바빠서 이 메시지를 당신이 사랑하는 누군가에게 보낼 만한 단 몇 분을 내지 못한다면, 그래서 '나중'에 보내지 하고 생각한다면, 그 '나중'은 영원히 오지 않을 수도 있다는 것을 스스로에게 말해 주십시오. 그리고 저기 있는 그 누군가는 지금 바로 당신이 그 사람을 사랑한다는 것을 알아야 하는 상황인지도 모릅니다. '오늘 그리고 우리들 중에서'

영혼이 아름다워지는 곳 생태관광

필자도 오늘 특별한 곳을 제안하고자 한다.

마음이 아름다워지는 곳(생태체험), 몸이 아름다워지는 곳(천염염색), 영혼이 아름다워지는 곳(인심). 이곳이 우리나라 농산촌의 생태관광이다. 생태관광은 지구 환경을 보전하고 지속 가능하게 하는 관광산업의 한 분야로서 21세기의 가장 중요한 관광의 한 요소로 대두될 것이다. 왜냐하면 생태관광은 자연뿐만 아니라 이와 연관된 문화적 요소까지 포함해 지속 가능한 관광 영역이기 때문이다. 이미 아시아 지역을 포함한 거의 모든 나라에서 환경을 보전하고 지역개발의 경제적 도움을 주는 중요한 촉매제로서 생태관광을 개발해 많은 관광객을 유치하고 있다.

이제 우리도 농·산촌에 생태예술을 입혀 아름다운 생태관광을 적극 발굴해야 한다.

4. 농촌은 종합자산

우리 농촌은 오래된 미래

5월이다. 철쭉과 라일락, 장미도 활짝 피어났다. 꽃망울을 보면, 여름에 울창해진 숲보다 더 큰 힘을 느낀다. 그 힘은 새봄의 꽃샘추위 속에서도 굴하지 않고 이겨낸 감춰진 힘이다. 외유내강의 녹색 속에는 여름과 가을이 같이 있고, 희망과 미래가 함께 공존한다. 우리 농촌도 긴 겨울과 새봄을 지나 계절의 여왕 오월을 맞는 중이다. 그동안 배고프고 힘들었지만, 농촌은 우리도 모르는 사이에 많은 힘이 축적돼 왔다. 그래서 농업은 오래된 산업이자, 새로운 미래 산업이다. 사실 우리 농촌의 모습은 우리 국민 생활의 변화와 함께 그 얼굴이 바뀌어왔다. 그동안 생산성 향상을 위해 시행했던 경지정리, 각종 수리시설 그리고 비닐하우스와 최근의 유리온실 등 현재 우리 농촌의 모습은 모두 우리나라 경제의 발전과 함께 변해 왔다고 할 수 있다. 하지만 공업중심의 경제성장에 따라 도시가 확대되면서 농업에 필요한 소수의 인력을 제외하고는 대부분 농촌을 떠나는 현재와 같은 농촌의 모습으로 바뀌게 되었다.

판단할 때 조급함은 잘못

한편 도시가 안고 있는 많은 문제들은 도시 자체의 노력만으로는 해결하기 어렵다. 비싼 주택가격, 교통 혼잡과 주차문제, 대기오염과 수질오염 및 쓰레기 문제, 일자리 부족, 사회적 갈등 등의 도시문제는 도시 내부의 노력만으로는 해결하기 어렵다. 따라서 당연히 도시의 확대가 국가 발전의 미래 모습이 되어서는 안 된다. 이제는 우리 나라가 당면한 다양한 경제적, 사회적 문제를 궁극적으로 해결할 수 있는 미래의 터전으로서 농촌의 기능과 역할을 재정립하고 재인식해야 한다. 결국 도시화도 한계점에 도달하면 오히려 분산돼 농촌으로 퍼지는 현상으로 이어질 가능성이 높다. 요즘 우리 농촌에 나타나기 시작하는 유턴 현상, 국토 균형발전 차원에서 강조되는 분산화, 지방화 역시 이런 경향으로 해석할 수 있다. 따라서 도시가 한사코 건조하게 변질돼 갈수록 농촌의 향수는 더욱 필요한 수분의 공급처가 될 것이다. 당장은 농촌을 애써 외면하는 비서정성이 요즘 도시의 풍속도이겠지만, 바쁠수록 한 박자 쉬어갈 수 있는 농산어촌의 쉼터 역할은 어느 때보다도 그 필요성이 한층 커진다. 그런 의미에서 다음 사례는 현대를 살아가는 우리들에게 산 교훈을 준다.

알렉산더 대왕이 친구로부터 귀한 선물을 받았다. 선물은 아주 훈련이 잘된 사냥개 두 마리였다. 사냥을 즐겼던 알렉산더 대왕은 기뻐했다. 어느 날 알렉산더 대왕은 사냥개를 데리고 토끼사냥에 나섰다. 그런데 사냥개들은 사냥할 생각이 전혀 없는 듯했다. 토끼를 물끄러미 바라보며 빈둥빈둥 누워 있었다. 알렉산더 대왕은 화가 나서 사냥개들을 죽여 버렸다. 그리고 사냥개를 선물한 친구를 불러 호통을 쳤다. "토끼 한 마리도 잡지 못하는 볼품없는 개들을 왜 내게 선물했는가? 그 쓸모없는 사냥개들을 내가 모두 죽여 버렸다." 친구는 알렉산더 대왕의 말을 듣고 놀란 표정으로 말했다. "그 사냥개들은 토끼를 잡기 위해 훈련된 개들이 아닙니다. 호랑이와 사자를 사냥하기 위해 훈련받은 개들입니다"라고.

농촌의 발전이 곧 국가발전의 근간

이렇듯 토끼만을 잡기 위해 분주하게 돌아가는 도시의 일상, 그 경쟁 속도에 균형을 맞추기 위해 고층아파트를 바라보고만 산다면, 진정 호랑이나 사자를 잡을 수 있는 미래가 찾아올 것인가. 다행히 현재까지는 우리 국토의 공간에 농촌지역이 상당부분 차지하고 있다는 사실이 고맙다. 반면 농촌이 살기 힘들다고 도시로 떠나는 사람들이 아직도 많다는 게 씁쓸하다. 그래서 이번 대통령 선거 과정에서는 우리나라의 미래발전을 위해서 '농촌의 발전이 곧 국가발전의 근간'이라고 인식할 수 있는 리더의 탄생을 기다리고 있다. 보통 사람이 살고 있는 농촌, 추억이 방울방울 열려있는 농촌의 매력은 앞으로 우리 국민의 경제적, 심리적 자산이 될 것이라는 것만은 확실하다.

5. 농부 철학자 '라비'의 교훈

아름다운 모범 농부철학자 '피에르 라비'

농부 철학자 피에르 라비는 한국 농촌의 자화상을 비춰주는 거울이다. 당시 거대 자본에 의한 기계식 산업이 불러온 재앙에 대해 그는 어떤 생각을 했을까. 유럽과 아프리카를 대표하는 환경운동가 피에르 라비는 인간과 대지를 연결하는 한 농부 철학자의 삶과 사상을 담고 있다. 그는 생명농업의 선구자, 농업과 생태학을 연결한 농부, 땅을 지키는 철학자, 미래의 씨앗을 뿌리는 농부 등 수식하는 단어가 많다. 그는 1939년 아프리카 남부의 케낫사 오아시스에서 태어났다. 프랑스인 부부에게 입양됐으나, 알제리전쟁이 발발하고 양부모와 헤어져 프랑스로 향한다.

파리에서 도시생활을 경험하면서 삶의 의미를 잃고 무기력해지도록 몰아가는 억압과 착취뿐인 사회구조에 회의를 느낀다. 그는 대지를 삶의 터전으로 대대손손 일궈 조화로운 삶을 꾸리던 고향의 농부들을 생각하며 아내 미셸과 함께 남프랑스의 농촌 아르데슈에 정착한다. 하지만 그 무렵 프랑스 대부분의 농촌은 농업의 공업화로 인해 사막화되던 시점이었다. 생산 제일주의에 따라 비료와 살충제의 대량살포로 땅은 생명력을 잃고, 그것을 이용하던 인간이 직접적인 피해를 입는 것을 목격하면서 화학물질을 사용하지 않고 경작하는 방법이 있다는 것과 자신과 같은 생각을 하는 사람이 또 있다는 사실에 힘을 얻는다. 그리고 비료와 살충제 대신 거름과 자연의 순환을 이용하는 생명농업의 길을 걷기 시작한다. 40년 넘게 프랑스는 물론 유럽과 아프리카의 여러 나라를 오가며 자신이 직접 경험해 얻는 자연농법을 농민들에게 전파하고 있다. 또한 농촌 붕괴 위기에 봉착한 나라를 구하기 위해 농민들을 자국의 농촌으로 보내 국경을 초월한 농업·농촌 지키기 운동을 벌이고 있다.

봄이 오면 그 문턱 앞의 눈도 역시 녹는다. 라비는 이 세상에 영원한 건 대지밖에 없다고 생각한다. 사람이 사는 게 무엇인지 간절한 소원이 왜 안 이루어지는지 아직 모르던 그가 우울한 마음으로 말을 걸 때면 대지는 언제나 다정하게 대답해 줬다고 말한다. 겨울 다음에 봄이 오고 죽음 다음에 생명이 온다는 걸 그가 잊어버릴 때마다 대지는 우뚝 일어서 환히 웃으며 반겨 줬다고 중얼거린다. 아울러 "그대의 삶이 아무리 남루하다 해도 그것을 똑바로 맞이해서 살아가라. 그것을 피하거나 욕하지 말라. 부족한 것을 피하거나 욕하지 말라. 부족한 것을 들추는 이는 천국에서도 그것을 들춰낸다. 가난하더라도 그대의 생활을 사랑하라. 그렇게 하면 가난한 집에서도 즐겁고 마음 설레는 빛나는 시간을 갖게 되리라. 햇빛은 부자의 저택에서와 마찬가지로 가난한 집의 창가에도 비친다. 봄이 오면 그 문턱 앞의 눈도 역시 녹는다." 라고 말하고 있다.

이렇게 농부철학자 피에르 라비는 모성적인 대지로서 생명을 지탱해주는 대지에 대해 고마움을 표시하고 있다. 그것은 다정함과 겸손의 표시이다. 대지는 어머니다. 대지는 식량을 공급한다. 농사일은 식량을 공급해 주는 대지와 맺은 합의이다. 이 합의는 다정함과 이해, 겸손으로 이뤄져야 한다는 것이 피에르 라비의 농사 철학이다. 그는 대지에 가까이 머무는 것이 곧 자신에 가까이 머무는 것임을 일깨워 준다.

대선후보들의 농업관이 분명해야

그런 의미에서 이 시대를 살아가는 우리에게 라비의 농촌 철학은 '경종'을 울려 주고 있다. 그가 우리에게 경종의 울림을 준다는 것은 라비의 삶이 곧 농업보호 무용론자들에게 울림을 준다는 말이다. 대선을 목전에 두고 있는 상황에서 여러 변수가 예상된다. 하지만 분명한 것은 농업보호 무용론자들의 목소리가 커지고 있는 이때, 대선후보들의 농업관이 분명 농업인의 눈길을 사로잡을 것이다. 따라서 우리나라의 농업 농촌을 반드시 지키고, 농업·농촌·농업인을 회생시킬 수 있는 올바른 농업정책을 제시하고 이를 반드시 실천해 낼 수 있는 정치지도자를 선출해야 할 것이다.

6. 농촌의 선물 '어메니티'

'농촌 어메니티(rural amenity)'의 매력

최근 은퇴했거나 은퇴가 임박한 베이비부머만 700만 명이 넘는다. 이들 중에는 요즘 '도시의 동네'에서 '농촌의 마을'로 탈출하려고 하는 사람들이 많다. 그들은 도시생활에 싫증을 느낀 나머지 도시탈출을 꿈꾸고 있다. 아마도 농촌의 휴양적·심미적 가치를 제공하는 농촌자원에 관심이 많아서일 것이다. 농촌은 도시에서 찾아볼 수 없는 특별함이 있다. 초원에서 느끼는 여유와 아늑함, 이웃사촌의 정겨운 인정이 있다. 깨끗한 공기와 맑은 물, 푸른 전원과 물안개 등과 같은 전통자원도 있다. 이처럼 농촌에만 존재하면서 사람이 정주할 심리적 가치를 줄 뿐 아니라 도시인에게는 관광할 가치를 제공하는 요소를 '농촌 어메니티(rural amenity)'라 부른다. 농촌 어메니티는 크게 자연자원, 문화자원, 사회자원으로 구분한다. 자연자원은 깨끗한 공기, 맑은 물, 소음 없는 환경, 비옥한 토양, 동·식물, 수자원, 습지 등이 포함된다. 문화자원은 문화재 유적지와 향교와 같은 전통 건물, 잘 보전된 지역 풍습과 놀이문화 등이 이에 속한다. 사회자원은 농촌의 자연자원과 문화자원을 배경으로 한 관광농원, 휴양단지, 민박시설과 지역 특산물 등이 포함된다. 근래 농촌의 어메니티가 농업·농촌의 다원적 기능을 유지하는 중요한 자원으로 인식되면서 이를 활용한 농촌개발이 중요한 정책과제가 되고 있다. 농촌 자원의 구체적 발현 형태인 농촌관광을 활성화시키는 농촌 어메니티의 관광 상품화 전략이 바로 그것이다.

농촌 어메니티의 관광 상품화 전략

농림축산식품부가 추진하고 있는 것만도 농촌마을 종합개발·녹색농촌 체험마을·농어촌 휴양단지사업, 관광농원, 어촌 체험마을 외에 금수강촌사업 등이 있다. 농진청은 농촌 전통 체험마을과·농촌 건강 장수마을을, 산림청은 산촌 생태마을, 문체부는 문화역사마을 가꾸기를, 환경부는 자연생태 우수마을을, 행안부는 정보화 마을을 지원하고 있다. 이 밖에 경기도는 슬로푸드 마을을, 강원도는 새농어촌 건설 마을 등 지자체도 적극 나서고 있다. 농협은 독자적으로 팜스테이 마을을 지원하고 있다. 전국의 마을은 대략 3만 6천 개 정도가 된다. 이 중에서 어메니티 자원을 활용해 마을 개발 사업에 착수한 곳이 820곳 정도. 국민소득 향상과 주5일제 정착으로 농촌관광 수요도 매년 폭발적으로 늘어나고 있다. 양적 수요의 증가와 함께 질적 변화도 예상된다.

우선, 생태와 환경, 웰빙, 체험과 문화 등에 대한 도시민들의 선호가 농촌관광 수요에 반영될 것이다. 예를 들자면 돈 소비형에서 시간 소비형으로 여가 형태가 바뀌면서 단순히 보는 활동이 아니라 직접 참여해 즐기는 체험 활동이 각광을 받을 수 있다. 매끈하고 표준화된 제품들 대신 투박하지만 손맛을 느낄 수 있는 것을 선호하는 문화적 소비 추세도 뚜렷해질 것이다. 이에 따라 농촌에서 직접 만든 음식이나 전통술, 수공예품 등 장인적인 제품의 가치가 높아질 것이다. 또한 기존 농촌관광 경험자들이 수요를 선도하는 가운데 부모와 자녀 모두 도시에서 성장한 새로운 세대로의 전환은 농촌관광에 대한 도전이자 기회로 작용할 것이다. 이들은 고향에서 농사를 짓는 부모를 두고 있지 않기 때문에 방문했던 농촌 마을과의 직거래를 통해 믿을 수 있는 농산물을 구입하려는 동시에 상대적으로 잘 정돈된 환경과 경관, 고급스러운 시설과 서비스, 색다른 체험 등을 선호할 것이기 때문이다.

그렇다면 이러한 수요의 양적 확대와 질적 변화에 대처해 기존 관광마을이나 향후 육성될 관광마을이 주력해야 할 전략은 분명해진다. 농촌 어메니티를 잘 가꾸고, 보전해나가는 일은 농가소득 향상과 국토의 균형발전을 위해 정말 중요한 일이며, 농촌의 기(氣)을 살릴 풍수자원이기 때문이다. 따라서 농촌의 어려움을 극복하고 농촌 공간이 새로운 가치를 창출하기 위해서는 그동안 주목 받지 못했던 어메니티 자원을 상품화시키는 것이 무엇보다 중요한 때이다.

7. 농업오가닉시장의 비전

향기마케팅 전성시대가 온다.

지난주 서울미술관 기획전으로 열리고 있는 '비밀의 화원' 전시관에 가본 적이 있다. 전시 공간에 들어서는 순간 향긋한 풀내음과 함께 프리지어 꽃향기가 코끝을 유혹한다. 작품을 감상하면서 시각적인 영감에 코끝으로 느껴지는 향기가 더해져 감동이 더욱 배가된 느낌이다. 이른바 향기마케팅 전략이다. '향기마케팅'은 후각을 자극해 제품 구매를 유도하거나 브랜드에 대한 긍정적인 이미지를 각인시키는 감성마케팅이다. 호텔에서도 향기마케팅은 활발하다. 메리어트 호텔 서울은 'JW 글로벌 향기' 프로그램을 통해 머리를 맑게 하는 천연 허브와 달콤한 시트러스향을 블렌딩한 '서틀 소피스티케이션' 향으로 감동적인 향을 고객들에게 선물한다. 파크 하얏트 부산은 호텔의 시그니처 디퓨저 '루미 제라늄'을 판매하며 디퓨저를 호텔 입구부터 손님이 발길 닿는 곳에 비치해 언제든지 시향할 수 있도록 한다. 서울 양재동의 더케이호텔은 투숙객의 80% 정도가 외국인이라는 점을 감안해 한국 고유의 향기로 지리산 산청 숲 속의 청량함을 느낄 수 있는 포레스트 오브 산청향을 호텔 로비와 주요 장소에서 향기를 품기도록 하고 있다. 이뿐만 아니라 직장인이 하루 중 가장 많은 시간을 보내는 공간인 오피스도 프리미엄 향기로 가득 채워지고 있다. 드라마 '미생' 촬영지로 유명한 서울 스퀘어몰은 오피스 공간과 쇼핑몰이 구성된 대형 복합공간으로 향기마케팅을 새롭게 도입해 입주 관련자들로부터 업무 생산성이 높아졌다는 반응이다.

일본의 경우, 고꼬노에읍의 라벤다 농원은 라벤다 향기와 요리를 동시에 파는 비즈니스가 돋보인다. 농원에서 재배된 '라벤다'를 팔고 이를 구경하러 온 도시인들에게 그 향기와 요리를 제공한다. 식량만 생산하는 것이 농업이 아니라 도시인에게 향기와 즐거움, 평온함을 제공해주는 것도 훌륭한 농업의 한 형태다.

농업의 오가닉시장의 활성화 기대

일본 야노경제연구소에 따르면, 민감성 피부 여성의 증가, 안전·

안심 지향성 확대, 환경을 의식한 라이프스타일을 중시하는 소비자가 늘어나면서 자연파 오가닉 화장품시장이 매년 확대되고 있다고 한다. 소비자의 저가격 지향이 지속되고 있음에도 2015년 시장 규모(메이커 출하 기준)는 전년대비 6% 증가한 1천175억 엔을 기록했다. 앞으로 통신판매와 전문점 판매 호조에 힘입어 향후 시장은 더욱 확대될 것으로 예상된다.

일본 정부는 '무농약 가이드라인' 및 '유기농 식품의 일본 농림규격'도 설정해 소비자에게 혼란을 초래하지 않도록 하고 있다. 이는 농약이나 화학비료 등 화학물질의 의존 없이 생산된 농산물, 가공식품, 사료 및 축산물에 부착한다. 특히 등록 인증기관이 검사해 그 결과가 공인된 사업자만이 마크를 붙일 수 있어 소비자에게 신뢰를 더욱 심어줄 수 있는 제품 및 식품 브랜드 육성이 가능하다.

이처럼 일본에서는 건강 및 환경을 의식하는 소비자가 늘어나 오가닉 식품, 화장품, 베이비용품 등의 수요가 점차 확대되고 있다. 또한, 오가닉 상품에 대한 수요는 경기침체에 따른 절약지향과는 반대로 움직이고 있는 게 이색적이다. 이는 농약을 대량으로 사용하던 종래의 재배 방식에 비해 유기농법이 농업 종사자의 건강에도 좋아, 사회적 측면에서의 부가가치로도 인식됐기 때문이다.

이처럼 일본정부의 유기농 시장 육성 방침은 오가닉 붐을 이끌어 내수시장 활성화를 도모하고, 농업제품의 수출까지 고려하기 때문에 분명 우리에게도 시사하는 바가 크다. 새봄이 되면 섬진강에는 변함없이 매화강이 흐르고 산수유와 새하얀 벚꽃이 봄 집을 지을 것이다. 머지않은 장래에 우리의 농촌에도 꽃의 향기와 건강을 동시에 파는 농업의 오가닉시장 활성화를 기대해 본다.

8. 동물농장의 반란

희망을 의미하는 닭의 해

닭은 새 아침과 시대의 시작을 알린다. 때마침 정유년(丁酉年)은 닭의 해다. 그것도 60갑자 중에서 34번째에 해당하는 붉은 닭의 해다. 닭은 오래전부터 우리 선조들이 길러 온 가축으로 우리에게 친숙하고 가까운 동물 중 하나다. 닭은 시간으로는 오후 5시~7시 사이를 가리켜 예로부터 어둠 속에서 새벽을 알리는 닭을 우리 조상들은 빛의 전령, 풍요와 다산의 상징으로 여겼다. 그런데 최근 닭 농가에게 걱정거리가 하나 생겼다. 다름 아닌 동물복지개념이다. 매번 되풀이 되는 조류 인플루엔자에 맞서기 위해서는 어쩔 수 없이 고민해야 하는 시기이기 때문이다. 동물복지란, 가축을 지나치게 좁은 철망안에서 사육하면 안되며, 가축을 도축할 땐 고통을 최소화하는 기술을 사용해야 한다는 것 등을 의미한다. 이렇게 동물의 생태 환경에 알맞은 일정 수준의 서식 조건을 갖춘 가축농장을 일컬어 동물복지농장이라 한다.

새 희망을 의미하는 닭의 해는 요즘 같은 상황에서는 자칫하면 양계농장의 반란이 일어날 수도 있다. 자연 상태에서 자유롭게 돌아다녀야 할 닭이 비좁은 공간에서 고문을 받듯 사육되다 보면 스트레스가 치솟을 수밖에 없다. 좁은 면적의 좁은 케이지에 가둬 놓고 기계처럼 사육하는 건 자연의 섭리를 거스르는 일이다. 스트레스를 많이 받으면 면역력이 약해지고 AI(조류 인플루엔자)와 같은 바이러스에도 쉽게 노출된다. 유럽연합 국가에서는 축산농가에 대한 친환경 직접지불의 조건으로 동물복지의 이행 여부를 포함하고 있다. 닭의 경우, 닭의 복지를 위해 닭 한 마리당 닭장의 넓이를 33㎠로 정하고 있다. 한마디로 닭이 마음껏 움직여야 건강한 계란과 닭고기를 얻을 수 있다는 논리이다.

동물복지농장 확대해야

우리나라도 1991년부터 동물보호법을 시행하고 있다. 아직까지 이 법은 주로 애완동물 보호에 초점이 맞춰져 있다. 2004년엔 친환경 축산정책의 일환으로 가축의 최소 축사면적과 조사료포 확보 등을 기준으로 한 축산업등록제와 친환경직불제가 실시되고 있다. 이어서 2012년 동물복지농장 제도가 도입됐다. 그동안 전국적으로 100여 곳이 동물복지농장 인증을 받았다. 국내 1호 동물복지농장 인증을 받은 동일농장 홍기훈 대표의 경우, 근래 전국 양계농장이 조류 인플루엔자로 초토화된 상황에서도 끄덕없다. 그의 농장에는 폐쇄형 닭장을 찾아볼 수 없다. 1㎡당 9마리 이하를 키우게끔 조성돼 밀집닭장보다 눈에 띄게 넓다. 톱밥, 왕겨와 같은 깔짚도 바닥에 깔았다. 깔짚은 아늑할 뿐 아니라 열이 외부로 빠져나가는 것을 막고 닭의 변을 희석한다. 깔짚이 깔린 바닥이 깨끗하고 건조한 상태로 유지되다 보니 질병 발생을 예방한다는 것이다.

특히 닭들이 8시간 이상의 충분한 수면을 취하고 적절한 기온상태에서 지내도록 매일 시간대에 맞춰 꾸준히 관리한다. 아울러 이 농장에는 달걀을 낳는 공간과 높이 날아올라 휴식을 취할 수 있는 홰도 마련돼 있다. 이런 아늑한 사육 환경 덕분에 AI의 창궐 속에서도 동물복지농장들은 비교적 안전한 청정지대로 남아 있다. 동물복지 문제는 앞으로 농축산물 교역에서 무역장벽으로 부상할 가능성이 크다. 우리 축산농가의 어려움도 어려움이지만, 문제는 생산비가 많이 들어가는 동물복지 계란과 닭고기를 얼마나 많은 소비자가 구입할 것인가에 있다. 또 최근 연구 자료에 의하면, 동물복지가 도입될 경우, 닭고기는 16~51% 오를 것이라고 한다. 산란계의 경우, 축사면적 또한 지금보다도 5.36배로 뛴다고 한다. 당장 우리로선 동물복지시스템을 수용하기 어려운 사항이다. 하지만 국제적인 추세, 그리고 수입 축산물과의 차별화를 위해서는 지금부터 차질 없이 준비해야 되는 문제인 것만은 틀림없다.

9. 농촌의 동력 '청춘 농군'

청춘 농군 6차산업의 중요한 동력

요즘 청춘 일자리 문제가 화두다. 최근 실업률은 3.5%로 작년 이맘때보다 0.2%p 하락했다. 특히 청년층 실업률은 9.2%나 된다. 실업률 통계에서 제외된 주부, 학생, 취업준비생을 포함할 경우 청년 실업률은 이보다 더 높을 것이다. 반면 농촌에는 '매출 1억' 파란만장 인생스토리가 매스컴에 자주 소개되고 있다. 지난 6년간 배출된 700명에 가까운 청춘창업자들이 6차산업의 중요한 동력이 될 수 있다.

농업에 정보통신기술(ICT)을 접목해 원격 및 자동으로 작물이나 가축의 생육환경을 제어 관리할 수 있는 스마트팜과 생산에서 가공, 농촌관광까지 결합한 6차산업은 농업부문에서의 일자리 창출을 확

대해 가고 있다. 정부에서도 농업을 미래성장산업으로 육성하고 있으며 농협도 농식품 아이디어를 사업화하고 청년실업자의 창업지원을 통해 일자리 창출을 지원하고 있다.

6차산업으로 성공스토리 창조

'단디만주'는 지역에서 재배한 무화과를 원재료로 해 고래 이미지와 컬래버레이션한 제품으로 전국적으로 인기를 누리고 있다. '소월당'은 지역에서 재배한 차를 넣어 만든 건강한 다과 '다우'를 출시했다. 3년 전부터 스테비아를 직접 재배하면서 기능성 비료에 도전하고 있는 청년농부도 있다. 울산 농촌에서 신블루오션을 찾고 있는 김세형 대표는 여기서 한발 더 나아가 스테비아를 이용해 친환경 기능성 비료를 개발해 현재 시제품을 판매하고 있다. 그는 스테비아는 토양내 유효미생물을 활성화시켜 황폐한 땅을 기름진 토양으로 변화시켜줄 뿐 아니라 뿌리 활착과 생육을 증진시켜 고품질 안전 농산물을 생산할 수 있는 등 부작용이 전혀 없다는 점에 있어 누구나 쉽게 사용할 수 있다고 자랑한다.

스테비아 농법의 효과는 매우 높고, 그 활용 폭도 매우 넓다.

또 전남 화순 우복자농원대표 김성호 청춘 농부는 왕우렁이 농법으로 현재 농장매출 연 3억 원을 올리고 있다. 특히 '농업 농촌에 파란을 일으켜라!'라는 슬로건 아래 미래가치 창출과 농업시너지 창출, 농가소득 향상을 위해 정신없이 뛰고 있는 처녀농군들도 늘고 있다. 6차산업 성공 스토리를 창조하고 있는 진도농부미스팜 곽그루, 청춘농부 송주희 씨 등이 대표적인 사례이다. 청년농부 록야의 박영민·권민수 대표는 창의적인 아이디어로 청춘의 꿈을 일궈가는 벤처 청년 농군이다. 33세 동갑내기인 이들은 새로운 '꼬마감자' 재배기술로 지난해만 매출액이 63억 원이었다. 피아골영농조합법인 김미선 대표는 대학을 졸업하고 고향으로 돌아와 고로쇠 수액으로 담근 고로쇠 된장을 상품화해 지난해 연매출 5억 원을 올리고 있다. 이외에도 청춘창업자들의 디자인, 브랜딩, 마케팅, 체험, 교육, 판매 역량은 6차산업 활성화와 더불어 더 많은 일자리와 기회들을 만들어 낼 수 있을 것이다.

농업은 새로운 기회

6차산업의 육성은 지역에 기반해 살아가고 있는 사람들의 먹거리와 공동체 의식, 도농 간 격차를 줄여 경제적 여건을 변화시킨다는 측면에서 꼭 확보해야 하는 지역민의 권리다. 지금 당장 시작하더라도 선진국이나 타 지역보다 훨씬 늦은 출발이지만, 우리 지역만의 향토자원과 산업역량, 인적자원의 특성이 반영된 사업 아이템은 우리만이 할 수 있는 만큼 늦더라도 지금 당장 시작해야 한다. 농업은 저부가가치 사양 산업이 아니다. 연매출 30억 이상을 벌고 있는 청춘농군부터 처녀이장까지 농업을 새로운 기회를 만들어 내는 고부가가치 신산업으로 변화시키고 있다. 청춘 일자리 창출을 위해 다양한 노력을 기울인다면 젊은이들도 농업농촌으로 눈을 돌릴 것이다. 도전 정신을 갖춘 젊은이들이 농업부문에서 개성과 재능을 발휘해 청춘의 꿈을 일궈가는 모습을 기대해 본다.

10. 맞춤형 '농촌축제'로 경쟁력 높여야

가을 축제로 가는 길

조용했던 농어촌지역도 늦가을로 접어들면서 축제 분위기로 술렁거린다. 단풍축제, 갈대축제, 전어축제. 김장담그기축제, 지평선축제, 탈춤축제 등….

특히 농식품부에서는 10월 하순 농촌축제 정보를 공유하고 있다. 전남 곡성 알밤민속음악회와 해남의 용줄다리기, 충남 서천 한산면의 달빛문화 갈대축제와 보령 은행마을 축제, 제주 서귀포 혼인지축제 등이 대표적이다. 이렇듯 축제의 명칭도 각양각색이다. 모두가 농어촌과 도시가 크게 하나 되는 마당이어서 그리 어색하지 않은 명칭들이다.

진정 가을은 농어촌지역민을 들뜨게 한다. 더구나 풍성한 지역명품들은 제철을 만난 듯 도시민의 마음을 유혹하기까지 한다. 이렇다보니 웬만한 지자체라면 철마다 몇 가지씩 축제를 열고 있다. 하지만 요즘 지역마다 난립되고 있는 축제라는 단어는 어색하기 짝이 없다.

축제기간 의도와 안 맞는 전시행사 주민도 외면

지역민들은 진정 '축제'라는 신명나는 잔치를 통해 도시와 농어촌이 하나 되려는 목적을 이루고 있을까. 그렇지 못한 곳이 많다. 축제기간에 시대정신과 거리가 먼 전시행사로 도시민은 물론 지역주민들도 외면하는 '동네잔치'에 그치는 경우가 다반사다.

간혹 선심행정과 치적 쌓기 등 선거를 겨냥한 축제 행태를 목격할 때면 축제의 사망을 선고하는 듯하다. 특히 축제의 내용과 참가 규모로 볼 때 소모적이고 형식적인 축제가 훨씬 많다. 농촌경제를 살려보겠다고 지자체마다 발 벗고 나서고 있지만, 획일적인 마케팅과 양적 확장만을 중시하는 접근 방법으로 인해 진상품조차도 상품의 가치를 잃고 있다. 더 나아가 지자체 간의 치적 쌓기의 치열한 현실과 '축제'라는 이상 사이에서 괴리감을 느끼게 한다. 이처럼 오늘날 지역축제에서는 살아있는 축제를 찾아보기가 힘들다. 드높은 하늘과 시원한 가을바람만으로도 가슴 설레던 '농촌 들녘축제'가 그리운 계절이다.

흔히 21세기를 문화의 세기라고 한다. 그래서 농촌도 미래를 놓고 6차산업이라는 말을 쓴다. 6차산업이란, 농산물을 생산만 하던 농가가 고부가가치 상품을 가공하고 향토 자원을 이용해 체험 프로그램 등 서비스업으로 확대시켜 높은 부가가치를 발생시키는 산업을 말한다.

그런 의미에서 단풍축제와 반딧불축제, 나비축제와 같은 대박축제도 등장하고 있다. 소위 지역축제의 경쟁력이 곧 지역의 경쟁력이기 때문이다. 하지만 사람들에게 외면당하는 축제가 큰 문제다.

따라서 농촌문화가 문화의 한 축으로 자리 잡기 위해서는 지역축제의 경쟁력을 높여야 한다. 지역실정에 맞는 비교우위의 축제를 찾아 선택과 집중을 해야 한다. 나아가서 오랫동안 지속적으로 가슴으로 체험하고 껍질을 벗겨서 속 내부를 보여주는 살아있는 축제가 필요하다.

농촌에 도움 안 되는 축제는 오히려 독
축제가 오히려 농업인에게 고달픔만 더해주고, 농촌에 꿈도 실어

주지 못하는 일기장 수준이라면 오히려 독이 될 것이다. 도시사람들도 가슴과 손발로 체험하면서 기쁜 마음으로 축제의 일기를 쓸 수 있도록 축제의 향수와 추억을 한 아름 선물해야 한다.

축제가 살아있는 농어촌은 먼 나라가 아니라 가고 싶은 고향, 유년의 추억이 묻어있는 곳, 언제 어느 때나 자유자재로 다녀갈 수 있는 이웃집 축제가 돼야 한다. 그러기 위해서는 도시와 농촌이 하나되는 축제 프로그램이 중요하다. 이를테면 도시는 목공예품, 농촌은 농산물, 공단은 공산품 부스를 운영하고, 주민들은 도시, 농촌, 공단을 상징하는 삼색 끈 매듭을 푸는 것으로 화합을 다짐하는 광주광역시 광산구 도시농촌산단 어울림축제가 눈길을 끈다. 따라서 도시와 농촌, 산관학이 서로 협력하고 상생하는 비움-배움-채움-나눔의 진정한 농촌축제를 위해 노력해야 한다.

11. 녹색환경은 건강과 농촌의 경쟁력

녹색열풍의 주인공, 상자텃밭

요즘 대도시에서도 웰빙이 자라고 있다. 집안 베란다에서 친환경 채소를 재배할 수 있는 '상자텃밭'이 그 주인공이다. 상자텃밭은 친환경 플라스틱 상자, 유기배양토 50L, 상추모종이 한 세트로 구성돼 있어 좁은 공간에서도 손쉽게 채소 등을 가꿀 수 있도록 만들어졌다. 물과 햇빛, 정성만 있으면 온 가족이 상자텃밭을 통해 건강한 먹거리를 얻고 보람도 느낄 수 있다. 이런 녹색 열풍은 녹색이 놀라운 치유 능력을 갖고 있기 때문이다.

출근길에 지친 몸으로 사무실에 막 들어섰을 때 책상 위에 놓인 작은 녹색식물을 보며 미소를 지어본 경험이 있을 것이다. 자연의 산물인 녹색을 보면 눈의 피로가 풀리는 것처럼 우리 눈은 본능적으로 녹색을 편안하게 느낀다고 한다.

병원에서도 환자를 시각적으로 안정시킬 목적으로 수술실 의사나 간호사들이 녹색 가운을 착용한다. 당구대나 트럼프놀이판 바닥은 시야를 어지럽히거나 피곤하게 하지 않게 하기 위해 녹색을 쓴다. 이뿐인가, 주방 세제를 녹색 계열로 만들고 심지어 풀을 뜯어먹는 가축들도 녹색을 보면 반가워한다. 이 밖에도 우리 생활의 녹색이 쓰이는 곳과 녹색의 효과는 참 다양하다. 이는 녹색이 그 만큼 스트레스 해소에 도움을 준다는 증거일 것이다. 녹색식물을 보고 있으면 심신이 안정되고 알파파가 증가돼 사고력과 기억력이 증진된다는 연구 보고는 이를 뒷받침한다.

녹색식물은 사람의 건강과 밀접한 관계

녹색식물은 사람의 건강 증진에도 좋다. 우선 녹색식물은 인간에게 산소를 주고, 탄산가스를 흡수함으로써 환경을 정화시켜 준다. 다음으로 녹색식물은 태양의 빛을 이용해 이산화탄소(CO_2)와 물(H_2O)을 화합시켜 포도당이나 녹말과 같은 탄수화물을 만들기 때문에 우리가 먹는 밥이나 채소가 녹색식물이다. 이처럼 녹색식물의 세포 속에는 타원형의 구조물인 엽록소가 많이 들어 있기 때문에 사람에게 필수적인 식물들의 잎은 대부분 녹색 계열의 색을 띤다. 따라서 자연의 산물인 녹색은 사람의 건강 증진과 스트레스 해소라는 두 마리 토끼를 잡을 수 있는 묘약인 동시에 농업 환경과 밀접한 관계가 있다.

교육학자 리브스(R.H. Reeves)는 동물학교라는 책에서 동물들은 각각 신이 창조한 목적대로 살아갈 때 가장 우수한 능력을 발휘한다고 했다. 다른 목적을 요구하거나 타고난 재주를 다른 곳에 쓴다면 아무런 힘도 발휘할 수 없다는 것이 그의 이론이다.

동물들이 모여 학교를 만들었다. 그들은 달리기, 오르기, 날기, 수영 등으로 짜여진 교육과정을 짜놓고는 똑같이 같은 시간에 이 네 과목을 수강토록 했다. 오리는 수업을 가르치는 선생보다 수영과목을 훨씬 잘했다. 날기도 그런대로 다른 동물과 비교해 잘 해냈다.

그러나 달리기와 오르기는 낙제 점수를 받을 수밖에 없었다. 토끼는 달리기를 가장 좋아하고 잘했으나 수영은 빵점이었다. 다람쥐는 오르기에서는 남다르게 잘했지만, 날기가 문제가 됐다. 독수리는 날기에는 다른 과목보다 뛰어난 성적을 보였지만 다른 과목은 빵점이었다. 결국 수영을 잘하면서 달리기와 오르기, 날기를 조금씩 할 줄 아는 뱀장어가 가장 높은 점수를 받아 일등을 했다.

녹색환경은 농촌의 경쟁력

이렇듯 교육은 학생 자신이 가지고 있는 특기와 잠재력을 머릿속에서 끄집어내어 능력을 발휘하고 그 특기와 잠재력을 이용해 더 많은 발전을 할 수 있도록 도와주는 것이다. 그런데 최근에 와서는 농촌관련 대학을 나와도 농업 환경과 관련 없는 직장을 구하는 사람들이 늘고 있다. 심지어 교육 내용조차도 농업 환경을 이탈하고 있는 실정이다. 녹색환경은 건강 경쟁력의 핵심이자, 농촌의 경쟁력이다. 설령 사람은 길을 잘못 들었더라도 기계와 달리 방향을 올바르게 바꿀 수 있다. 따라서 농업 환경에 취미와 특기를 가진 위대한 학생들을 농업 환경 속으로 돌아오게 할 특단의 교육대책이 시급하다.

12. 지금은 농촌관광시대

떠오르는 농촌체험관광

요즘 농촌체험관광이 부상하고 있다. 이는 점차 소중한 가치로 떠오르고 있는 자연환경과 전통문화에 대한 새로운 인식 때문이다. 농촌체험관광은 농가 소득증대에 기여함은 물론, 도시민의 여가선용과 청소년의 정서함양 및 학습 가치로도 많은 기여를 하게 될 것이다. 이런 조류에 부응하는 지역농업 성공 사례가 심심치 않게 등장하고 있다. 농산품가공과 친환경을 통해 고수익을 올리고 있는 농가들, 색다른 아이디어로 기능성 농산물을 개발한 농가들, 농산물과 농촌 어메니티를 접목한 농촌체험관광으로 짭짤한 소득을 올리고 있는 농가들이 그것들이다. 특히 농촌 공간의 새로운 가치창출을 통한 농촌체험 관광은 우리 농업의 희망으로 소개되고 있다. 하지만 몇몇 농가의 성공 사례에 고무돼 무턱대고 뛰어들기보다는 농촌시장에 대한 정확한 이해와 철저한 준비가 필요하다.

한참 앞서가는 프랑스의 농촌관광

프랑스의 경우, 이미 우리보다 앞서 농촌관광에 대한 관심과 투자를 실시해 오고 있다. 프랑스는 1971년 그린투어진흥센터(TER)가

설립, 그린투어리즘이 정착되기 시작했다. 농촌관광이 농업 활동과 직접 관계를 맺으면서 본궤도에 오르게 된 것은 80년대 초부터이다. 특히 87년 이후 도시민들이 농촌에서 휴가를 보낼 수 있도록 정부가 지원 및 홍보를 꾸준히 전개했고, 88년 법률 개정을 통해 농촌관광사업을 농업 활동의 일부로 인정해 세제상 우대조치와 저리융자 지원을 하고 있다. 그런 이유로 자연스레 농촌관광의 기준과 원칙이 세워졌고, 매년 약 200억 유로의 관광 지출이 이뤄지고 있다. 이 수치는 프랑스 전체 관광 지출의 약 20%에 달한다. 또한 이 규모는 프랑스 전체 농업 생산액의 절반에 이르며, 프랑스 국민 5명 중 1명이 1년에 하루 이상을 보낸다. 숙박일수 기준으로도 농촌관광은 프랑스 전체 관광 숙박일수의 29%에 달하는 시장 점유율을 기록하고 있으며, 6명 중 1명이 시골 별장을 소유하고 있다. 프랑스의 농촌관광은 농수산부와 환경부 및 행정자치부의 적극적인 참여 속에서 건설교통부 산하 관광부에서 담당하고 있다.

특기할 만한 것은 상설기구인 소위 농촌관광협의회의 존재이다. 이는 총 46명으로 구성됐고, 관광부 장관이 주재하는 농촌관광 활성화 방안을 꾀하는 기구이다. 농촌관광 민간 네트워크로는 농업회의소가 운영하는 '농업과 관광', 소규모 농가가 중심인 '아퀘이브 페이장', 농촌 지역 민박 활동을 하고 있는 지트협회 등 3개로 구성된다. 프랑스의 농촌관광 정책의 기본 방향은 한마디로 '사회적 필요'에서 찾을 수 있다. 다시 말해 농촌의 소득 증대와 같은 '이윤'과 관련된 문제는 하위 목표에 불과하고 '사회적 요구', 즉 농촌생활의 보존과 생활환경 정비, 그리고 농촌자원의 개발에 따른 가치의 공유가 진정한 의미의 기본정책으로 선정돼 있다. 또한 기본정책의 목표 달성을 위해 세부 목표를 설정하고 있는데, 이는 환경 및 농촌자원의 가치 제고와 보존, 전통가옥을 활용한 숙박시설의 개선, 사업 가능성에 근거한 지역지정 관광사업 조성, 관광상품의 지속적 개선 및 개발, 지자체의 농촌관광 전담 인력 교육 및 지원, 녹색통로 지정·개발, 관광정보망 구축 관리 등이 그것이다.

농촌관광 지속가능성 크게 부각시켜야

특기할 만한 것은 농촌관광을 통해 환경적 성과를 얻고자 하기 때문에 환경부와 농수산부의 원활한 협조가 이뤄지고 있다는 것과 농촌관광의 대상지역을 4개 지역으로 분류, 관광지로의 위상 변화가 필요할 경우, 이를 적극적으로 지원하고 있다는 것이다. 이와 함께 관광과 환경을 함께 고려한 녹색통로의 지정, 관리는 농촌관광의 지속 가능성을 크게 부각시키는 사례로 볼 수 있다. 우리나라의 농촌관광은 현재 도약기에 불과하다. 프랑스의 사례는 농촌관광이 어떠한 정책 목표를 갖고, 어떤 방향으로 나아가야 할 것인지를 안내해 주는 길라잡이가 될 것이다.

13. '농업의 진화' 스마트팜시대

떠오르는 스마트 환경시스템

최근 스마트팜, 스마트 그린하우스 등 스마트 환경시스템이 농촌의 미래 수익원으로 떠오르고 있다. 이는 전통적인 농업활동에 스마트 솔루션을 접목한 서비스를 뜻한다. 즉, 안전한 농산물을 소비자에게 전달하기 위해 유기농을 비롯한 자연친화적인 재배 방법과 과학기술을 농업환경에 접목시킨 창조농업의 사례다.

이 같은 6차산업으로 불리는 스마트 환경시스템을 위해 농림축산식품부는 금년 농식품펀드 운용계획을 발표했다. 올해 1천360억 원(정부 900억 원, 민간출자 460억 원) 규모로 펀드를 신규 조성해 농식품경영체에 대한 투자를 확대한다. 특히 스마트팜펀드(500억 원)를 신규로 결성, ICT를 기반으로 한 농업의 과학화와 첨단산업화의 토대 마련을 지원하고, 농식품 수출업체(100억 원)와 6차산업 경영체 투자(100억 원)를 위한 특수펀드도 추가할 계획이다.

농업이 바뀌고 있다

옛 속담에 '농작물은 주인의 발자국 소리를 듣고 자란다'라는 말이 있다. 이는 주인이 논밭에 자주 나가 농작물을 살펴주면 최적의 환경이 유지돼 풍년 농사를 지을 수 있다는 말이다. 이처럼 옛날에는 주인이 자주 들판에 나가 농작물이 자라는 상태를 관찰, 그 상태나 정도에 따라 비료, 농약, 거름 등을 주고, 논의 위치별로 땅심이 좋은 곳과 좋지 않은 곳을 미리 알고 있어 그 위치에 알맞은 처방을 해 줬다.

근래에 들어 인간의 노동력을 대신하기 위해 많은 종류의 농기계가 개발됐다. 일반적으로 농기계는 작물의 생육 상태나 땅심에 근거해 위치별로 비료나 농약을 달리 살포하지 못하고 일률적으로 살포하게 된다. 그러다 보니 필요 이상으로 비료를 많이 사용해 환경을 오염시키게 되고, 비료나 농약값도 많이 들게 된다. 이러한 비효율적이고 비환경적인 문제를 해결하면서 안전한 먹을거리를 생산하기 위해 개발된 농사기술이 스마트 환경시스템이다.

농촌의 미래를 준비하는 대안

스마트기술을 사용하는 가장 큰 목적은 농경지로부터 발생하는 경제적 이익을 증가시키면서 환경을 보호하기 위해서다. 스마트 창조농업은 산업화에 따른 대기오염 및 황사 등 자연의 변화와 토양오염에서 격리된 공간에서 인위적인 조건으로 작물을 재배할 수 있다. 스마트 환경이 접목된 창조농업은 균일한 품질과 작물 성장환경에 맞는 환경관리로 인해 보다 안전한 농산물을 생산할 수 있다. 이제 정밀 공업기술과 농업 자동화에 관한 기술을 바탕으로 한 자동화 관리시스템과 재배관리기술이 농촌의 희망으로 떠오르고 있는 것이다.

또 농업인과 농기업인에게 자동화 정밀 농업기술과 선진 농업기술을 이어주는 사례로 온·습도 통보제어 및 자동개폐기를 들 수 있다. 이는 하우스 내의 온도, 습도 등의 환경감시값을 입력받아 하우스 내의 온도, 습도를 인식하고 사용자에 의해 설정된 소정의 기준 제어값과의 비교를 통해 이상 발생 시 원격지의 사용자 휴대전화 단말기에 이동통신망을 통해 문자메시지(SMS)로 알림과 동시에 자동개폐장치를 제어해 하우스 내의 온도 및 습도를 설정된 제어값에 맞춰 조절하도록 하는 것이다.

하우스에 설치된 온·습도 통보제어기와 자동개폐장치를 사용자가 요구하는 수준에 맞춰 자동 제어함은 물론 사용자가 원격지에서 이를 관리하고 하우스 내의 결과를 통보받을 수 있도록 하는 감시통보 제어시스템이다. 조건에 따른 자동개폐 기능도 포함돼 작물의 성장조건에 적절한 환경 유지, 편리성 추구 및 작업장의 안전성 사전예지를 통한 예방관리가 가능토록 해 최대의 수확을 올릴 수 있도록 지원하는 정보통신기술을 접목시킨 종합적인 통보제어 시스템이다.

서비스 기능으로는 정주기 통보 알림 기능, 하우스 전원 정전 통보 기능, 하우스 내의 현재 온도 및 습도 실시간 확인 기능, 휴대전화로 온·습도 상·하한 원격 설정 및 이상 통보 기능, 자동 또는 수동 개폐 기능 등을 들 수 있다.

앞으로 스마트 환경을 접목시킨 창조농업은 농촌의 미래를 준비하는 대안이자 수익원 중의 하나가 될 것이다

14. 자생식물도 소중한 자원

쓸모없는 풀은 없다

농촌에선 잡초와의 전쟁이 필수다. 잡초는 아무데나 잘 자란다. 뽑은 뒤 얼마 되지 않아 단물을 먹은 듯 쑥쑥 자라난다. 그렇다고 잡초를 그냥 놓아둘 수는 없다. 뽑지 않으면 어느새 텃밭이 잡초밭이 되기 때문이다. 오죽했으면 잡초 같은 인간이란 말이 생겼을까. 이런 잡초는 농작물의 성장에 필요한 양분과 수분을 빼앗을 뿐만 아니라, 빛과 통풍을 차단하여 농작물의 성장을 방해하고, 심지어는 병충해를 일으키는 장본인이기도 하다.

하지만 그저 잡초라고 전부가 해롭다고 말할 수는 없다. 발에 채이고, 제초재로 사라져가는 잡초가 미래의 귀중한 약제와 식용으로의 높은 가치가 있는 경제재로 등장할 지 그 누구도 모른다. 사실 어

떤 잡초가 특별한 약효가 있다는 발표가 있으면 그 잡초는 귀한 명초가 되고, 때론 구하기 힘든 품종이 되며, 나중엔 구할 수 없는 절품이 된다. 얄밉게도 잡초는 본연의 의무를 다한다. 폭우가 내릴 때는 토양의 유실을 막아주고, 건조할 때는 풍해(風害)를 약화시킨다. 단단한 흙은 잡초뿌리가 흙속을 파고들어 부드러운 토양으로 일구어 낸다. 뽑아낸 잡초는 농작물의 부족한 수분을 보충하여 주기도 하고 죽은 잡초는 썩어서 퇴비가 되기도 한다.

이처럼 전체 식물사회에서 보면 '쓸모없는 풀'은 없다. 모두들 꽃을 피우고 열매를 맺어 아름다운 자연을 구성하고, 산소를 내뿜어 공기를 맑게 하며, 다른 동식물들에게 도움을 주고, 받으며 살아간다.

천연자생식물은 생명공학산업의 밑거름

우리 조상들은 생활주변에 있는 풀을 소중히 여겨 잘 이용하여 왔다. 파리나 모기가 극성을 부리면 파리풀을 찧어 해충을 잡았고 여름에 자주 발생하는 배탈이나 식중독에는 이질풀을 이용하였다. 부인병에는 익모초를 달여 먹었으며 만병에 효과가 좋은 만병초 라는 식물이름을 짓기도 하였다. 이처럼 우리조상들이 주변에 있는 자생식물을 약용으로 이용함으로서 약리작용 자체가 식물 이름으로 쓰인 것들을 보면 선조들의 지혜가 놀랍기만 하다. 허준의 동의보감에 등장하는 약용식물만 하여도 일천여종에 이르는 것을 보면, 일찍부터 우리나라는 자생식물을 이용한 지혜로운 민족이었다.

최근 농촌진흥청 자료에 의하면 우리나라 농촌이 건강 및 휴양공간으로 중국인들이 자랑하는 소주, 항주지역보다 환경적 다양성과 어메니티적 가치가 더 나은 것으로 보고됐다. 우리나라 농촌환경이 갖고 있는 장점으로 산림, 계곡 등 건강에 좋은 음이온을 발생시키는 산림 녹지율이 우리나라가 65%인데 비해 중국 소주지역의 경우는 3% 정도로 현저히 적으며, 전체 면적 중에서 42% 정도가 수면(水面)으로 되어 있어, 계절에 따라 다양하게 변하는 경관 등 어메니티 개발가치 측면에서 우리나라가 높은 것으로 나타났다는 것이다.

특히 우리나라 농촌마을은 풍수지리적으로 배산임수 형으로 자연의 이치에 따라 마을이 형성되어 있고 우리나라 전체 6만2천여개 자연마을과 곳곳에 깊은 계곡과 숲 등이 풍부한 자연자원을 갖고 있어 어느 나라보다 한국적인 아름다움과 웰빙공간으로 환경적 가치가 우수한 장점을 갖고 있다.

'인간은 끊임없이 지구에 상처를 주고 식물은 쉼 없이 그 상처를 치유 한다'는 경구를 명심하고 눈앞의 이익에 눈이 어두워 자연을 훼손하지 않도록 해야 한다.

우리 주변에 흐드러지게 피고 지는 잡초 중에서 귀한 약제로, 또는 원예용으로 개량 육종 가능한 식물들을 자원화 하여 농가소득에 도움을 주자. 그리고 기존 원예용으로만 쓰이는 자생식물들을 약용 또는 식용으로 자원화의 폭을 넓혀보자.

그리하여 천연자생식물이 첨단 생명공학산업의 밑거름이 될 수 있는 그런 환경을 기대해 보자.

참고문헌

권대봉, 『성인교육방법론』, 서울(학지사), 2006.

농협중앙회, 『성과리더십 과정』, 2017.

농협구례교육원, 『새내기들의 합창』, 2008.

농협구례교육원, 『초급신규직원 과정』, 2017.

밥파이크, 『밥파이크의 창의적 교수법』, 서울(김영사), 2004.

연세교육개발센터, 『명강의 핵심전략』, 서울(연세대학교), 2005.

조벽, 새시대 교수법, 서울(한단북스). 1999.

전성군, 『최신협동조합론』, 한국학술정보, 2008.

전성군 외, 『실전협동조합교육론』, 한국학술정보, 2014.

전성군 외, 『표준협동조합론』, 느티숲, 2015.

전성군, 『녹색으로 초대, 힐링경제학』, 이담북스, 2013.

전성군, 『초록마을사람들』, 한국학술정보, 2008.

전성군, 『초원의 유혹』, 한국학술정보, 2007.

전성군, 『내고향 천변 긴 언덕에 더 놀다가고 싶다』, 이담북스, 2011.

Berger, Allen N. and Robert DeYoung, "Technological Progress and the Geographic Expansion of the Banking Industry," Federal Reserve Bank of Chicago WP, 2002.

Bias, Peter V., "Regional Financial Segmentation in the United States," *Journal of Regional Science* 32(3), 1992, 321-334.

Carlino, Gerald and Robert DeFina, "The Differential Regional Effect of Monetary Policy: Evidence from the U.S. States," *Journal of Regional Sciences* 39(2), 1998, 39-358.

전성군

전북대학교 대학원(경제학박사)과 캐나다 빅토리아대학 컨퍼런스과정 및 미국 ASTD를 수료했다. 현재 농협구례교육원 부원장, 농진청 녹색기술자문단 자문위원, MBC귀농아카데미 출강교수, 한국귀농귀촌진흥원 자문위원, 시인(자유문예 작가협회회원) 등으로 활동 중이다. 주요저서로 〈초원의 유혹〉, 〈초록마을 사람들〉, 〈최신협동조합론〉, 〈그린세담〉, 〈농업·농협 논리 및 논술론〉, 〈협동조합 지역경제론(공저)〉 등 20여권의 저서가 있다.

정성균

전남대학교 졸업, 서강대 금융MBA 및 미국 샌디에고 ASTD를 수료했다. 현재 농협구례교육원 교수팀장, 순천법원 명예배심원, 가정법원 가사조정위원, 한국에니어그램 및 한국다중지능 전문강사, 농협 베스트강사 선정, 광주대학교 및 목포대학교 평생교육원 리더십 강사, 미국 Fulbright 재단 원어민교사연수 강사 등으로 활동 중이다.

박상도

한국외국어대학교 졸업, 육군학사장교(중위)로 복무하였으며, 중앙대 대학원 경영학석사, 농협중앙회 국제금융부 외환전문역, 농협중앙회 부천시지부 차장, 농협안성교육원 교수 등을 역임하였고, 은퇴설계전문가를 활동 중이면서, 현재 농협구례교육원 교수로 재직하고 있다. 공저로 〈흥부가 태어난다면 제비가 돌아올까〉 등이 있다.

허 훈

광주상업고등학교 졸업 후 농협중앙회 입사, 농협중앙회 진도군지부 연합사업단장과 농협광주지역본부 지도·홍보 차장을 역임하였으며, 현재 농협구례교육원 교수로 재직 중이며, 농협 올해의 교수 부문에서 우수교수로 선정된 바 있다.

송남근 ─────────────────────────────

전남대학교 졸업, 농협중앙회 구례군지부, 대사동지점, 전남지역본부 등을 거쳐, 현재 농협구례교육원 교수로 재직 중이다. 공인중개사, 투자자산운용사, 신용관리사 등 주요 자격증을 가지고 있다.

예비 농협인을 위한 합격 로드맵
미리 가 본 NH농협, 신입사원 수업

초판인쇄 2017년 10월 20일
초판발행 2017년 10월 20일

지은이 전성군·정성균·박상도·허훈·송남근
펴낸이 채종준
펴낸곳 한국학술정보㈜
주소 경기도 파주시 회동길 230(문발동)
전화 031) 908-3181(대표)
팩스 031) 908-3189
홈페이지 http://ebook.kstudy.com
전자우편 출판사업부 publish@kstudy.com
등록 제일산-115호(2000. 6. 19)

ISBN 978-89-268-8158-3 03320